China's Elite Politics: Structure, Actor and Dynamics

중국 엘리트 정치

구조·행위자·동학

China's Elite Politics: Structure, Actor and Dynamics

아연동북아
총서 _ 10

중국 엘리트 정치

구조 · 행위자 · 동학

| 주장환 지음 |

아연출판부
고려대학교 아세아문제연구소

Table of Contents

차 례

| 표 차례 |

| 그림 차례 |

아연동북아총서 발간에 부쳐

탈냉전 이후 동아시아의 역동적 발전은 역내의 정치-외교, 경제 질서뿐만 아니라 문화, 사상, 종교 등의 제 영역에서 새로운 변화를 추동하고 있다. 이런 변화는 일국적 차원의 고찰로는 해명될 수 없는 복잡하고도 민감한 초국가적(transnational) 현상을 낳고 있다. 특히 동북아시아는 지리적 인접성, 공통의 역사-문화적 경험, 협력과 공존의 필요성 등으로부터 연유하는 초국가적 사고와 움직임이 활성화되고 있다. 이런 동북아에 대한 이해를 심화, 확대하고 새로운 해석과 전망을 제공하기 위해서는 국가별 연구나 학문 분과의 분절적 연구를 넘어 동북아시아를 분석의 단위로 삼는 다학문적·학제적 연구가 요청된다.

동북아시아 연구가 갖는 실천적 의미는 매우 중요하다. 주지하듯이 동북아시아는 세계의 어느 지역보다도 급속한 변화와 발전상을 보여 주고 있음에도 불구하고, 여전히 근대성의 문제와 냉전의 구도에 얽매여 있는 곳이다. 20세기 전반기의 제국주의 침략과 식민 경험은 오늘에도 국가적·민중적 기억을 지배하고 있다. 냉전의 산물인 남북 분단과 북한의 핵 위협은 동북아시아의 커다란 불안 요소가 되고 있다. 국가 간 역사 및 영토 분쟁 또한 동북아의 평화로운 발전에 장애로 남아 있다. 그러나 우리는 불편한 역사적 경험과 현재의 불안정이 다른 한편으로 동북아시아의 여러 구성 요소들을 상호 긴밀히 연결시키고, 그로부터 문제 해결을 위한 공통의 기반이 마련될 수 있음에 주목한다. 동북아시아는 대립과 갈등의 무대이기도 하지만, 평화와 공존의 모색을 위한 토대이기도 하다. 이제 동북아 연구는 동북아가 처한 현실을 객관적으로 진단하고, 평화로운 미래를 건설하는 시대의 요청에 부응하지 않으면 안 된다.

고려대학교 아세아문제연구소(이하 아연)는 대표적인 동북아시아 지역 종합 연구소로서 학제 간 연구를 통한 동북아 지역 연구를 이끌어 왔다. 1957년 설립된 이래 아연은 구한국 외교문서와 공산권 연구 총서 및 동아시아 연구 총서, 중국 연구 총서, 한일 공동 연구 총서, 민주주의 총서 등 연구 성과의 체계적 집성을 통해 학문적 차원에서 현실을 진단하고 바람직한 미래의 방향을 전망하는 대학 연구소의 역할을 충실히 수행해 왔다. 2008년부터는 한국연구재단의 '인문 한국'(HK) 사업 해외지역학 분야의 지원 기관으로 선정되어, '동북아시아의 초국가적 공간: 사상·사회·문화·제도의 교류와 재구성'이라는 연구 어젠다를 중심으로 10년 기간의 대규모 프로젝트를 진행하고 있다. 이제 아연은 지난 50여 년 동안 축적된 연구 경험과 현재 진행 중인 '인문 한국' 사업의 성과, 각종 동북아 지역 연구 지원, 국내외 소장 학자 교류 지원 프로그램 등을 기반으로 해 〈아연동북아총서〉를 발간한다. 이 총서의 성과가 동북아 공동의 문제를 해결하고 조율하며 바람직한 미래를 모색하는 장이 될 수 있기를 기대하면서, 관심 있는 분들의 격려와 질정을 바란다.

2010년 10월

아세아문제연구소장 이내영

머리말

필자가 중국의 정치 엘리트에 관심을 가지게 된 때는 '사스'(Severe Acute Respiratory Syndrom, SARS, 중증급성호흡기증후군)가 한창 맹위를 떨치던 2003년 봄이었다. 당시 베이징대 정치학 박사학위 논문을 제출하고 논문의 최종 답변 일자를 기다리며, 필자는 정보가 왜곡되거나 통제된 상태에서 사회가 어떻게 작동하는가를 흥미롭게 바라보고 있었다. 당시의 베이징은 텔레비전이나 신문 등의 공식 매체에 의해 정보가 전달되고 소통되는 것이 아니라, 휴대폰 문자메시지와 주민들 간에 교류되는 소문에 의해 작동되고 있었다. 그 당시 중국은 필자가 몇 년간의 유학 생활을 통해 갖고 있었던, 다소 심하다 할 정도로 질서 정연한 이미지의 중국이 아니었다. 뭔가 중심을 잃어버린 듯 혼란한 상태였다. 그러던 중 당시 베이징 시장 멍쉐눙(孟学农)과 위생부 부장 장원캉(张文康)이 실각하고, 하이난(海南)성 당위원회 서기였던 왕치산(王岐山)이 베이징 시장으로 발탁되었다는 소식을 들었다. 그 이후 베이징은 놀라울 정도로 안정을 찾아 갔다. 결국 필자는 사스로 인해 졸업이 연기될 수도 있는 상황을 벗어나, 비록 논문 답변에 참가한 이들이 마스크를 쓰는 해프닝이 있었지만 무탈하게 졸업할 수 있었다.

이 과정에서 필자는 두 가지를 느꼈다. 하나는 중국에서 정치인이 차지하는 역할이 예상보다 매우 크다는 것이었다. 물론 수업이나 책에서 중국의 인치(人治)의 전통에 대해서 배웠지만, 현실을 경험해 보자 그 감회는 남달랐다. 다른 하나는 이른바 '권력투쟁'에 대한 관심과 흥미를 가지게 되었다. 기실 책이나 논문 등에서 보아 온 과거가 아닌, 현재 시점에서 권력투쟁이 진행되고 있다는 것을 감지하게 된 것이다. 따라서 필자는 당시 신문검색을 통해 이들 중국 정치 엘리트들의 동향을 찾아보기 시작했다. 그 첫 번째 관심사는 중국 정치 엘리트의 순위에 영향을 미치는 요소에 대한 것이었다. 즉 권력투쟁이 진행되었다면 인사 차원의 변화를 수반하게 될 것이고, 그것이 정치적인 의미의 사망 선고가 아닌 다음에야 정치적 순위의 일정한 변화로 나타날 것이라는 생각 때문이었다. 결과적으로 이 아이디어에서 시작한 초보적인 작업이 어떤 가시적인 결과물을 산출하지는 못했다. 그러나 이때부터 필자는 중국 엘리트 정치에 관심을 가지고 정치 엘리트의 프로필을 정리하는 작업을 시작하게 되었다.

그 후 10년이 흘렀다. 그동안 필자는 중국 엘리트 정치를 주된 연구 주제 중의 하나로 삼고, 그 세부 영역에 대한 연구를 진행해 왔다. 지금은 "사람에게 사람만한 관심거리가 따로 없다. 인문학과 사회과학은 모두 사람에 관한 학문이다"라는 한 역사학자의 말에 무척 동감을 하는 지경이 되었다. 그러던 중 필자의 어찌 보면 갈팡질팡하며 진행해 온 중국의 엘리트 정치 연구에 체계와 관점을 갖추도록 추동해 준 계기가 생겼다. 바로 2010년 고려대학교 아세아문제연구소에서 동북아연구총서 저술 지원 프로그램의 후원을 받게 된 것이다. 그 이후 필자는 제안서의 구성에 맞게 연구를 진행했고, 본 저서는 바로 그 결과물을 수정, 보완한 것이다. 지면을 빌어 필자의 다소 거칠고 체계적이지 못했던 문제의식에도 불구하고 저술을 지원해 준 고려대학교 아세아문제연구소와 소장 이내영 선생께 감사드린다.

몇 가지 일러둘 점이 있다. 첫째, 본 연구에는 특히 중국어와 관련된 많은 외래어가 등장한다. 이에 대한 표기는 기본적으로 국립국어원(www.korean.go.kr)의 외래어 표기법 제2장 표기 일람표 중 〈표 5〉 '중국어의 주음부호(注音符號)와 한글 대조표'에 따랐다. 모든 인명과 지명 등 고유명사는 상기 표에 의거하여 표기했으며, 첫 번째 등장한 경우 괄호 안에 원문을 한자 번자체로 명기했다. 물론 한국이 오랫동안 한자 문화권에 속한 연유로, 이들 고유명사에 대한 학술적·현실적 범위가 완전히 합치하지 않는 상황이 존재한다. 본 연구에서도 유사한 문제점이 발생할 수 있고 그 책임은 필자에게 있다. 이와 관련한 합리적인 문제 제기는 향후 연구 과정에서 적극 반영하겠다. 더불어 학제 간 논의를 통해 이런 문제점을 해결할 수 있는 계기가 마련되기를 희망한다. 영어 등 다른 외국어의 경우, 역시 필자의 판단에 따라 중국어와 같이 처리했다. 또 일부 한자어의 경우 의미를 명확히 하기 위해 괄호 안에 한자를 병기했다.

둘째, 중국어 등 외래어는 관례적으로 첫 번째 나오는 것에만 괄호 안에 원문을 표시하지만, 본 연구는 각 장이 독립적으로 하나의 논지를 가지고 있는 것인 만큼, 각 장마다 이 원칙을 적용한다. 즉 각 장마다 나오는 첫 번째 외래어에는 모두 괄호 안에 원문을 표시한다.

셋째, 본 연구는 각 장에 따라 약간의 차이는 있지만 분석 시기에 있어서 2012년 11월에 종료된 제17기 중국공산당 중앙위원회까지를 최종점으로 삼고 있다. 제9장에서 부분적으로 제18기 중국공산당 중앙위원회와 관련된 일부 내용을 추가하기는 했으나 본 연구의 주된 분석 시기는 1921~ 2012년 간, 즉 제1기에서 17기 중국공산당 중앙위원회까지의 시기임을 밝힌다.

본 연구를 구성하고 있는 대다수의 글들은 여러 학술 잡지에 게재된 것들을 수정 및 보완한 것이다. 이 지면을 빌어, 그 과정에서 유익한 논평을 해주어 본 연구의 완성도 제고에 많은 도움을 준 익명의 논평자들에게 감사드린다. 본 연구 각 장에 대한 원 논문의 제목과 게재 정보는 다음과 같다. 제2장은 "덩샤오핑(鄧小平) 이후 중국 엘리트 정치: '과두제의 제도화'로의 전환"(『중소연구』 제35권 1호, 2011); 제3장은 "중국 파벌정치의 변화: '동기'와 '동학'을 중심으로"(『아세아연구』 제55권 1호, 2012); 제4장은 "제17기 중국공산당 중앙위원회: '기술관료'의 쇠퇴와 '일반관료'의 부상"(『중소연구』 제33권 2호, 2009); 제5장은 "중국 정치 엘리트의 특성: 유형화와 그 변화"(『한국과 국제정치』 제24권 4호, 2008); 제6장은 "중국 세대별 정치 엘리트 유형 변화에 관한 연구: 제1세대에서 제5세대를 중심으로"(『국제정치논총』 제52권 1호, 2012); 제7장은 "중국 세대별 정치 엘리트와 민주주의: 제3, 4세대를 중심으로"(『중국연구』 제50권, 2010); 제8장은 "2012년 중국 권력투쟁의 전개와 그 특징: '보시라이 사건'을 중심으로"(『대한정치학회보』 제20집 2호, 2012); 제9장은 "중국 제5세대 정치 엘리트의 국내 정책 정향"(『신아세아』 제19권 1호, 2012)이 그 원본이다. 이를 토대로 본 저서가 수정, 보완되었다.

동시에 본 연구는 여러 사람들의 관심과 배려의 결과이다. 먼저 학자로서 또 선생으로서의 도리를 말이 아닌 행동으로 보이며 항상 필자를 자극해 주시는 한신대학교 중국지역학과의 여러 선생님들이 계신다. 이 지면을 빌려 감사의 마음을 담아 건강과 건필을 기원한다. 게으른 탓에 늘 시간 없음에 허덕이며 가장으로서 또 아빠로서의 역할을 제대로 못하고 있지만 늘 필자를 배려해 주는 가족에게 감사와 미안함을 전한다. 특별히 이 글이 훌륭한 저서로 나오기까지 꼼꼼하고 빠른 일처리를 진행해 주신 김종태 선생님을 비롯한 고려대학교 아세아문제연구소 측에 깊은 감사의 말씀을 올린다.

2012년 11월 양산동 연구실에서

1장

서론
: '접합적' 연구 전략과 중국 엘리트 정치 연구

본 연구의 목적은 두 가지이다. 첫째는 중국 엘리트 정치 연구에 있어서 '대안적'(alternative) 연구 전략을 제시하는 것이다. 둘째는 이 새로운 연구 전략에 입각하여 중국 엘리트 정치를 분석하는 것이다. 이 연구 전략은 사회의 변화와 변동을 비롯한 제 현상의 원인과 관련된 영역에서 오랜 논쟁의 역사를 가지고 있는 두 가지의 접근을 접합한다는 것이 그 핵심 문제의식이다.

이 논쟁은 사회변동의 원인에 있어 사회구조를 강조하는 구조주의로 대표되는 '거시적'(macro) 접근과, 인간 행위에 방점을 두는 개인주의로 대변되는 '미시적'(micro) 접근 간에 이뤄졌다. 즉 거시적 접근은 구조의 실제 구성 요소인 행위자보다는 인간의 행위를 결정하고 인간의 의지와는 독립되어 존재하고 굴러가는 구조에 대한 탐구를 통해 사회현상의 원인을 찾아가는 경향이다. 반면 미시적 접근은 사회현상의 원인을 행위 유형과 이들 간의 상호작용, 특정 행위를 유발하는 심리적 상태 등 행위자와 행위로부터 탐구하는 경향을 가리킨다. 이런 거시와 미시적 접근이라는 상반된 흐름은 각각 '객체 중심, 집합주의적 방법, 구조주의'와 '주체 중심, 개인주의적 방법' 등으로 불리면서 평행선적 논쟁을 거듭해 왔다.[1]

본 연구는 이런 평행선적 논쟁의 해결을 위해 접합적(combined) 연구 전략이 필요하다는 점에 동의한다. 즉 사회과학의 본질적인 목표가 사회현상의 인과관계에 대한 규명이라고 했을 때, 거시적인 접근과 미시적인 접근을 접합시키는 것만이 이 목표를 달성하는 데 일정한 진전을 이룰 수 있다고 본다. 한편 이런 시도는 사회현상에 대한 과학적 분석력의 제고를 위해 일견 상반되어 보이는 연구 전략, 즉 변수 중심 연구 전략과 사례 중심 연구 전략 간의 유기적 결합을 추구하는 학계의 일련의 문제의식과 상통한다고 할 수 있다.[2] 또 이를 가능하게 할 논리와 구체적인 분석틀을 마련하려는 시도들 역시 존재해 왔다. 대표적으로 엘리노어 오스트롬(Elinor Ostrom) 등은 기존의 합리적 선택 이론을 바탕으로 인간의 합리성에 대한 일정한 수정을 진행하고, 제도 측면에 대한 고려를 보충하여 사회현상에 대한 설명력을 제고시킨 '제도 분석틀'(Institutional Analysis and Development framework)을 제시하기도 했다.[3]

이 거시적·미시적 접근의 접합이라는 문제의식은 기실 대단히 상식적인 주장인데, 다음의 예를 통해 보다 명확하게 알 수 있다. 우리는 일반적으로 개의 몸통(구조)이 움직이면 꼬리(행위자)가 따라서 움직인다고 생각

1_이런 논쟁과 관련된 보다 자세한 사항은 김용학(1996, 21-24)을 참조.

2_이 접합적 연구 전략과 관련된 보다 자세한 사항은 안승국(1998, 3-16)을 참조.

3_이 분석틀에 대한 보다 자세한 상황은 Ostrom, Gardner and Walker(1994)를 참조.

그림 1 | 구조와 행위(자)와의 관계: 개와 개의 꼬리

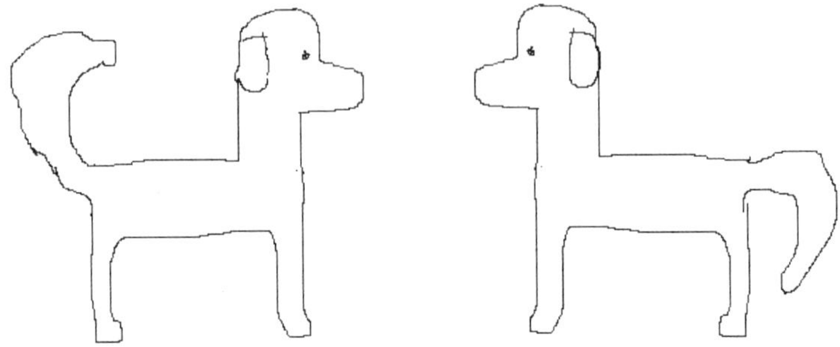

한다. 그러나 그 꼬리의 크기, 길이 그리고 형태와 같은 특징이 몸통의 움직임에 영향을 준다는 것을 현실에서는 쉽게 찾아볼 수 있다. 〈그림 1〉에서와 같이 위로 솟구친 꼬리를 가진 개와 밑으로 처진 꼬리를 가진 개의 움직임, 즉 그 결과는, 만약 똑같은 몸통의 움직임이 있다 할지라도 다를 수밖에 없다는 것이다. 또 주의해야 할 것은 바로 꼬리의 범주에도, 이른바 개의 전체적인 움직임에 영향을 주는 꼬리의 뼈대와 같은 내부 구조와, 털과 살 같은 외부 형태가 포함된다는 것이다. 이 둘 역시 상호작용한다고 할 수 있다. 결국 개의 움직임, 즉 현상의 결과는 비, 바람, 먹잇감의 출현 등 외부 환경의 변화에 개의 몸통과 꼬리가 상호작용하여 반응한 것으로 정리할 수 있다.

이렇게 비교적 상세하게 사회현상에 대한 이해의 관점을 서술한 이유는 바로 접합적 연구 전략을 중국 엘리트 정치 연구에 적용하기 위해서이다. 기존 연구에서 거시와 미시적 접근의 접합이라는 문제의식을 가진 시

도는 매우 드물었다고 할 수 있다. 그동안 중국 엘리트 정치 연구는 상술한 구분에 따르면 다음과 같이 나누어 볼 수 있다. 첫째, 거시적 접근을 기본적 연구 전략으로 채택한 것들이다. 이들은 중국 엘리트 정치의 구조(제도)적 측면의 특징과 그 변화에 대해 탐구한다. 즉 중국 엘리트 정치의 현상을 설명하는 과정에서, 행위자와 행위 등 미시적인 측면보다는 구조적인 측면을 강조하는 것이다. 따라서 이 접근은 기본적으로 사회현상의 동인이 행위자보다는 구조에 있다는 입장에 서 있다고 할 수 있다. 이 연구들은 보다 구체적으로 중국 엘리트 정치의 작동 원리, 권력 승계 그리고 권력(노선) 투쟁 등의 주제에 집중하고 있다.[4]

둘째, 중국 엘리트 정치를 미시적 측면, 즉 행위자로부터 접근하는 연구들이 있다. 즉 중국 엘리트 정치의 특정 현상과 결과를 행위자와 행위 등 미시적 측면에서 설명하고자 한다. 따라서 이 접근은 특정 사회현상의 동인을 구조나 제도적 측면보다 행위자의 행위와 의도에 있다는 입장을 견지한다. 이들은 주요 정치 엘리트 개인, 정치 엘리트의 유형과 그 변화, 그리고 세대별 정치 엘리트의 특성 등에 착목하고 있다.[5]

흥미롭게도 서로 대별되는 이런 시각의 중국 엘리트 정치에 대한 연구에서, 시기별로 1966년부터 76년까지 이어진 문화대혁명을 기점으로 앞선 시기에 대한 연구는 주로 거시적 접근이, 이후는 미시적 접근이 주를 이루었다. 즉 1949년 중화인민공화국 건국 이후 문화대혁명 이전까지는 주로

4_이 유형의 비교적 최근의 연구 성과들은 Huang(2000); Wong and Zheng(2002); Bo(2007); Shih(2008); Zheng(2010); 徐斯勤·陳德升(2012) 등이 있다.

5_이 유형의 비교적 최근의 대표적 성과들은 Gilley(1998); Kerry(2012); Li(2001); Bo(2004a); herrington(1997); Li(2008) 등이 있다.

'전체주의'(totalitarianism),[6] 문화대혁명 기간 중에는 '파벌정치'(factional politics)[7]의 분석틀에 의한 연구가 집중적으로 진행되었다.[8] 한편 문화대혁명 이후부터 1990년대에는 주로 '세대 정치'(generational politics)[9]와 '기술관료'(techonocracy)[10]라는 접근법에 의한 분석이 주를 이루었다.

마지막으로 매우 드물기는 하지만 구조와 행위자, 즉 거시와 미시 양 측면을 모두 고려하여 정책의 결과 혹은 사회의 변화를 분석하는 시도들이 있다. 최근의 대표적인 성과로 조셉 휴스미스(Joseph Fewsmith)는 덩샤오핑(鄧小平)의 개혁정책, 즉 정책 이슈를 엘리트 정치의 구조와 제도 등의 '공식적'(formal) 측면과 엘리트 간 관계 등 '비공식적'(informal) 측면 모두에 대한 접근을 통해 분석하고 있다(Fewsmith 2001). 또 보즈웨(Zhiyue Bo)는 중국 정치 엘리트의 행위자와 파벌 관계 등 구조적 특성에 대한 분석과, 쓰촨(四川) 대지진, 베이징 올림픽 등에 대한 이들의 구체적인 정책 행위들에 대한 분석을 결합하고 있다(Bo 2010). 그러나 이런 시도들 역시 연구를 관통하는 기본 관점과 전략으로 접합적 연구 전략을 표방하지 않은 한계가 존재한다.

6_이 접근법의 사용과 관련된 사항은 Huang(2000, 27-28)을 참조. 또 이 유형의 대표적 연구 성과들은 Barnett(1960); Lewis(1963); Schurmann(1966) 등이 있다.

7_이 접근법의 사용과 관련된 사항은 Huang(2000, 29)을 참조. 또 이 유형의 비교적 최신의 대표적 연구 성과들은 Guo(2001); Tsou(2002); Bo(2006) 등이 있다.

8_물론 학자들에 따라, 시대가 바뀌더라도 중국 엘리트 정치 연구에서 전체주의 모델과 접근법의 유효성을 계속 주장하기도 한다. 이에 대한 보다 자세한 사항은 Guo(1995) 등을 참조.

9_이 접근법의 사용과 관련된 사항은 寇健文(2010, 33-38)을 참조. 또 이 유형의 대표적 연구 성과들은 Yahuda(1970); Cherrington(1997); Li(2001) 등이 있다.

10_이 접근법의 사용과 관련된 사항은 寇健文(2010, 38-43)을 참조. 또 이 유형의 대표적 연구 성과들은 Lee(1991); Li and White(1998; 2003) 등이 있다.

본 연구는 상술한 문제의식에 따라 사회현상 혹은 정책의 결과는 구조와 행위자 간 상호작용의 결과라는 관점에 입각하고 있다. 따라서 중국 엘리트 정치 현상을 제대로 파악하기 위해서는 거시와 미시적 차원의 접근이 접합되어 동시에 이뤄져야 한다고 주장한다. 본 연구는 바로 이런 접합적 연구 전략에 따라 진행되었다. 보다 구체적으로 거시적 접근, 미시적 접근 그리고 거시와 미시적 접근을 접합한 시도들로 배치되어 있다.

본 연구는 크게 세 부분으로 구성된다. 1부에서는 접합적 연구 전략의 중요한 부분인 거시적 접근을 가능케 하기 위한 작업으로, 중국 엘리트 정치의 구조적 측면에 대한 분석을 진행하고 있다. 기본적인 관점은 중국 엘리트 정치 구조상 주요 요소들의 변화와 지속을 탐구한다는 것이다. 제2장은 구조적 측면에서 중국 엘리트 정치의 작동 원리와 본질을 규정하기 위해 설계되었다. 이 장에서는 그동안 중국 엘리트 정치의 작동 원리와 본질을 설명하기 위해 고안되었던 '승자 독식'(winner-takes-all), '편승'(bandwagon), '세력균형'(balance-of-power), '세력균형 잡기'(power balancing), '조직적 전제'(organizational emperorship) 등과 같은 대표적인 모델과 분석틀에 대한 비판적 고찰을 진행하고 있다. 이들은 모두 일정한 설명력을 가지지만 시기적·논리적 측면에서 한계 역시 가지고 있다. 따라서 본 연구에서는 덩샤오핑 이후 중국 엘리트 정치의 본질적인 작동 원리를 설명하기 위한 개념으로, '과두제의 제도화'(Institutionalization of Oligarchy)를 제시하고 있다. 즉 개인 독재의 부작용을 방지하면서도 당의 국가와 사회에 대한 집권적 지위의 유지를 위해, 그리고 개혁·개방의 진전에 따른 중국 사회의 요구에 적절하게 대응하기 위해 중국공산당과 덩샤오핑은 과두제를 도입했다. 이 과두제는 핵심적으로 당내에 복수의 주요 파벌이 존재하고, 이들 모두 압도적인 권력을 차지하지 못하는 상황을 전제로 한다. 이들 파벌은 한편으로는 자파 이익의 극대화를 추구하고, 다른 한편으로는 중국공산당이라는 조직체가 집권 지위를 놓치지 않아야 한다는 인식을 공유한다. 이런 측면에서 이 과두제 내의 게임의 성격은 경쟁적 공존을 기본으로 한다고 할 수 있다. 또 이런 게임의 유지를 위해 각 파벌의 첨예한 대립과 갈등을 해결할 기제가 필요하고 이것을 제도화하는 것에 동의한다. 즉 정당 구조의 측면에서 보면, 덩샤오핑 이후 중국 엘리트 정치체제는 개인 독재의 부활 내지 일개 파벌의 독주에도 반대하지만 동시에 다원주의와 같은 형태의 다수 파벌의 등장에도 반대한다고 할 수 있다. 따라서 과두제의 불안정성을 해소하는 방안으로 세대교체, 경쟁의 도입, 경쟁의 룰 안착화 등 제도화를 선택한 것이다.

제3장에서는 중국 엘리트 정치의 구조적 측면에서 또 다른 중요한 요소인 '비공식적'(informal) 정치 분야의 변화를 살펴보고 있다. 이를 위해 본 연구에서는 비공식 정치의 대표적 구성 요소 중의 하나인 '파벌정치'(factional politics)의 변화를 그 동기와 동학의 측면에서 분석하고 있다. 구체적으로는 주로 다른 국가의 파벌정치에 관련된 기존의 연구 성과에 대한 비판적 검토를 토대로, 파벌 형성의 동기의 측면에서 사적/실재, 파벌정치의 동학의 측면에서 협력/경쟁/퇴행 등으로 구분한 분석틀을 고안 및 제시했다. 이를 토대로 1921년 중국공산당 창당 시기부터 최근 후진타오(胡錦濤) 집권까지 중국 파벌정치의 변화를 통시적으로 살펴보고 있다.

제2부에서는 역시 접합적 연구 전략의 중요한 부분인 미시적 접근을 가능케 하기 위한 작업으로, 중국 엘리트 정치의 행위자 측면에 대한 분석을 진행하고 있다. 기본적인 관점은 중국 엘리트 정치 행위자들의 다면적인 변화와 지속을 탐구한다는 것이다. 제4장에서는 학술적·현실적 차원에서 중국 정치 엘리트로 인정받는 중국공산당 중앙위원(후보위원 포함)을 중

심으로 그 특성의 변화를 탐구한다. 구체적으로 2007년 말 구성된, 가장 최근의 정치 엘리트인 제17기 중국공산당 중앙위원의 인구 통계 및 정치사회적 특성을 정리한다. 동시에 이를 이전 중앙위원의 특성들과 비교 분석하여 전반적인 지속과 변화의 추이를 추적한다. 특히 이 부분에서는 그동안 중국 정치 엘리트의 주도 유형을 설명하는 주된 개념들인 '혁명관료'(revolutionary cadre), '기술관료'(technocrats)에 이어, 최근 중국 정치 엘리트 내에서 포착되는 주도 유형의 특성을 명증하게 표현할 수 있는 '일반관료'(generalist cadre) 개념을 제출한다. 이 유형은 구소련과 중국 정치를 연구한 문헌에서 상술한 기술관료, 즉 '전문가'(specialist 혹은 expert)에 상반되는 개념으로 쓰였다. 전문가와 비교했을 때 특별한 기술을 가지지 않고, 전문 영역이 없고, 당과 정부 조직에서 활동한 관료들을 가리킨다. 그러나 이 글에서는 일반관료를 다음과 같이 정의하고 있다. 먼저 혁명관료와 비교했을 때 이들은 학력 수준이 전문대 졸업 이상으로 높다. 다음으로 기술관료와 비교했을 때 이들의 전공 영역은 인문·사회과학이다. 그리고 경력 면에서 대부분 당과 정부 조직, 혹은 중국공산당이 지도하는 기층 군중 조직, 예를 들면 공청단, 부녀연합 등에서부터 경력을 쌓아 왔다. 따라서 일반관료는 전문대 이상에서 인문·사회과학을 주로 전공했으며, 각급 당정 조직(군중 조직 포함) 등 다양한 분야에서 경력을 쌓아 온 이들이라고 할 수 있다. 물론 이런 시도는 특히 이전 기술관료의 예와 같이, 개념의 적실성과 관련하여 자칫하면 평행선적 논쟁을 불러일으킬 소지가 있다. 그럼에도 불구하고 본 연구에서는 정치사회적 범주의 한 구성 요소로 상대적 비중의 변화를 살펴봄으로써 최대한 불필요한 논쟁을 지양하는, 비교 분석이 가능한 하나의 개념으로 '일반관료'를 설정하고 있다.

제5장에서는 본격적으로 중국 정치 엘리트의 유형 변화를 탐구한다.

이를 위해 그 보편성과 통시적인 비교 가능성에 주안점을 두고 있다. 중국 정치 엘리트의 실체, 즉 특성을 탐구하는 논의가 '기술관료'화 주장과 그에 대한 비판으로 구성되었다면, 이런 논쟁 구도에서 탈피하여 본 연구는 새로운 분석틀로 접근하고자 한다. 이 분석틀은 세계 각국 엘리트의 특성을 개념화하고 이에 따라 유형화를 시도한 기존 연구를 비판적으로 검토하여 구성되었다. 따라서 본 연구의 의의는 새로운 분석틀을 통해 중국 정치 엘리트의 특성을 탐구하고, 이 분석틀의 적실성을 토론할 기회를 제공하는 것이다. 이런 시도로 중국 정치 엘리트를 '특수'보다는 더 '보편적' 틀에서 설명할 수 있을 것으로 예상된다. 또한 본 연구는 기존 중국 정치 엘리트의 특성에 관한 연구들이 결여 내지 소홀히 하고 있는 다른 국가 및 사회 정치 엘리트와의 비교를 가능케 하고 있다. 특히 과거 구소련 및 동구에서 사회주의를 경험한 국가들의 전환기 정치 엘리트와 직접적인 비교가 가능하다. 이를 위해 기존 엘리트 관련 연구에 대한 비판적 검토를 통해 통합, 순환, 분화의 측면을 고려한 엘리트 유형 분석틀을 제시한다. 이에 따르면 엘리트 유형은 동의형/고전형, 분절형/재생산형, 이념형/대체형, 분리된/준(quasi)대체형 등으로 구분된다. 이 분석틀을 중국 정치 엘리트 유형에 적용하여, '통합' 측면에서는 역대 중국공산당 지도사상의 수량, 중국공산당 중앙위원회의 규모를, '분화' 측면에서는 성별, 민족 그리고 주요 경력 패턴에 대한 다양성을, 현실적으로 측정 가능한 지표로 설정했다. 그리고 '순환'의 측면에서, 순환의 방식은 이와 관련된 기존 연구 성과를 통해 정성적으로 분석하고, 순환의 범위는 역대 중앙위원 교체 비율을 정량적 측정 지표로 이용했다.

제6장에서는 제5장에서 제시한 분석틀을 활용하여, 중국 정치 엘리트의 세대별 특성의 지속과 변화를 고찰한다. 정치 세대 개념은 중국 정치 엘

리트를 분석하는 주요 개념임에도 불구하고, 중국 당국에서 먼저 제시한 후 통용된 연유로 그 기준과 범위가 학자마다 조금씩 차이가 나는 상황이다. 특히 연령 기준은 더욱 그러하다. 더구나 본 연구가 포괄하고 있는 최신 세대인 제5세대는 그 기준과 관련해 현재 학계에서 논의가 분분한 상황이다. 따라서 본 연구는 여러 자료와 견해를 종합해 독자적인 기준을 마련했다. 먼저 제1세대는 대장정을 경험한 이들 중 출생 연도가 제2세대 중 가장 연장자로 구분되는 후야오방(胡耀邦) 전 중앙위원회 총서기보다 한 살 아래의 이들로 설정한다. 즉 1871년부터 1914년까지 출생자들이다. 참고로 1871년 출생자는 제5기 중앙위원을 역임한 양치산(杨其珊)이다. 제2세대는 후야오방의 출생 연도인 1915년부터 제3세대 엘리트 중 최연장자로 평가되는 차오스(乔石) 제8기 전국인민대표대회 상무위원회 위원장보다 한 해 빠른 1923년까지의 출생자이다. 제3세대는 1924년 출생자로부터 제4세대 엘리트 중 최연장자로 알려진 쩡칭훙(曾庆红) 전 국가 부주석의 출생 연도보다 한 해 빠른 1938년 출생자까지이다. 제4세대는 1939년 출생자부터 제5세대 엘리트 중 최연장자로 구분되는 보시라이(薄熙来) 현 충칭(重庆)시 당위원회 서기보다 한 해 빠른 1948년 출생자까지이다. 제5세대는 1949년부터 제6세대 엘리트로 평가받는 이들 중 최연장자인 저우창(周强) 현 후난(湖南)성 당위원회 서기보다 한 해 빠른 1959년 출생자까지로 설정한다. 제5장과 6장에서 다룰, 동일한 분석틀에 의거한 다른 측면에서의 정치 엘리트 유형 변화 탐구는 그 연구 결과에 따라 분석틀의 적실성 및 확장 가능성을 실험해 볼 수 있는 시도라고 판단된다.

제3부는 본 연구가 표방하고 있는 접합적 연구 전략을 적용한 시도들을 모았다. 즉 중국 정치 엘리트의 '동학'이라는 이름하에, 각 이슈별로 거시적·미시적 접근의 접합을 통해 분석을 시도하고 있다. 제7장에서는

2010년부터 다시 불붙고 있는 중국 정치개혁 논쟁의 배경과 관련하여, 중국 정치 엘리트들의 민주주의에 대한 인식을 살펴본다. 즉 민주주의에 대한 인식이 세대별로 변화하고 있다는 가설을 검증하고 있다. 구체적으로 장쩌민(江澤民)을 중심으로 하는 제3세대와 후진타오를 대표로 하는 제4세대 정치 엘리트들의 민주주의에 대한 인식을 비교 분석한다. 특히 거시와 미시적 접근의 접합이라는 문제의식하에 이른바 '국정 운영·정책, 엘리트 속성, 시대 상황, 해당 정책' 간의 관계에 대한 분석틀을 고안 및 제시한다. 즉 중국의 정치 엘리트는 자신들의 집단적인 속성을 바탕으로 집권기 시대 상황에 조응하여 중국의 주요 현안과 문제에 대한 인식을 정립하고, 관련 정책을 생산 및 집행한다. 민주주의와 관련해서도 마찬가지이다. 주의할 것은 이 과정은 기본적으로 반복 및 순환된다는 것이다. 부연하면, 이전 정치 엘리트의 각종 현안 및 문제의 총합으로의 전반적인 국정 운영 인식과 정책은 이 순환의 초기 조건으로, 해당 시기 정치 엘리트의 속성과 시대 상황에 공히 영향을 준다. 이 해당 시기의 정치 엘리트의 속성과 시대 상황이 상호작용하면서 특정 문제(본 연구에서는 민주주의)에 대한 인식과 정책에 영향을 준다는 것이다. 이 장에서는 이런 분석틀을 바탕으로 각 세대별 정치 엘리트가 가진 민주주의에 대한 개념과 형식에 대한 인식과 입장을 비교한다. 또 각 세대별 민주주의에 대한 상이한 인식과 정책의 배경을 엘리트 속성과 시대 상황의 측면에 초점을 맞추어 규명한다.

제8장에서는 역시 접합적 연구 전략의 문제의식 아래, 2012년 이후 중국의 주도 엘리트 세대로 부상하는 제5세대 정치 엘리트의 특징 분석과, 이에 기반을 둔 향후 국내 정책을 전망한다. 그러나 필경 구조적 차원에서의 변화는 현재로서는 분명하게 예측할 수 없기 때문에, 이 변화와 상호작용할 주체, 즉 정치 엘리트의 속성을 집중적으로 분석한다. 한편 이 장에서

는 제5세대 엘리트의 속성을 분석하면서, 이들의 속성과 역시 상호작용할 구조적 측면, 제5세대 엘리트 정치의 파벌 구조적 측면의 분석을 진행한다. 즉 제5세대 엘리트 정치의 구조와 행위자 측면에 대한 분석을 토대로 향후 중국 국내 정책을 전망해 본다. 이런 분석을 위해 본 연구는 다른 연구들에서 일반적으로 설정하고 있는 정치 엘리트보다 약간 넓은 수준에서 연구 대상의 범위를 설정한다. 왜냐하면, 연구가 진행된 시점은 아직까지 제18기 중앙위원 및 그 후보위원이 확정되지 않은 상태이기 때문이다. 따라서 제17기 중앙위원회의 중앙위원과 그 후보위원을 기본으로, 선전부와 조직부와 같은 공산당 중앙위원회의 직속 기구, 중앙정부인 국무원의 29개 부처 및 직속 기구 정·부책임자, 31개 성급 당·행정·군대 단위의 정·부책임자, 전국적 군중 조직의 정·부책임자 등의 직위를 차지하고 있는 이들 중 1949년에서 59년 사이에 출생한 이들 472명을 직접적인 연구 표본으로 설정한다. 또 제5세대 엘리트 정치의 구조적 측면에서 매우 중요한 정치 파벌 중 현재 학계에서 인정받고 있는 '퇀파이'(團派), '타이즈당'(太子黨), '상하이방'(上海幫)에 대해 집중 분석하며, 가능한 범위에서 이들 제5세대 정치 엘리트의 귀속 파벌과 그 비율에 대한 분석 역시 진행한다.

제9장에서는 중국 정치의 동학을 가장 극적으로 표출하고 있는 권력투쟁의 배경, 원인, 전개 과정을 접합적 연구 전략에 입각하여 분석한다. 특히 2012년 초 표면화된 보시라이 사건을 그 사례로 하여, 중국 권력투쟁의 특징 변화를 1995년 천시퉁(陳希同), 2006년의 천량위(陳良宇) 사건과 비교 분석하면서 도출하고 있다. 이들 권력투쟁은 중국 정치에서 대의민주주의 체계가 완비되지 못했으며 여전히 일당 독재가 유지되고 있다는 현실을 반영하는 것으로, 불투명한 중국 정치에서 해당 시기의 실재 작동 메커니즘을 집약적으로 파악할 수 있는 주요한 사례이다. 즉 파벌 간 경쟁과 협력은

현 중국 정치 시스템이 바뀌지 않는 이상 일상적으로 지속되며, 특히 경쟁의 외부적 표현이 권력투쟁으로 외화되는 것이라고 볼 수 있다. 이 분석의 구조적 측면에서는 중국 정계의 파벌 간 역학 관계와 갈등을, 미시적 측면에서는 보시라이, 왕리쥔(王立軍) 등 각 해당 정치 엘리트들을 변수로 설정하였다. 이 장에서는 구체적으로 보시라이 사건은 왜 발생했으며, 어떻게 진행되었고, 그 결과는 무엇인가를 선제적으로 규명한다. 다음으로 보시라이 사건과 개혁·개방기에 발생한 유사 사건과의 비교 분석을 통해 현시점에서의 중국 정치 내부 권력투쟁과 동학의 특징을 도출한다. 마지막으로 이를 통해 향후 중국 엘리트 정치의 전망에 대해 논한다.

결론에서는 본 연구의 결과에 대한 요약과 시사점을 정리한다. 동시에 각 영역별로 중국 엘리트 정치의 변화, 지속과 관련된 사항을 요약하고, 이에 기반을 두어 향후 전망을 제시한다.

제1부

중국 엘리트 정치의 '구조'

2장

중국 엘리트 정치의 구조 변화

덩샤오핑 이후 중국 엘리트 정치: '과두제의 제도화'로의 전환

1. 서론

엘리트 정치는 중국 연구에서 매우 중요한 영역 중 하나이다. 기실 중국에서 엘리트의 중요성은 궁극적으로 인간 정신의 합리성을 신뢰하는 사회주의 정치체제, 즉 건국 이후부터 도입된 레닌주의적 당-국가(party-state) 체제라는 특성에 우선적으로 기인한다. 또 상대적으로 낮은 수준의 제도화(institutionalization)에도 그 구조적 뿌리를 두고 있다(Lee 1991, 21-23). 문제는 이런 특성이 1949년 중화인민공화국 건국 이래 현재까지도 여전히 지속되고 있다는 것이다. 실제로 국가의 성격에는 변화가 없었으며, 제도화 역시 일부 진전이 있었다고 할 수는 있지만 여전히 그 수준은 낮은 상태이다.[1]

중국 엘리트 정치에 대한 기존 연구는 접근의 각도를 기준으로 하여 경

험적으로 다음의 세 종류로 분류할 수 있다.[2] 첫째는 그 작동 주체인 엘리트의 개인 및 집단적 특성, 즉 연령, 세대, 교육 수준 등을 중심으로 접근하는 것이다.[3] 이는 미시적 접근으로 분류할 수 있다. 둘째는 엘리트 정치의 공식·비공식 구조와 제도를 중심으로 접근하는 것이다.[4] 이는 거시적 접근으로 이해할 수 있다. 셋째는 특정 모델을 수립하여 엘리트 정치의 작동 원리와 그 특징을 파악하는 것이다.[5] 특히 이런 유형의 연구들이 내세우는 '모델'(model)은 많은 실제 연구들에서 그러하듯, '설명'과 '발견'이라는 두 가지 목적을 동시에 추구하고 있다는 점에서 '이론'(theory)과 혼재되어 사용된다고 할 수 있다.[6] 이런 학술적 흐름에서 보면 본 연구는 세 번째 유형에 속하고, 구체적으로 중국 엘리트 정치의 작동과 운영에 대한 '대안적'(alternative) 모델 수립을 시도한다.

그동안 많은 학자들이 서로 다른 모델을 수립하여 중국 엘리트 정치의 본질을 설명하기 위해 노력해 왔다. 그 대표적인 것들로 '승자 독식'(winner-takes-all), '편승'(bandwagon), '세력균형'(balance-of-power), '세력균형 잡기'(power balancing) 등이 있다. 본 연구의 필요성은 근본적으로, 다음

1_가장 대표적인 예로 권력 교체의 방식과 관련하여, 실제로 평화적이고 안정적인 방식으로 진행된 것은 2002년의 장쩌민에서 후진타오로의 교체가 첫 번째이고, 2012년에 만약 같은 방식으로 진행된다면 두 번째가 된다. 그동안 제도화의 진전과 현재 상황과 관련해서는 寇健文(2010, 267-358)을 참조.

2_이와 유사한 방식으로 기존 중국 엘리트 정치 연구를 분류한 대표적 연구 성과는 Fewsmith (2001)가 있다.

3_이런 유형의 최근의 대표적 연구는 Li(2008a)를 들 수 있다.

4_이런 유형의 최근의 대표적 연구는 Shih(2008)를 들 수 있다.

5_이런 유형의 최근의 대표적 연구는 Bo(2007)를 들 수 있다.

6_'모델'과 '이론'의 엄격한 개념 규정과 구분에 대해서는 Isaak(1981, 192-213)을 참조.

부분에서 자세히 검토하겠지만, 각 모델들이 가진 장단점 외에도 이들 모델들이 각각 특정 시기 또 특정 사건을 그 분석의 대상으로 삼고 있다는 한계로 인해 존재한다. 물론 이 한계에서 본 연구 역시 완전히 자유롭지 못하다. 즉 향후 중국 엘리트 정치의 변화와 발전 속에서 또 다른 적실성 있는 모델과 분석틀이 요구된다는 의미이다.

따라서 본 연구는 분석 시기를 보다 구체적으로 제시하고자 한다. 1989년부터 최고 지도자가 된 제3세대 지도자 장쩌민(江澤民)과, 2002년에 최고 지도자가 된 이후 현재까지 제4세대 후진타오(胡錦濤) 시기의 엘리트 정치를 분석할 틀을 모색할 것이다. 구체적으로 중국의 덩샤오핑(鄧小平) 이후, 즉 제3·4세대 집권기의 엘리트 정치 모델을 모색 및 제시하는 것이 목적이라고 정리할 수 있다.

이런 목적 달성을 위해 2장의 내용은 다음과 같이 구성된다. 2절에서는 상술한 중국 엘리트 정치 작동 원리의 체계화를 시도한 대표적인 모델들에 대한 비판적 검토를 진행한다. 다음으로 3절에서 이들 기존 모델들과 대별되는 대안적 중국 엘리트 정치 모델을 제시한다. 4절에서는 이 대안적 모델의 발생과 작동에 관해 설명한다. 마지막으로 상술한 논의에 대한 요약과 보충 그리고 향후 중국 엘리트 정치에 대한 전망을 제시한다.

2. 기존 논의 검토

이하에서는 최근까지 중국 엘리트 정치의 본질을 규명하기 위해 설계된 대표적 모델 이론들에 대한 비판적 검토를 진행한다.

1) 승자 독식

이 모델은 중국 엘리트 정치를 설명하는 가장 '전통적인'(conventional) 것으로 특히 중국 내 학자들로부터 크게 평가받고 있다(Bo 2007, 3; Zheng 2010, 73). 이 모델은 저우탕(Tang Tsou)이 제출한 것으로, 그에 따르면 중국 엘리트 정치의 변하지 않는 가장 큰 특징은 '승자 독식'을 원칙으로 하는, 최고 혹은 그 하위 단위에서 벌어지는 부정기적인 권력투쟁이다. 더구나 이는 엘리트 정치뿐만 아니라 20세기 중국 정치의 중요한 특징이다. 그는 이런 부정기적인 대표적 권력투쟁의 예로, 1938년 제6기 중국공산당 중앙위원회 제6차 전체회의에서 마오쩌둥(毛澤東)과 왕밍(王明), 마오쩌둥과 류샤오치(劉少奇), 덩샤오핑과 화궈펑(華國鋒) 간의 투쟁을 들었다(Tsou 2002, 100, 129).

저우탕의 이 모델은 다음과 같은 특징을 가지고 있다. 첫째, 중국의 엘리트 정치를 기본적으로 '제로섬'(zero-sum)게임으로 본다. 최고 권력은 분할될 수 없고, 절대적이기 때문이다. 둘째, '승자 독식'의 연속성과 권력투쟁 발생이라는 제한적 상황에의 적용을 주장한다. 중국에 대한 사회과학 이론의 기계적인 적용을 경계하고, 중국의 특수성을 강조하는 역사적 접근을 주장해 온 저우탕은 이 모델에서도 이런 접근법을 적용했다.[7] 이는 서구의 경험에 의거한 현 사회과학 이론들을 더욱 풍부하고 적실성 있게 만든다는 점에서 매우 긍정적인 접근법이라 할 수 있다.

그러나 중국 엘리트 정치를 설명하는 이 '전통적인' 모델은 다음과 같은

7_이런 저우탕의 역사적 접근에 대해서는 Tsou(1986, 1-3)을 참조.

측면에서 그 한계를 가진다. 첫째, 엘리트 정치가 제로섬게임이라는 전제는 권력의 절대성과 '분할 불가능성'(indivisibility)에 기인한다. 그러나 '규범적인'(normative) 차원에서는 이런 해석이 가능하겠지만, '작동적인'(operational) 차원에서 보면 권력은 상대적이고, 분할 가능하다. 따라서 '승자 독식' 모델은 그도 인정하듯이 '정책에 대한 일상적인 투쟁'이 아닌, 권력의 규범적 차원에서만 그 적실성을 지닌다고 할 수 있다(Zheng 2010, 75). 따라서 이 모델의 적용 범위는 매우 제한적일 수밖에 없다. 즉 중국 엘리트 정치의 부정기적인 권력투쟁 이외의 요소에 대해서는 어떤 모델을 적용할 것인가라는 질문이 자연스럽게 나오게 된다.

둘째, 이 이론이 논리적으로 포함하고 있는 '연속성'에 대한 문제이다. 저우탕에 따르면 승자 독식 모델은 중화인민공화국 성립 이전부터 같은 시기, 적어도 20세기까지 중국 엘리트 정치에 적용되고 있다. 그러나 정치적 차원에서의 제도화와 분화를 그 특징으로 하는 마오쩌둥 이후 시기에 이 모델의 적합성 여부는 매우 회의적이다(Bo 2007, 3). 특히 저우탕이 대부분 마오쩌둥 시기의 권력투쟁들을 그 분석 사례로 들고 있다는 점에서 이 한계는 매우 뚜렷하다.

마지막으로, 보다 근본적으로 이 모델이 근거로 삼고 있는 권력투쟁의 예들이 모두 같은 성격, 즉 승자 독식의 '죽느냐 혹은 사느냐'의 투쟁이었느냐는 점에 대해서 다른 의견이 존재할 수 있다. 투쟁의 강도와 주도권의 측면에서, 초기의 마오쩌둥과 왕밍, 덩샤오핑과 화궈펑 간의 권력투쟁과, 마오쩌둥과 펑더화이(彭德懷), 류샤오치, 린뱌오(林彪) 등과의 그것은 매우 상이하다고도 이해할 수 있는 것이다. 전자와는 달리 후자는 비대칭적 성격이 강하다.

2) 편승/세력균형

에이버리 골드슈타인(Avery Goldstein)이 제기한 이 모델들에서 그는, 체계나 구조적 접근이 전체주의 접근인 마르크스레닌주의 체제, 마오 중심(Mao-in-command), 파벌주의 접근 등이 가지고 있는 약점을 극복할 수 있다고 주장했다. 그 약점들이란 첫째, 중국 정치의 시기별 특성의 변화를 분간해 낼 수 없다는 점, 둘째, 이런 접근은 행위자의 특성이나 행위 간의 관계 등에만 착목하여 정치 결과에 대한 설명이 근본적으로 '환원주의'(reductionist)적일 수밖에 없다는 점 등이다. 그 대안으로 그는 '구조'에 주목했다. 즉 그의 모델들은 정치적 결과는 본질적으로 정치 구조의 소산이라는 체계(system) 이론에 기반하고 있다(Goldstein 1991, 4).

그는 1949년에서 78년 사이의 중국 정치를 그 구조적 특징에 따라 두 시기로 구분하고, 각각 다른 모델의 정립, 분석을 시도했다. 우선 1949년에서 66년 사이에는 편승 모델을 적용했다. 편승 모델은 기본적으로 '계서적'(hierarchically)으로 조직된 구조, 낮은 기능적 분화 정도 그리고 왜곡된 능력의 배분이라는 세 가지의 기본 조건을 가지고 있다. 즉 이런 조건을 갖춘 정치체제에서는 '편승'이 전형적인 행위 양태라는 것이다. 이런 모델에 바탕을 두어 구체적으로 농업 집단화, 대약진 등 이 시기 농업정책에 대해 분석했다(Goldstein 1991, 97-113).

다음으로 그는 1966년부터 78년의 문화대혁명 시기 중국 정치를 '세력균형' 모델로 설명했다. 세력균형 모델은 앞서의 편승 모델과 달리, 기본적으로 '무정부적'(anarchically) 상황에서 발생한다. 이 구조에서는 기능적 분화 정도가 역시 낮으나, 능력의 배분은 상대적으로 넓게 이뤄져 있다. 이런 구조 아래에서 정치적 생존은 현안 최대의 문제가 되고, 따라서 전형적인 행위 양식은 '균형'이 된다. 골드슈타인은 이 모델을 문화대혁명 당시의 중국 정치에 대입하여 그 적절성 검증을 시도했다(Goldstein 1991, 160-184).

이 모델들은 그동안 상대적으로 경시되었던 '구조'를 중국 엘리트 정치의 분석에 도입함으로써, 골드슈타인 자신이 주장하듯 환원주의적 설명을 벗어나 보다 체계적인 분석과 예측을 가능하게 했다는 것이 가장 큰 장점이다. 그러나 다음 몇 가지의 약점도 가진다.

첫째, 중국 엘리트 정치의 구조적 변화와 실제 행위 양식 간 대응의 부적절함이다. 즉 문화대혁명을 기준으로 계서적에서 무정부적으로 전환되었다는 지적은 일면 타당하다 할 수 있지만, 문화대혁명 당시 무정부적인 상황에서 각 정치 행위자들이 보여 준 실제 모습은 균형이라기보다는 오히려 편승에 가깝다는 주장도 설득력이 있다(Tsou 2002, 149; Bo 2007, 5).

둘째, 보다 근본적으로 엘리트 정치 구조 변화와 관련된 시기 구분 등 모델 자체에 대한 비판도 제기될 수 있다. 즉 지나친 단순화에 의한 모델 자체의 엄밀함 부족에 대한 지적이다. 실제로, 문화대혁명보다 10년이나 빠른 1956년을 기점으로 계서적 질서의 약화가 명확하게 진행되었다는 주장이 존재한다. 또한 계서적으로 조직되어 있던 1966년까지의 기간에도 실제 정치 영역에서는 파벌과 다양한 형식의 '노선투쟁'이 전개되었다는 점에서도 단일한 '편승' 이외의 행위 양식이 존재할 수 있다는 견해 또한 설득력이 있다고 판단된다(Tsou 2002, 131-143).

3) 세력균형 잡기

보즈웨(Zhiyue Bo)는 기존 모델들을 평가하면서, 21세기 중국 엘리트 정치를 설명하기 위해 이 모델을 제출하였다. 이 모델의 특징은 다음과 같다. 첫째, 이 모델의 출발점은 바로 '정치적 제도화'(political institutionalization)이다. 정치적 제도화가 진전됨으로써 21세기 중국 엘리트 정치에서 공식적 제도가 파벌과 같은 비공식적 네트워크보다 더 중요한 역할을 하게 되었다는 주장이다. 이런 맥락에서 편승 모델이 상정하고 있는 기능적 미분화와는 그 논의의 출발점이 다르다고 할 수 있다. 둘째, 중국 엘리트 정치에 '기능적 분화'(functional differentiation)가 진행됨에 따라 정치권력이 분할 가능해졌고, 그로 인해 승자 독식 모델이 상정하고 있는 제로섬게임이 아닌 '비제로섬게임'이 가능하게 되었다고 주장하고 있다.[8] 셋째, 이 모델은 세력균형 이론과는 달리 기본적으로 중국 엘리트 정치 구조가 계서적으로 구성되어 있다고 본다. 즉 계서적으로 구성된 정치 구조하에서는 각 세력들 간에 '균형을 잡으려는 행위'가 전형적인 양태라는 것이다. 보즈웨는 이 모델의 적실성을 공식적(formal) 차원과 비공식(informal) 차원으로 나누어 검증하고 있다(Bo 2007, 6-8, 109-202).

이 세력균형 잡기 모델은 기본적으로 중국 엘리트 정치의 비연속성에 기반을 둔다. 따라서 상이한 환경하에서 상이한 행위 양식이 존재할 수 있다는 점에서 편승/세력균형 모델과 그 접근 방향이 같다. 이런 관점은 변화하는 중국 엘리트 정치의 동학(動學)을 관찰하는 데에 매우 긍정적이라고 평가할 만하다. 그러나 이 모델은 다음의 몇 가지 측면에서 비판할 수 있다. 첫째, 정치적 제도화로 인해 중국 엘리트 정치에서 공식적 측면이 비공식적 측면보다 중요시되었다는 주장은 그 인과관계가 약하다. 즉 이 두 영역

8_포스트 마오 시기 중국 정치를 비연속성의 시각에서 바라보고, 그 주요한 특징을 '기능적 분화'로 규정짓는 최근 연구로는 Nathan(2003, 6-17)을 들 수 있다.

의 상대적 중요성 정도를 계량적으로 측정하지는 못하더라도, 적어도 공식적 부문의 제도화에 비해 파벌 등 비공식적 부문은 여전히 제도화 정도가 약하다는 지적이 타당할 수 있다는 것이다. 또 비공식적 부문은 그 본질상 제도화가 진행되기 어려운 영역이기도 하다(Zang 2005, 204-217).

둘째, 기능적 분화로 인해 제로섬이 아닌 다른 성격의 게임이 가능해졌다는 주장에 대해서 비판이 가능하다. 즉 단일 혹은 유력 독립변수로 기능적 분화를 설정하기는 부족하다는 것이다. 실제로, 만약 기능적 분화의 결과로 권력의 '작동' 수준에서의 분할 가능성만을 인정했을 경우, '규범적' 수준에서의 권력은 분할 가능하지 않다. 더 심각한 문제는 이런 상황에서도 보즈웨가 주장한 다양한 비제로섬게임은 나타날 수 있다는 것이다. 다시 말해서 보즈웨의 비제로섬게임은 기능적 분화가 진행되고 있는 공식적 차원에서만 그 진행이 가능하다(Zheng 2010, 76).

3. '대안적' 중국 엘리트 정치 모델: '과두제의 제도화'

2절에서의 논의는 이제까지 중국 엘리트 정치를 설명하려는 이론적 시도들이 각각 시기적·논리적으로 몇 가지 한계를 가지고 있다는 것을 보여준다. 이런 측면에서 정융녠(Yongnian Zheng)의 최근 주장은 매우 설득력 있다. 그는 신제도주의와 신마르크스주의의 연구 성과를 종합하여, '조직적 전제'(organizational emperorship)의 개념으로 덩샤오핑 이후 중국의 정치체제를 설명하고 있다. 즉 중국의 정치체제는 기본적으로 공산당이 전일적으로 정부와 사회를 지배하고 있는 전제 체제라는 것이다. 이 조직적 전제는 중국 고대 시기의 '전제'라는 정치 문화의 재구성 및 변환의 산물인데, '개인적(individual) 전제'에서 '조직적 전제'로 바뀌게 된 결정적인 동인은 사회경제적 변화라고 주장한다. 즉 중국공산당은 사회경제적 변화에 직면하여 정부와 사회에 대한 포괄적인 권력 장악을 위해 변화했지만, 그 핵심은 변하지 않았다는 것이다. 따라서 이 개념은 공산당의 정치체제에서 공산당의 전일적·독점적 지위를 중요하게 강조하고 있다(Zheng 2010, 18-43).

동시에 그는 이 개념을 엘리트 정치에도 적용하였다. 공산당을 조직적 전제의 주체로서 상정하고, 로버트 달(Robert Dahl)의 '민주화의 경로'에 관한 분석틀을 참조하여 그 변화를 설명한다. 즉 마오쩌둥, 덩샤오핑 등 절대적인 카리스마를 가진 지도자에 의해 작동되는 엘리트 정치가 개혁·개방의 진행이 가져온 사회경제적 변화에 대응하면서도, 조직적 전제 체제를 유지하기 위해 일정한 변화를 가져왔다는 것이다.

구체적으로, '공공 경쟁'(public contestation)의 측면에서 그 정도가 강화되어 1인 지배가 아닌 소수의 파벌이 지배하는 '경쟁적 과두'(competitive oligarchy) 체제가 되었다. 대표적인 예로, 개별 지도자 간이 아닌 파벌 투쟁의 결과로 발생한 1995년의 천시퉁(陳希同)과 2006년의 천량위(陳良於) 사건을 든다. 한편, '사회참여'(social participation)의 측면에서도 그 정도가 강화되어 '포괄적 헤게모니'(inclusive hegemony) 체제로 변하고 있다고 본다. 대표적인 예로 장쩌민 집권기 사영 기업가의 입당 허용과 후진타오 집권기 노동자와 농민 계층에 대한 우선 정책을 들고 있다. 결론적으로 정융녠은 중국 엘리트 정치가, 달의 분석틀에 의거하여 상기한 두 측면의 정도가 매우 낮은 '닫힌 헤게모니'(closed hegemony) 체제에서 자유화와 포괄성이 동시에 강화되는 방향으로 변화하고 있다고 보고 있다(Zheng 2010, 34-40).

정융녠의 이런 견해는 중국 엘리트 정치의 변화와 지속을 가장 잘 설명하는 것으로 볼 수 있다. 즉 여전히 문화적으로 '전제'의 측면은 존재하면서도 그 핵심 주체가 개인에서 조직으로 바뀌었으며, 사회경제적으로도 이런 독점적·전일적 지위를 유지하기 위해 '자유화'(liberalization)되고, '포괄성'(inclusiveness)이 강화되는 방식으로 변화하고 있다는 것이다.

그럼에도 불구하고 정융녠은 달의 주장을 적절하게 중국의 상황에 적용하는 데 일정 부분 실패했다고 판단된다. 단적인 예로, 달은 자유화와 포괄성 확대의 선후에 따라 체제 전환의 종류를 나누고 있다. 물론 명칭을 특정하지는 않았지만 '선 자유화 – 후 포괄성 확대'를 영국과 스웨덴 유형으로, '포괄성 확대 – 자유화 진행'을 독일의 바이마르 공화국 유형으로, 동시 진행을 1789년에서 92년 시기 프랑스 유형으로 구분한 바 있다(Dahl 1978, 34-35). 정융녠은 이 부분을 정확하지 않게 처리함으로써 중국이 마치 프랑스 유형에 가까운 것처럼 인식하게 만들었다. 그러나 정융녠이 근거로 들고 있는 중국의 변화 상황은 오히려 영국과 스웨덴 유형에 가깝다고 할 수 있다. 즉 중국은 '선 자유화 – 후 포괄성 확대'의 순서를 밟아 가고 있는 것이다. 논지와 실제 상황의 모순이 발생한 셈이다.

또한 이 주장은 중국 엘리트 정치의 변화 방향에 대해 일정한 경향을 제시하고 있는데, 그 논리와 제시된 전망에 의문이 남는다. 비록 정융녠이 명시적으로 적시하지는 않았지만 달의 모델을 채택하고 있다는 점에서, 더구나 조직적 전제가 체제의 자유화와 포괄성을 강화하는 방식으로 발전한다고 본 점에서 그 종착점은 '다두제'(polyarchy), 즉 민주주의라는 것을 논리적으로 내포하고 있다. 그러나 이 논리대로 중국이 변화할 것인지는 보다 면밀하고 장기적으로 지켜볼 일이다. 즉 기존 모델에 중국을 적용하는 데 있어서 나타나는 '일반화'의 문제가 발생한 것이다.[9]

마지막으로 정의 모델은 장쩌민, 후진타오 체제로 전환하면서 중국 정치체제가 '조직적 전제'의 특징을 가지고 내부적으로 자유화와 포괄성이 제고되는 방향으로 변화하고 있다는 것으로 요약할 수 있다. 그러나 '조직적 전제'라는 개념은 중국 정치체제를 개괄하는 것으로는 적당할지 몰라도 변화된 엘리트 정치의 작동 원리와 상태를 설명하는 데는 한계가 있다고 판단된다. 따라서 현재의 중국 엘리트 정치에 초점을 맞춘 개념이 정립이 시급하다.

이런 맥락에서 본 연구는 장쩌민, 후진타오 시기의 엘리트 정치를 '과두제의 제도화'로 설명하고자 한다. 이 모델은 다음과 같은 객관적 현상에 대한 분석을 그 전제로 삼고 있다. 주지하다시피 중국 엘리트 정치는 마오쩌둥에서 덩샤오핑 집권기에 이르기까지, 당과 국가의 창건자이자 지도자인 이 두 개인에 대한 충성심에 의해 유지되는 체제였다. 그러나 이 두 정치적 거물이 사라지면서 아무도 이들과 같은 정통성과 카리스마를 겸비하지 못했기 때문에, '세대'와 '집체 영도'(collective leadership)라는 개념이 도입되었다(宗鳳鳴 2007, 137). 이로써 중국 엘리트 정치는 1인에 의한 지배, 즉 독재 내지 단극 체제에서 벗어나, 복수의 여러 명(집단)에 의한 지배, 즉 과두제 내지 다극 체제로 변한 것이다.[10] 물론 정융넨의 '조직적 전제' 개념이 내포한 중국공산당의 영구 집권 의지는 이런 변화 과정에서도 계속 관철된다고 판단된다. 기실 이런 변화는 중국뿐만 아니라 구소련의 스탈린 사후 엘리트 정치에서도 나타났었다. 그러나 그 이후 구소련은 과두제와

9_과도한 일반화와 일반화가 내포하는 위험성에 대한 보다 자세한 설명은 Moore(1966, 13-14)를 참조.

10_본 연구에서 가리키는 과두제는 개인이나 다수가 아닌 '소수에 의한 지배'라는 일반적인 정의를 따르고 있다. 이런 맥락에서 이 개념은 사회주의권에서 통용되는 집단지도체제 등의 용어와 본질적으로 유사한 것으로 볼 수 있다(Wesson 1972, 314-322).

독재(혹은 이와 유사한 체제)가 반복되었다는 점이 중국과 다르다(Rush 1968, 270-271).

한편, 일반적으로 조직 체계 중 과두제는 역사적인 경험으로 인해 독재와 다두제 사이에 위치한, 매우 불안정한 것으로 인식되어 왔다(Rigby 1970, 168-169). 중국공산당은 이런 높은 불안정성을 지닌 과두제의 유지와 온존을 위해 노력을 기울여 왔다. 그 핵심적인 방향이 바로 '제도화'(institutionalization)다. 중국 엘리트 정치와 관련된 제도화의 핵심은 과두제의 경쟁적 협력의 틀을 유지하는 데 있으며, 구체적으로 두 가지 측면에서 주로 진행되었다. 첫 번째는 권력 승계 및 교체와 관련된 제도화이다. 중국공산당은 '간부 영도 직무의 실질적 종신제의 폐지' '간부사화(幹部四化) 정책' '영도 그룹의 세대별 교체 관련 정책' 등을 확립하면서 이 분야와 관련된 제도화를 진행했다. 두 번째는 과두제 유지와 관련해 '집체 영도 그룹 내의 분업과 책임의 명확화' '당-국가 영도 제도 개혁' 등의 조치를 취해, 과두제의 원활한 유지와 작동과 관련된 제도화를 진행했다(寇健文 2000, 47-49). 따라서 장쩌민, 후진타오 체제하의 중국은 국가 및 사회생활에서 공산당의 영도적 지위를 소수의 세력들이 분점하고 있고, 또 이의 효과적 유지를 위해 엘리트 정치의 제도화를 꾀하고 있다고 할 수 있다.

과두제의 제도화 모델은 다음과 같은 효용성이 있다. 첫째, 이 개념은 현재 중국 엘리트 정치의 상태를 가장 잘 설명할 수 있다고 판단된다. 과두제의 제도화는 중국 정치에서 공식과 비공식적 부문을 모두 포괄하는 개념이다. 기본적으로 소수의 공식화되지 않은 정치 세력, 즉 파벌 간의 권력 분점하는 구도가 과두제이며, 제도화는 이런 과두제의 유지 및 온존을 위한, 즉 생존을 위한 불가피한 발전 방향인 셈이다. 이런 측면에서 보즈웨가 세력균형 잡기 모델에서 밝힌 것처럼, 제도화의 진전으로 비공식 정치의 역할이 약화된다기보다 오히려 비공식 정치에 의해 제도화의 방향과 내용이 결정된다고 할 수 있다. 따라서 중국 엘리트 정치에서 비공식적 측면은 여전히 중요하다는 것이다.

이런 과두제에서 기본적인 작동 원리는 '세력균형 잡기'라기보다는 '경쟁'이라고 할 수 있다. 문제는 이런 경쟁이 파벌들 간의 합의에 기초한 규칙에 의해 진행된다는 점, 그리고 그 결과가 바로 엘리트 정치의 제도화라는 점이다. 물론 이런 안정은 각 파벌들이 자신의 이익이 공정하게 확보되지 않는다고 여기고 행동에 들어간다면 깨질 것이다(Miller 2008, 76-77).

중국 엘리트 정치는 기본적으로 상층과 하위 수준으로 나누어 볼 수 있으며, 상층과 하위는 계서적으로 연결되어 있고 상층에는 아직까지도 무정부적인 상태가 유지된다고 보는 점에서도, 과두제의 제도화 모델은 다른 모델들과 차별성을 가진다. 즉 현재에도 과두제의 제도화가 진행되는 상황이고, 이 제도화의 성패 여부에 따라 갈등과 투쟁이 발생할 수 있는, 중국공산당의 집권 지위를 훼손하지 않는 범위 내에서 주요 파벌들 간의 '제한된 경쟁' 상태라는 의미이다.

둘째, '과두제의 제도화'는 중국공산당 내부의 문제의식을 보다 명확하게 파악할 수 있고, 현대 정당을 포함한 정치조직의 운영, 발전 경향과 관련된 논의에 충실한 개념이라고 할 수 있다. 현재 중국공산당은 서구식의 민주화에 대해 부정적인 견해를 피력하고 있다. 반면 당내 선거제도의 개혁, 당내 감독 제도, 당위원회의 의사 제도(議事制度) 및 정책 결정 제도, 당 대표 대회 제도, 당무 공개 제도 등의 제도 개혁을 통한 '당내 민주'(intra-party democracy)의 확대를 당면 과제로 내세우고 있다(趙迪 2008, 9-10). 결국 중국공산당은 당내 민주라는 제도화를 통해 현재의 과두제를 안정화하려는 노력을 하고 있다고 볼 수 있다. 정융녠이 주장하듯이, 이런 측면에서 중국 엘리트 정치의 자유화와 포괄성이 동시에 제고되었고 중국 엘리트 정치가 그런 방향으로 발전할 것이라는 전망은 부적절할 수 있다. 즉 중국 엘리트 정치는, 만약 달의 모델에 적용하더라도, 경쟁적 과두제를 확립하려는 단계인 것이다. 또 정융녠이 근거로 들고 있는, 장쩌민 시기 사영 기업가의 입당 허용과 후진타오 시기 농민과 노동자 중심의 정책 실시는 포괄성의 차원에서 논할 것이 아니라, 서로 다른 정치적 색채를 가진 파벌 간의 정책 경쟁 과정으로도 이해될 수 있다. 왜냐하면 두 행위 자체가 다른 사회 세력에 의한 강제성이 없었고, 오히려 중국공산당이 주도적으로 추진했기 때문이다.

한편, 중국 엘리트 정치에 있어서 과두제로의 전환과 제도화는 일반적 정당 이론과 그 궤를 같이한다. 로버트 미헬스(Robert Michels)는 이미 정당 조직의 관료성과 과두제적 성격을 경험적으로 상세히 증명했다. 즉 민주성을 표방하는 모든 조직은 필연적으로 보수적 과두제로 귀결된다는 것이다. 특히 그는 서유럽 사회주의정당의 내부 구조를 당내 민주주의라는 관점에서 연구하면서 다양한 형태의 민주주의에서 과두제가 형성되는 것은 유기적인 과정이라고 주장했다(Michels 1962). 이렇게 봤을 때 현재 진행되고 있는 당내 민주와 관련된 조치들은 중국 엘리트 정치의 과두제적 성격을 강화시키는 데 분명히 일조할 것이라고 분석할 수 있다. 이하에서는 이런 과두제의 제도화가 구체적으로 어떻게 발생, 전개되고 있는지를 살펴보도록 한다.

4. 중국식 과두제의 발생과 전개

1) 발생

중국에서 과두제는 두 단계로 발전했다. 첫 번째는 이른바 1956~58년식 '2선 배치'(a two-front arrangement) 체제에 입각한 집체 영도 체제의 도입이다. 이는 1977년 중앙 정치 무대에 재등장한 덩샤오핑과 개혁파 인사들이 주도하였다. 이들의 가장 큰 문제의식은 마오쩌둥 체제에 대한 극복이라고 할 수 있다. 덩샤오핑과 그의 동료들은 마오쩌둥 시기의 대중적·전사회적 차원에서의 계급투쟁에서 현대화 건설로 그 노선을 수정했다. 동시에 이를 보장하기 위해 엘리트 정치의 차원에서는 마오쩌둥 시기 확립된 개인숭배 풍조와 작풍의 재발을 방지하는 데에 역점을 두었다. 이를 위해 덩샤오핑은 1956년에서 58년까지 한동안 존재했던 '집체 영도 체제'를 도입했다. 이 체제는 이른바 '2선 배치'에 그 제도적 기반을 두고 있는데, 지도부를 1선과 2선으로 나누고 1선에는 최고 지도자를 2선에는 차세대 최고 지도자들을 배치한 것이다. 이를 통해 종합적·정치적 판단은 2선이 중심이 되어 집단적으로 진행하되, 일상 공작은 1선에 배치된 지도자들의 역할 분담하에서 진행되도록 하고, 특히 당 중앙위원회 총서기가 이런 구조에서 연결 고리 역할을 하는 것이다.[11]

이런 구상에 의해, 1982년 제12차 중국공산당 전국대표대회 이후 새

11_보다 자세한 '2선 배치'와 관련한 내용은 Huang(2000, 205-266)을 참조.

로운 시기에 이 집체 영도 체제, 즉 과두제가 모습을 드러냈다. 2선에는 정치국 상무위원회라는 명칭을 달고 당내 주요 파벌의 대표자들과 차세대 지도자들인 덩샤오핑, 예젠잉(葉劍英), 자오쯔양(趙紫陽), 리셴녠(李先念), 천윈(陳雲)과 총서기인 후야오방(胡耀邦)이 배치되었고, 1선에는 12명의 정치국원들이 배치되었다. 그러나 이 당시 재도입된 2선 배치는 1956~58년식과는 다른 점이 있다. 첫째, 1956년 당시는 마오쩌둥이 2선에 존재하기는 했지만 여전히 강력한 지도력을 발휘했는 데 반해 1982년 덩샤오핑의 지도력은 상대적으로 약했으며, 따라서 이 시기 2선 내의 역학 구도는 파벌의 연합적·과두제적 성격이 짙었다.[12] 둘째, 1956년에는 당 부주석의 한 사람인 류샤오치가 마오쩌둥의 후계자로 인식되어 같은 정치 세대 간의 권력 승계가 예정되었으나, 1982년에는 다른 지도자들에 비해 다음 세대의 정치인인 후야오방이 차기 최고 지도자로 내정되어 1선과 2선의 상대적 정치적 비중의 차이가 1956년 시기보다 더욱 확연했다.

덩샤오핑은 이러한 최상위 지도부의 재구성에 이어, 과두제의 안정적 유지를 위해 일련의 제도화를 1978년부터 진행했다. 주요한 것들로는 첫째, 1982년 당규의 개정을 통해 각각 5년과 1년에 1회 이상 당 전국대표대회와 중앙위원회의 정기적 개최를 결정했다. 둘째, 정치국과 같은 최상위 수준의 당 회의를 정례화·정형화했다. 셋째, 당에 대한 기율 확립을 위해 기율검사위원회를 1977년 설치했다. 넷째, 지도부의 교체와 계승을 위해 당 지도자의 종신제 규정을 철폐하고 원로 지도자들의 질서 있는 은퇴를 위해 한시적으로 중앙고문위원회를 1982년 설치했다.[13]

12_이 시기의 파벌 구성과 역학 관계에 대해서는 Liberthal(2004, 131-140)을 참조.

13_이 시기 덩샤오핑에 의한 엘리트 정치의 제도화와 관련해서는 Miller(2008, 62-63)를 참조.

그러나 1956~58년식 체제의 도입을 통한 덩샤오핑의 과두제의 안정화 시도는 1980년대 중반 들어 두 차례 발생한 권력 승계의 실패로 인해 일정한 수정이 필요해졌다. 덩샤오핑 집권 시기, 과두제의 권력 승계 절차 과정에서 안정적으로 차기 최고 지도자로 기대되었던 후야오방과 자오쯔양이 각각 1986년과 89년에 실각했기 때문이다.[14]

이로 인해 덩샤오핑은 현재까지 그 큰 틀을 유지하고 있는 새로운 형식의 과두제를 고안해 냈다. 이 과두제는 1987년 후야오방의 실각 이후 그 기본적인 형식이 마련되었고, 1989년 자오쯔양의 실각 이후 등장한 장쩌민 체제의 안정화를 위해 다소 보완되었다. 1987년 덩샤오핑은 두 가지 측면에서 기존의 과두제를 보완했다. 첫째 총서기의 지위 하락을 유도함으로써, 다른 정치국원들과 평등하지만 기능적으로는 정치국의 의견을 조정 및 종합하는 지위로 만들었다. 후야오방의 명목적인 실각 이유가 '부르주아지 자유주의'에 대한 온건한 태도였지만 실제적으로는 총서기의 권한을 남용한 것이었기 때문이다. 따라서 과두제의 유지와 안정을 위해 총서기의 지위 하락이 불가피했다. 이로써 상대적으로 경시되었던 과두제 틀로서의 정치국이 정치국 상무위원회보다 더 중시되었다.

둘째, 주요 지역 지도자들을 정치국원으로 발탁해 정치국의 정책 결정의 효율성과 집행력을 강화했다. 이는 당시 혼란한 정국의 안정을 유지하기 위한 고려도 있었지만, '혁명 세대'(revolutionary generation)의 은퇴와 더불어 생긴 공백을 '해방 이후 세대'(post liberation generation)로 교체하기 위한 이유도 있었다. 이로 인해 중앙위원회 정치국은 당뿐만 아니라 지역

14_이들 두 지도자의 실각 과정에 대한 보다 자세한 내용은 楊繼繩(2004, 327-504)을 참조.

표 1 | 제12~17기 중국공산당의 정치국원 구성

조직	12기	13기	14기	15기	16기	17기
정치국	25+3	17	20+2	22+2	24+1	25
정치국 상무위원회	6	5	7	7	9	9
군대지도자	8	0	1	2	2	2
지역 지도자	0	4	5	4	6	6

출처: Miller(2008, 69); "名單: 中央政治局常務委員會委員," http://cpc.people.com.cn/GB/64162/64168/106155/106157/6426789.html (검색일: 2011.01.22).

의 주요 조직 대표들로 구성됨으로써 그 위상이 더욱 높아졌다.[15]

반면 그동안 중국 정계에서 강력한 영향력을 행사해 왔던 군부 인사의 정치국원 진입을 규제하여, 주로 혁명 원로들로 구성된 군부의 당 정치 개입을 방지했다. 실제로 1982년 구성된 제12기 중앙위원회 정치국에는 모두 여덟 명의 군부 인사들이 포함된 반면, 제13기에는 한 명도 포함되지 않았다. 반면 제12기에는 한 명도 없었던 주요 지역의 지도자들은 제13기 들어서 모두 네 명이 포함되어 극명한 대조를 이룬다(〈표 1〉 참조).

그러나 1989년 자오쯔양의 실각은 정국의 혼란을 가중시켰고, 이런 상황을 조기에 종식시키기 위해서 덩샤오핑은 1987년 과두제를 안정화시킬 논리와 조치들을 내놓았다. 덩샤오핑은 자신이 지명한 후야오방과 자오쯔양의 후계자 권력 승계가 불발되고 난 후, 중앙 정계에 이들 둘보다 더욱 영향력이 약한 장쩌민을 후계자로 발탁하면서 '영도 핵심'(leadership core)과 '정치 세대'(political generation)라는 개념을 도입했다.

덩샤오핑은 중국의 정치 세대 개념을 정립하면서 이들 세대의 교체가

15_이 같은 문제의식과 그 과정에 대해서는 Miller(2004, 4-6)를 참조.

시작되었음을 공언했다. 즉 마오쩌둥 등의 지도자들이 1세대, 그 자신이 2세대를 대표했다고 한다면, 이제는 제3세대의 시대라고 주장하면서 이들 신세대에 힘을 실어 주었고, 실제로 세대교체를 추진했다.[16] 또 권력 기반이 약한 장쩌민을 바로 이 3세대의 영도 핵심이라고 규정하면서, 제3세대 내에서의 권력 배분에 대해서도 명확히 정리했다. 이와 동시에 당 중앙위원회 총서기가 국가주석, 당과 정부의 군사위원회 주석직을 겸임하도록 만들어 실제 권력의 집중을 꾀했다.[17] 더구나 덩샤오핑은 1992년 당 전국대표대회 이전 소위 '남순강화'(南巡講話)를 통해 장쩌민 체제의 노선적 합법성과 정통성을 부여해 주기도 했다. 즉 개혁·개방 노선의 일관된 추진을 대내외적으로 천명하면서 이를 추진할 주체로 장쩌민을 핵심으로 하는 새로운 영도 그룹을 지목한 것이다.

이로써 현재까지 이어진 중국식 과두제의 기본 틀이 완성되었다. 그 핵심은 1인의 지도자에 의해 주도되던 개인 독재 체제에서 여러 파벌의 대표적인 지도자들에 의해 구성된 과두제로의 전환이다. 그러나 이 체제의 효율적 운영을 위해 당 중앙위원회 총서기의 실제 권력의 강화와 세대교체를 꾀했다. 이제 장쩌민 집권 이후의 문제는 이런 과두제를 유지 및 안정시키기 위한 여러 측면에서의 제도화를 진행하는 것이었다. 이런 의미에서 중국식 과두제의 발생은 덩샤오핑에 의해 주도되었으며, 그 발전은 장쩌민과 후진타오 시기에 걸쳐 진행되고 있어, 중국 과두제의 발전은 현재 진행형

16_실례로 원로 간부들의 조직적 퇴진을 위해 설치되었던 중앙고문위원회는 1982년 설치되어 1992년 제14차 당대회를 끝으로 해산되었다. "十四大關於中顧委工作報告的決議," http://cpc.people.com.cn/GB/64162/64168/64567/65446/4441726.html (검색일: 2011. 02.02).

17_鄧小平, "第三代領導集體的當務之急"(中共中央文獻編輯委員會 1993b, 309-314).

이라고 할 수 있다.

2) 전개

덩샤오핑으로부터 중국식 과두제를 물려받은 장쩌민은 1989년 이후 이 체제의 유지와 안정을 위해 과두제의 제도화에 더욱 역점을 두었다.[18] 그 대체적인 방향은 바로 '경쟁적 공존의 게임'의 규칙을 도입하고 안착시키는 것이었다(Huang 2008, 80). 기실 이런 장쩌민의 전략은 덩샤오핑에 의해 진행된 급작스러운 후계자 임명으로 인한 정통성 부족은 물론, 물리적으로도 약한 권력 기반이라는 태생적 한계를 극복하기 위해 불가피한 선택이라고 할 수 있었다.

과두제의 제도화에 대한 장쩌민의 관심은 그의 집권과 함께 나타난 중국 엘리트 정치의 근본적 변화와 밀접한 관련이 있다. 그것은 바로 1992년 이후의 가장 큰 변화로, 혁명 원로들이 거의 정계에서 은퇴했다는 것이다. 이는 두 가지의 큰 변화를 가져왔다. 하나는 당시까지 혁명 원로들 사이에 존재했던 오래된 인적 네트워크와 파벌 등이 자연적으로 소멸되어 간 것이다. 따라서 새로운 형태의 파벌의 등장이 불가피했다. 장쩌민과 그 이후 최고 지도자인 후진타오는 개인적인 차원에서도 마찬가지지만 파벌적 차원에서도 새롭게 자신의 조직적 기반을 개발해 내야 하는 상황이었으므로, 그 지도자로서의 권위가 마오쩌둥이나 덩샤오핑과 같을 수 없었다. 이런

18_여기에서 의미하는 제도화는 공식(성문)·비공식(불문) 규칙의 제정과 집행을 의미한다. 이와 같은 관점에 대해서는 Dittmer, Fukui and Lee(2000, 7)를 참조.

측면에서 이 시기부터 중국 엘리트 정치에서는 비슷한 역량을 가진 소수 파벌의 경쟁적 협력이 그 핵심적인 작동 원리로 자리 잡았다고 할 수 있다. 두 번째는 이들 혁명 원로들이 전통적으로 장악했던, 군대에 대한 절대적인 통제가 불가능해졌다는 점이다. 따라서 중국공산당의 최대 이익집단이자 물리력을 담당하는 군대에 대한 통제의 방식에 있어서 변화가 불가피했다. 그 방향은 개인의 권력 기초에 의해서가 아닌, 당 군사위원회 주석이라는 직위에 의해 군대를 통제하는 것이었다.[19]

장쩌민은 다음과 같은 세 가지 측면에서 과두제의 제도화를 진행해 왔다. 첫번째, 권력의 제도화이다. 이 부분은 과두제의 안정성 유지의 핵심적 부분이다. 그 핵심적 내용은 공식적 직위와 권력의 동질성 및 등가성 추구로 요약할 수 있다. 즉 당내에서 지도자의 공식적 직위와 그 직위가 소유할 수 있는 권력의 양과 질을 동일하게 한다는 것이다. 이른바 권력의 '탈인격화'(depersonalization) 과정과도 그 궤를 같이한다. 또 구체적으로 각 지도자들은 직위에 의거한 권한만을 행사한다는 것이다. 여기에는 두 가지의 필요성이 존재했다고 평가된다. 첫째, 마오쩌둥이나 덩샤오핑과 필적할 만한 정치적 권위와 영향력을 확보한 지도자가 부재한 상황에서 특정 지도자의 전횡이나 독주를 방지할 수 있는 기제가 필요하다. 둘째, 그럼에도 불구하고 과두제를 대표하고 운영하기 위해서는 형식적으로 책임지고 정책을 조율, 집행해 나갈 지도자가 필요하다는 것이다. 이에 따라 장쩌민은 실제로는 '상하이방'(上海幫)이라는 한 파벌의 대표자이지만, 이로부터 비롯되는 권위가 아니라 중국공산당 중앙위원회 총서기, 국가주석 그리고 당정 군사

19_실제로 마오쩌둥, 덩샤오핑 등과 달리 장쩌민은 군대 내 경험이 전무했으며, 이는 집권 직전 나타난 군부의 비타협적 태도와 그로 인한 투쟁과도 깊은 관계가 있다(Ji 2006, 63-64).

위원회 주석이라는 공식적 직위에서 비롯되는 정치적 영향력과 권위로 인해 중국의 최고 지도자로 인정받게 되었다(Bo 2004b).

실제로 장쩌민이 본격적으로 집권한 1992년부터 중앙위원회 총서기가 국가주석과 당정 군사위원회 주석직을 동시에 맡는다는 원칙이 한 번도 깨진 적이 없다. 특히 군대의 당에 대한 충성은 마오쩌둥과 덩샤오핑과 같이 이 지도자 개인의 권위와 영향력에 대한 것이 아니라 군사위원회 주석이라는 직위에 대한 것으로 전환되었다. 일례로 당 총서기가 군사위원회 주석직을 겸임하면서 1997년부터 정치국 상무위원회에서 그동안 군대의 지분으로 존재하던 위원직이 사라졌다. 또 장쩌민 체제가 안정되었다고 판단되는 1997년 제15기 중앙위원회 구성 이후, 총서기, 전국인민대표대회 상무위원장, 국무원 총리 순으로 인정되는 '정치적 순위'(ranking)는 특정 지도자의 실제 영향력과는 상관없이 공식적 직위에 의해 매겨져 왔고, 그 순서는 2007년 제17기 중앙위원회에서도 변하지 않았다.[20]

장쩌민에 의한 과두제 제도화의 두 번째 측면은 정치과정의 제도화이다. 이 부분은 과두제 운영의 핵심적인 부분이다. 이와 관련된 주요한 제도화는 다음과 같은 측면에서 이뤄졌다. 먼저, 최고 권력 단위의 정책 결정 규칙의 제정이다. 1989년 이후 확립된 중국식 과두제에서 정치국 상무위원회는 마치 당내 주요 파벌 대표들의 협의체로서 기능하고 있고 그 중요

20_여기서 언급되는 '정치적 순위'는 중국 당국의 공식 발표는 아니다. 정치국원과 같이 다만 이름의 획수에 따른 것이 아니라 중국공산당의 내부 서열로 판단되는 정치국 상무위원 성명의 언급 순서를 그 기준으로 삼을 수 있다. 中國共産黨第十五屆中央委員會(1997); "名單: 中央政治局常務委員會委員," http://cpc.people.com.cn/GB/64162/64168/64569/65444/4429130.html (검색일: 2011.01.23); "名單: 中央政治局常務委員會委員," http://cpc.people.com.cn/GB/64162/64168/106155/106157/6426789.html (검색일: 2011.01.22).

성은 이전 어느 시기보다도 매우 높다고 할 수 있다. 따라서 만약에 생길 정책 결정 과정에서의 난항과 의견 불일치 상황을 풀어 나갈 해법이 필요했다. 이 해법은 바로 정치국 상무위원회의 홀수 구성이다. 실제로 〈표 1〉에서도 확인할 수 있듯이, 1982년 제12기의 6명과는 달리 1987년 제13기부터 2007년 제17기까지 모두 홀수, 즉 각각 5명, 7명, 7명, 9명, 9명 등으로 상무위원의 수가 결정되어 왔다. 이는 정치국원의 수가 같은 시기 각각 17명, 22명, 24명, 25명 등 홀짝수로 매우 불규칙하게 존재했던 것에 비하면 매우 특징적이라 할 수 있다.

다음으로 지도자의 현역 재직 연령 제한과 관련된 객관적인 기준이 될 만한 비공식적인 내규를 마련했다. 1997년 15차 당대회를 맞이하여 정치국원의 경우 70세, 정치국 상무위원의 경우 75세로 그 은퇴 연령을 결정했다. 물론 당시 73세이던 차오스(喬石)를 전술적으로 퇴진시키기 위해서였고, 그는 제16기에 76세의 나이로도 은퇴하지 않았던 예외가 있지만 나이라는 객관적 기준을 정계 은퇴의 잣대로 삼았다는 것은 유의미하다고 판단된다(Baum 2000, 24-25).

마지막으로 재임 기간에 대한 제한 규정을 마련했다. 2002년에 중국공산당은 지도 간부의 임용 및 선발에 관한 조례를 발표하여, 당과 정부의 하나의 직위에서 10년 이상 재임하지 못한다고 명시했다(中共中央組織部幹部局 2002, 19). 이는 1982년 개정 헌법에 명시된, 한 지도자가 정부의 직위에서 연임을 초과하지 못한다는 규정과 맞물려서 중국 엘리트 정치에서 재직 연한과 관련된 '10년 이상 동일 직무 재직 금지, 동일 직위 연임 금지'라는 규칙을 만들어 냈다. 이로써 중국 엘리트 정치과정에서 '퇴출'(exit)과 관련된 제도화가 마련되었고 이상의 연령 제한과 더불어 중국 엘리트 정치의 세대 순환이 원활히 진행되었다.

과두제 제도화의 세 번째 측면은 세대교체와 관련된 제도화이다. 과두제하에서 권력 승계는 체제 유지를 위해 가장 중요한 측면 중의 하나이다. 더구나 개인 독재의 불안정을 극도로 기피하는 정치 문화를 가진 장쩌민을 비롯한 중국의 제3세대 정치 지도자들은 이 문제에 대해 매우 민감하게 대응했고, 그 결과 일종의 규칙을 만들게 되었다(Wong and Zheng 2002, 62-64). 세대교체에 있어 장쩌민 집권기부터 차세대 집권 첫 5년의 국정 운영 방안을 이전 세대들이 안정적으로 논의 및 확정함으로써 세대교체로 인해 발생할 수 있는 불안정성을 최소화했다. 이는 의도적으로 고안되지 않은 것이라고 할 수 있다. 왜냐하면 당 전국대표대회의 개최 시기와 중국의 대표적 국정 운영 방안인 '국민경제 및 사회발전 5개년 계획'(제11차 5개년 계획부터는 '규획'으로 변경) 제정 시기가 객관적으로 엇갈리기 때문이다. 실제로 후진타오는 2002년 제16차 공산당 전국대표대회에서 총서기로 임명되어 2012년까지 재임하게 되었다. 그러나 집권 첫 5년간인 2002년에서 2007년까지의 기간 중 2005년까지는 2001년 장쩌민이 당 중앙위원회 총서기 시절 논의와 제정을 주도한 제11차 '국민경제 및 사회발전 5개년 규획'에 따라 국정을 운영해야만 했다.

또한 2012년 중국 정치에서 엘리트의 세대교체가 이뤄졌는데, 이들의 첫 집권 5년 기간 중의 절반 정도를 차지할 국정 운영 방안은 이미 2011년에 확정되어 2015년까지 시행된다. 이는 우연의 결과이지만, 정책의 변화보다는 지속성을 강화시키고 세대교체에 따른 급격한 변화를 제약하는 요인으로 작용하고 있기 때문에 하나의 규칙으로 자리 잡을 가능성이 높다고 판단된다.

한편, 이러한 과두제 성립 이후 최초로 평화적으로 최고 지도자 자리에 오른 후진타오는 간부 선발, 당내 감독 기제 등과 관련된 당 개혁을 진행해 왔다.[21] 특히 인사와 관련된 부분에서는 객관적 규칙의 제정과 집행을 통한 제도화를 진행하고 있다. 이는 장쩌민과 마찬가지로 과두제의 확립으로 인해 후계자를 더 이상 임명할 수 없게 되었기 때문이다. 특히 단수 후보였던 후진타오는 자신과는 달리, 리커창(李克强), 시진핑(习近平) 등 복수의 차기 후계자 후보들의 존재로 인해 더욱 곤란한 상황이었다고 할 수 있다. 일반적으로 이런 상황은 기본적으로 주요 파벌로 구성되어 있는 정치국 상무위원회와 정치국 차원에서는 그 해결이 불가능했다고 판단된다.

이 상황에서 그를 비롯한 중국 과두제 지도자들이 내놓은 발전 방향은 바로 제한적이지만 결정 권한을 중앙위원회 수준까지 내리는, 즉 당내 민주주의의 확대라고 할 수 있다. 기실 이 당내 민주주의의 확대라는 정책 방향은 2002년과 2007년 당 전국대표대회에서 모두 강조되었다. 특히 엘리트 정치와 관련해서 중요한 부분은 당 지도자 선출 방식의 문제라고 할 수 있다. 여기에서 다음의 두 가지 예는 매우 중요하다.

첫째는 제17기에 처음으로 도입된 '민주추천회'(民主推薦會) 제도이다. 이는 정치국원 선출을 위한 사전 선거의 의미를 가지고 있다. 즉 2007년 6월 25일, 제16기 중앙위원과 후보위원 그리고 관련 지도자들로 구성된 '당원영도간부회의'(黨員領導幹部會議)가 열렸다. 이 자리에서 제16기 정치국과 관련 부서에서 먼저 확정한 약 200여 명의 제17기 정치국원 1차 예비후보를 선출했다. 이렇게 선출된 2차 예비 정치국원 후보들을 대상으로 제17기 중앙위원회 제1차 전체회의에서 중앙위원들이 최종 선출 및 확정했다. 이렇게 보면 바로 당원영도간부회의가 '민주추천회'인 것이다.[22] 이 과

21_이들 영역에 대한 개혁과 관련된 보다 자세한 내용은 Hsu(2006)를 참조.

22_보다 자세한 내용은 劉思揚·孫承斌·劉剛(2007) 참조(검색일: 2009.08.19).

정이 물론 완전히 공개 내지 민주적이라고는 볼 수 없다. 특히 1차 예비 후보의 선발과 2차 예비 후보들의 구체적인 인원수, 그리고 정치국원과 그 후보위원의 구체적인 인원수 등에 대해서는 공개되지 않고 있다. 따라서 이런 민주 추천이라는 제도 외에도 파벌 측면에서의 안배 등 정치적 고려가 이 과정에도 녹아들 가능성이 농후하다.

그러나 이 제도를 통해, 최소한 정치국 상무위원으로 현상화되는 중국 과두제의 대표적 지도자들이 그들만의 이해 조정과 타협으로 정치국원을 선발하지 못하게 되었다는 것은 분명하다. 이런 의미에서 이 제도는 제한적 의미에서 중국의 당내 민주주의를 진전시킨 조치라고 평가할 수 있다. 그러나 이 제도 도입의 더 중요한 의미는 파벌 경쟁의 수준을 한 단계 하방함으로써 본질적으로 과두제의 안정화를 꾀했다는 점에 있다. 즉 이 제도는 중국 지도부가 왜 당내 민주주의를 확대하려 하는가에 대한 의도를 보다 정확히 파악할 수 있게 해준다.

둘째는 인사 등 중요 정책 결정을 정치국원의 선거를 통해 결정하도록 된 것이다. 이 역시 인사 관련 중요 정책 과정을 파벌 간의 협상과 대화가 아닌 공식 절차에 따라 진행하게 되었다는 점에서 매우 중요하다. 2006년 부정부패로 실각한 상하이시 당위원회 서기 겸 정치국원 천량위의 후임을 결정하는 과정은 다음과 같았다. 상하이방의 대표 주자였던 그의 후임은 파벌적인 이해와 고려보다 공식화된 절차를 통해 결정되었다. 후임으로는 당시 저장성 당위원회 서기였던 시진핑 외에도 당시 당 중앙판공실 주임 왕강(王剛), 당시 당 중앙기율검사위원회 부주임 허융(何勇), 당시 장쑤성 당위원회 서기 리위안차오(李源朝)가 후보로 올랐고, 6개월가량의 검증과 토론을 거쳐 정치국원 전원이 참가하는 투표를 통해 결정되었다.[23] 이를 통해 미뤄 봤을 때 특히 각 파벌의 사활적 이익이 걸린 인사 문제 등과 관련해서 합의 도출이 난항에 봉착했을 경우 공식적인 규칙을 통해 그 합일점을 찾아 가고 있다고 할 수 있다.

5. 결론

덩샤오핑 이후 중국 엘리트 정치를 설명하는 모델로, 본 연구는 '과두제의 제도화'를 제시하고 있다. 즉 개인 독재의 부작용을 방지하면서도 국가와 사회에 대한 당의 집권 지위 유지를 위해, 그리고 개혁·개방의 진전에 따른 중국 사회의 요구에 적절하게 대응하기 위해 중국공산당은 덩샤오핑에 의해 과두제를 도입했다. 따라서 이 과두제의 핵심은 당내 복수의 주요 파벌의 존재이고, 이들 모두 압도적인 권력을 차지하지 못하고 있는 상황이다. 이들 파벌은 한편으로는 자파 이익의 극대화를 추구하지만, 다른 한편으로는 중국공산당이라는 조직체가 집권 지위를 놓치지 않아야 한다는 인식을 공유하고 있다. 이런 측면에서 이 과두제 내의 게임의 성격은 경쟁적 공존을 기본으로 하며, 이런 게임의 유지를 위해 각 파벌들은 첨예한 대립과 갈등을 해결할 기제가 필요하고 이것을 제도화하는 것에 동의했다는 것이다. 즉 정당 구조의 측면에서 보면 덩샤오핑 이후 중국 엘리트 정치체제는 개인 독재의 부활 내지 일개 파벌의 독주에도 반대하지만, 동시에 다원주의와 같은 형태의 다수 파벌의 등장에도 반대한다고 할 수 있다. 따

23_보다 자세한 내용은 Miller(2008, 91, 97) 참조.

라서 과두제의 불안정성을 해소하는 방안으로 세대교체, 경쟁의 도입과 경쟁의 룰 안착화 등 제도화를 선택한 것이다.

이 모델과 관련하여 몇 가지 점을 보다 분명하게 할 필요가 있다. 첫째, 과두제의 제도화 모델에서 제도화가 제고된다고 해서 파벌로 대표되는 중국 정치의 비공식적 측면이 약화되는 것은 아니며, 오히려 더욱 중요해지고 있다. 이런 상황은 두 가지 구조적·단계적 요인에 기인한다. 우선, 현재 중국공산당의 구조는 여전히 많은 권력이 상향화되어 있다. 즉 중앙위원회 정치국 상무위원회가 가장 강력한 권력을 가진다. 상술한 미헬스가 분석한 일반적인 정당 내에서의 권력의 집중 현상은 차치하고라도, 이는 중국공산당이 레닌주의적 정당 형태를 계속 유지하고 있는 한 쉽게 바뀔 성격이 아니다.

다음으로 당내 민주주의의 발전이 여전히 제한적이다. 상술했듯이, 정치국원에 대한 '민주 추천' 등 제한적 의미에서 권력이 하방되고 있지만, 여전히 많은 부분은 정치국 상무위원회를 장악하고 있는 소수의 파벌 대표들에 의해 기획, 통제되고 있다.[24] 따라서 제도화는 이들 주요 파벌 간에, 과두제의 장기적이고도 안정적인 유지와 경쟁과 관련된 차원에 국한된다고 할 수 있다.

둘째, 과두제의 제도화 모델에서 통용되는 핵심적인 원리는 협력보다는 경쟁이다. 과두제의 속성상 기본적으로 소수의 파벌들은 서로 경쟁한다. 이들이 협력하는 경우는 과두제의 존립 근거를 흔드는 외부 세력의 위협에 대항하는 경우나, 과두제의 안정적 유지를 위한 규칙을 제정할 때 그

24_현재 중국 엘리트 정치에는 상하이방, 퇀파이, 타이즈당 등 대략 세 개 정도의 주요 파벌이 존재하는 것으로 분석된다. 이들 파벌에 대한 대략적인 상황은 Bo(2010, 131-174)를 참조.

러하다. 이런 측면에서 2010년의 정치개혁 논쟁은 매우 시사하는 바가 크다. 2010년 8월 원자바오(溫家寶)는 선전(深圳) 경제특구 시찰에서 정치개혁의 필요성을 강조했고, 이에 대해 『광밍일보』(光明日报)는 반박 성격의 논평을, 『난팡일보』(南方日报)는 이를 재반박하는 성격의 논평을 게재했다. 이를 두고 중국 내 자유주의 지식인들과 국외 관찰자들은 엘리트 정치 내에서의 사상 및 노선투쟁이 벌어진 것이 아닌가라는 추측을 내놓았다. 그러나 중앙위원회 정치국은 정칭위안(鄭青原)이라는 필명으로 『런민일보』(人民日报)에 입장을 발표했다. 이 행동은 원자바오의 정치개혁 관련 발언에 혼란스러워하는 중국 내외에, 정치국이 집단 토론을 통해 필명으로 논평을 게재함으로써 불안정 상황을 해소하겠다는 현재 과두제의 집단 의지로 분석된다(Miller 2011).

셋째, 과두제의 제도화 모델에서 구체적인 내용의 변화는 세대교체 및 중국 사회 변화와 연동되어 진행된다. 장쩌민 이후 중국 엘리트 정치는 10년, 즉 당 중앙위원회 총서기의 2회 재직 임기에 맞춰 세대교체가 진행된다. 예를 들면 제3세대인 장쩌민이 1992년부터 2002년, 즉 제14기와 15기, 그리고 제4세대인 후진타오가 2002년부터 2012년, 즉 제16기와 17기와 같은 방식이다. 이런 세대교체는 파벌의 재구성을 초래한다. 후진타오가 당 중앙위원회 총서기가 된 이후 나타난 퇀파이와 내륙 지역 재직 경험이 있는 지도자들 사이의 이익과 성향을 매개로 한 연합, 즉 '대중주의자'(populist) 그룹과, 타이즈당 그리고 상하이방 인사들과 연해 지역 재직 경험이 있는 지도자들 사이의 연합, 즉 '엘리트주의자'(elitist) 그룹이 그 대표적인 예이다(Li 2008, 111-112). 한편, 세대교체는 해당 시기 중국 사회 변화의 흐름과 관련되어 이전 세대 지도부와는 차별화된 노선의 정립을 강제한다. 서로 다른 가치관을 표방하고 있다고 분석되는 장쩌민의 '세 개의 대표론'과 후진타오의 '과학적 발전관'이 대표적인 예이다.

그렇다면 이런 중국식 과두제의 전망은 어떠한가? 구소련의 경험에서도 알 수 있듯이, 과두제는 영원히 존재하는 것이 아니다. 물론 중국의 과두제는 현재까지 제도화를 통해 상당히 효과적으로 작동해 왔다고 평가된다. 그러나 이 과두제의 존립 여부는 이 체제를 구성하는 핵심적 구성원, 예를 들면 주요 파벌들이 자신들의 핵심적 이익이 적절하게 보장받고 있다고 판단하는가와 직결되어 있다. 즉 개인 정치 지도자가 아닌 정치 집단 간에 의사 결정의 규칙을 어떻게 합리적으로 만드는가가 이 체제 유지의 관건이라는 것이다.

이런 측면에서 향후 중국 정치는 어떻게 전개될 것인가? 먼저, 중국 정치의 변화는 공산당 내부에서 시작될 가능성이 높다. 상술한 대로 만약 파벌들이 과두제를 유지하는 것보다 깨는 것이 더 자신들의 이익에 부합한다고 판단하는 경우, 현재의 과두제는 다두제 혹은 다른 형식으로 변화될 것이다. 이 과정에서 급속한 경제성장으로 인해 역동적으로 변화하고 있는 중국 사회의 속성이 중요한 변수로 기능할 것 역시 자명하다.[25]

다음으로 현재 체제가 유지된다는 가정하에서는 엘리트 정치, 즉 당내 민주주의의 확대 및 심화가 예상된다. 그리고 그 내용은 과두제 내 경쟁과 관련된 절차와 규칙 등의 제도화가 핵심일 것으로 전망된다. 왜냐하면 현재와 같이 개인이 아닌 집단에 의해 체제가 유지되고, 이 집단 간의 경쟁에서 어느 집단도 압도적인 다수를 차지하지 못하는 상황에서는 인사와 노선과 같은 주요 정책을 결정할 수 있는 객관적인 공간이 필요해진다. 그렇다

25_이런 중국의 경제사회적 변화가 공산당에 미친 영향에 대한 최근 연구는 Gore(2011) 등이 있다.

고 이 과두제가 전 국민을 대상으로 그 공간을 넓힐 가능성은, 심각한 사회적 혼란 상황이 발생하지 않는 한 매우 낮다고 판단된다. 따라서 이런 상황에서 이 과두제가 통제할 수 있는 범위인 당내에서는 특히 정책 결정과 관련된 민주화가 진척될 것이다. 결국 향후 중국 엘리트 정치는 과두제의 안정성 제고를 위해 노력할 것이며, 그 방향은 각 파벌들 간의 경쟁적 공존의 게임의 규칙을 제도화하는 것이고, 구체적으로 주요 정책의 결정 권한을 통제 가능한 범위에서 아래로 하방하는 당내 민주주의 확대가 될 것이라고 예상할 수 있다.

3장

중국 정치 엘리트와 파벌

중국 파벌정치의 변화: '동기'와 '동학'의 측면에서

1. 서론

특정 당내에서 비공식(informal) 그룹들이 존재하여 서로 경쟁하고 협력하는 파벌정치는 대부분의 정치 정당에서 존재하고 작동되고 있다(Harmel, Heo and Janda 1995, 7). 한편 레닌주의적 전통에 따라 중국공산당은 단결과 통일을 당 운영의 핵심 원칙으로 삼고 있다.[1] 그러나 중국 정치와 공산당에도 파벌은 존재해 왔고, 파벌정치 역시 존재한다(Fewsmith 2001, 35-61; Shih, Shan and Liu 2010). 이는 학계의 연구자들도 대체로 동의하는 부분이다. 다만 보다 세부적으로 파벌정치의 시기별 활성화 정도에 대한 의견은

1_중국공산당은 "어떤 형식의 파벌 의식과 활동에도 반대한다"는 것이 공식 입장이다. 보다 자세한 사항은 中國共産黨第十一屆中央委員會(1980) 참조.

분분하다.[2]

중국 파벌정치에 대한 기존 연구는 두 유형으로 구분할 수 있다. 먼저, 파벌과 파벌정치를 '종속'(independent)변수로 상정하고, 중국 정치에서 파벌의 형성, 본질 그리고 작동 원리 등에 대해 분석한 연구들이다(Nathan 1973, 33-66; Pye 1981; Guo 2001). 다음으로 파벌정치를 '독립'(dependent)변수로 상정하고, 중국 정치에서 파벌이 정책과 엘리트 간의 관계에 미치는 영향 등에 대해 탐구한 연구들이다(Teiwes 1990; Huang 2000; Bo 2007, 203-426; Shih 2008). 기존 연구들은 정치의 양대 요소 중 하나인 비공식적 부분에 대한 분석을 통해 중국에 대한 보다 종합적이고 심도 깊은 이해에 이바지했다. 그러나 핵심적으로 건국 이후 현재까지 중국 파벌정치의 변화를 비교 가능한 분석틀을 이용하여 설명하지 못했다는 한계를 지닌다. 기존 연구들, 특히 전자에 속하는 것들은 중국 정치의 구성 요소로서의 파벌의 중요성과 맥락적 특수성을 강조하는 데에 너무 집중하다 보니 이런 한계가 초래됐다고 판단된다.[3]

본 연구는 중국 파벌정치의 변화에 대한 분석이 필요하다고 주장한다. 즉 기존 연구들이 중국 정치 파벌의 특징은 무엇이며, 어떻게 작동하는지에 대한 논의에 집중했다면, 이런 성과들을 바탕으로 과연 중국 파벌정치

2_이와 관련해서는 중국 정치의 전반적인 '제도화'(institutionalization)의 제고로 인해 파벌적 요소가 약화됐다는 의견과, 파벌정치의 발현물로서 중국 정치의 제도화를 바라보는 입장으로 양분된다고 할 수 있다. 각각의 입장의 최근 연구 성과는 Bo(2007); Zheng(2010) 등을 들 수 있다.

3_한편 이런 현상은 중국뿐만 아니라 다른 나라의 정치 파벌에 대한 연구에도 보편적으로 나타나는데, 그 이유는 파벌에 대한 부정적 이미지 때문이다. 이에 대한 보다 자세한 사항은 Sartori(2005, 4)를 참조.

는 어떻게 변화해 왔는가를 살펴봐야 한다는 것이다. 왜냐하면 중국 정치 파벌의 존재에 관한 논쟁은 현실적으로 더 이상 유용하지 않으며, 파벌 역시 중국 정치의 한 구성 요소라는 것이 공인된 의견이기 때문이다.[4] 따라서 '중국 정치 환경 변화의 소산'으로서 파벌은 어떻게 변화해 왔는지를 분석할 필요성이 본격적으로 제기된다.[5] 또 이를 위해서는 중국 파벌정치에 대한 유형화가 시도되어야 한다고 주장한다. 주지하다시피, 유형화는 일반이론 수립과 변환 과정 파악을 위해서 선제적인 작업이기 때문이다. 또 이는 비교 연구를 위해서도 반드시 필요한 작업이기도 하다. 즉 이 글은 보편적 의미에서의 파벌정치가 중국적 맥락에서 어떻게 발현되고 변화하고 있는지를 규명하는 것이 그 주된 목적이다.

따라서 본 연구는 상술한 연구의 유형 중 전자에 속하는 것이며, 중국 파벌정치에 대한 유형화를 진행하고, 이를 바탕으로 그 변화에 대해 분석하고자 한다. 이를 위해 제2절에서는 중국 정치 파벌을 비교 가능한 보편적 차원에서 유형화하고 그 변화를 살펴보기 위한 분석틀을 제시한다. 이에 근거하여 제3절과 4절에서 역사적 시기에 따라 공산당 창당에서 마오쩌둥(毛泽东), 덩샤오핑(鄧小平) 집권기와, 장쩌민(江泽民), 후진타오(胡錦濤) 집권기의 중국 파벌정치의 변화를 분석한다. 이 같은 시기 구분의 근거는 이들 각 시기의 중국 정치 구조의 기본적인 속성이 유사하다는 판단 때문이다. 결론에서는 연구의 요약과 전망에 대해 논한다.

4_특히 이와 관련하여 가장 심각한 오해를 불러일으키는 주장은 중국 정치에서 제도화의 진전으로 파벌정치가 약화되었다는 것이다. 이에 대한 반박과 파벌을 비롯한 비공식적 정치와 제도화의 양립 가능성에 대해서는 주장환(2011a) 참조.

5_이런 측면에서 본 연구는 파벌과 파벌정치가 역사·제도적인 산물이라는 관점에 입각하고 있다. 이에 대한 보다 자세한 내용은 Nathan and Tsai(1995, 157-192)를 참조.

2. 주요 개념과 분석틀

본 연구에서 몇 가지 개념은 매우 중요하다. '파벌'(faction)과 '파벌주의'(factionalism)가 그 첫째이다. 기실 파벌은 정치와 비정치 영역, 예를 들면 종교와 스포츠 그리고 사업 영역 등에서도 존재할 수 있으나, 본 연구에서는 정치 영역에 한정하여 논의한다. 한편 정치 영역에서 가장 일반적으로 통용되는 파벌은 '당내 파벌'(intra-party faction)이라 할 수 있다. 기존 연구들에서 이 당내 파벌의 개념에 대한 논의는 매우 다양하다(Hine 1982, 36-53; Kohno 1997; Budge, Ezrow and McDonald 2010). 그러나 그 핵심은 하부성, 비공식성, 경쟁성이라고 할 수 있다. 즉 하부성은 특정 조직의 하부로서 존재한다는 것이고, 비공식성은 사적인 관계에 의존한다는 것이며, 경쟁성은 헤게모니 장악을 위해 서로 투쟁한다는 의미이다. 이렇게 봤을 때, 파벌은 '자신의 모 조직 내에서 헤게모니를 쥐는 등의 공통 목적 달성을 위해서, 공통의 정체성을 가진, 집단적으로 행동하고 경쟁하는, (공식적이 아닌 의미에서의) 사적으로 형성된 관계에 기초한 비공식 그룹'이라고 할 수 있고, 이들 간의 관계와 상호작용이 파벌주의라고 할 수 있다(Zariski 1960, 33; Huang 2000, 1).

다음으로 '파벌정치의 유형'이다. 그 유형에 대한 논의는 그 역사가 매우 깊다. 파벌정치의 유형에 대한 기존 연구는 대체로 '동기'(motivation)와 '동학'(dynamics)에 초점이 맞춰져 있다.[6] 전자는 파벌 '형성'에, 후자는 파

6_물론 '조직적'(organizational) 차원에서 파벌의 유형을 나누는 연구도 있으나, 이는 다른 유사 개념, 즉 '익'(翼, wings), '분파'(fractions), '경향'(tendencies), '경쟁자'(rivalries) 등과의 구별을 위해 이용되었다(Duverger 1964; Rose 1964; Panebianco 1988). 그러나 파벌의

벌 및 파벌 간의 관계, 즉 파벌주의의 '과정'에 주안점을 둔다. 먼저, 동기에 초점을 맞춘 연구들은 주로 파벌 형성의 동기에 착목하는데, 기실 이들은 19세기 데이비드 흄(David Hume)에 의해 제시된, 파벌의 형성 동기 측면의 구분의 전통에서 그리 크게 벗어나고 있지 않다. 즉 흄이 제시한 '사적'(personal)과 '실재'(real) 파벌의 틀을 유지하면서, '보호'(patronage)와 '이익'(interest) 혹은 '원칙'(principle), '지도력'(leadership)과 '이데올로기' 등으로 다른 명칭을 사용하고 있다(Zucherman 1979; Janda 1993; Boucek 2009). 여러 명칭을 사용하고 있지만 동기의 측면에서 파벌은 크게 개인적인 친분이나 인연에 기초한 사적인 파벌과, 실재적으로 존재하는 이데올로기, 이익, 원칙의 차이에 기초한 실재 파벌로 구분할 수 있겠다. 문제는 이러한 동기가 실제로는 혼재되어 있는 경우가 많다는 것이다. 따라서 한 파벌에 대한 유형화를 진행할 때 두 측면은 상대적으로 평가되어야 하며, 파벌 형성의 동기에 대한 측면에 한정되어야 할 것이다.

동학의 측면에서 파벌주의를 구분해야 하는 필요성은 비교 연구에서 강조되었다. 사회주의 체제를 연구하는 과정에서 파벌이 해당 체제의 제도와 조직적 배치에 크게 영향을 받는 것으로 나타나면서, 파벌은 제도의 산물이고 따라서 제도의 특성에 따라 달라질 수 있다고 주장된다(Duverger 1964). 이럴 경우 파벌의 형태는 결국 실제 어떻게 작동되는가에 따라 구분될 수밖에 없다. 또 15개 국가의 파벌을 비교 분석하는 과정에서도 결국 각 국가 정치체제의 특성에 따라 각 국가 파벌의 속성이 다르다는 점이 주장되었다. 이 역시도 파벌의 유형은 결국 어떻게 작동하는지, 즉 어떻게 경쟁

유형과는 직접적인 관련이 없다고 판단된다.

하는지에 대한 것을 중심으로 구분되어야 한다는 것과 일치하는 견해이다(Belloni and Beller 1978).

이런 측면에서 보면, 최근 프랑수아즈 부체크(Françoise Boucek)의 연구는 매우 주목할 만하다. 이 연구는 세계 여러 지역의 파벌에 대한 경험적 분석을 토대로, 파벌정치의 세 가지 유형을 도출했다. 그 기준은 과정, 파벌들의 상태, 파벌주의 존재의 상태, 파벌주의의 기능, 결과 등이다. 첫 번째 유형은 '협력적'(cooperative) 파벌주의이다. 이 유형은 일반적으로 당의 형성 과정이나 체제 전환 과정에서 나타나며, 일치된 의견 도출 과정에 이바지한다. 각 파벌의 정체성보다는 당 전체의 능력을 극대화하는 데 주안점을 두며, 이를 통해 당내 문제에 있어서 매우 협력적이고, 당의 통합력을 제고시킨다. 대표적인 예로 일본 자민당의 1955년에서 70년대 중반까지의 파벌 간 동학을 들 수 있다. 이와는 반대로 두 번째 유형인 '경쟁적'(competitive) 파벌주의에서, 각 파벌은 단순한 분리를 넘어서 서로를 반대하는 상황이 연출된다. 이런 상황에서 효과적인 지도력이 발휘되지 않는다면 당은 통제 불가능해질 수 있고, 반대의 경우 효과적인 갈등 해소 구조의 마련을 통해 당내 민주화를 촉진시킬 수도 있다. 대표적인 예로 1970년대에서 80년대 영국 노동당과 1990년 보수당의 파벌정치를 들 수 있다. 세 번째 유형은 '퇴행적'(degenerative) 파벌주의이다. 이 유형은 생존을 위해, 많은 수의 파벌이 보호를 위한 채널로서만 기능할 경우에 발생한다. 이 경우 파벌의 사유적 성격은 강화되며, 당내의 통합에는 결정적인 약화를 초래한다. 대표적인 예로, 1970년대 말 이후부터 1994년까지의 이탈리아 기독민주당의 상황을 들 수 있다(Boucek 2009, 466-478).

중요한 점은 이들 세 유형이 단선적인 발전 경로로 설명할 수 없으며, 중첩되어 존재할 수 있다는 것이다. 결국 파벌과 파벌주의는 상술했듯이

그림 2 | '동기'와 '동학'의 측면에서 파벌 및 파벌주의의 유형

		동학		
		협력	경쟁	퇴행
동기	사적	사적/협력 (1)	사적/경쟁 (2)	사적/퇴행 (3)
	실재	실재/협력 (4)	실재/경쟁 (5)	실재/퇴행 (6)

동기와 동학의 측면에서 유형화를 시도할 수 있고, 단순화하자면 〈그림 2〉와 같다. 문제는 여러 유형의 파벌과 파벌주의가 혼재되어 존재할 수 있다는 것이고, 이들의 변화가 가능하다는 것이다. 즉 촌락에는 촌락의 파벌과 파벌주의가, 공산주의 정당에는 공산주의 정당의 파벌과 파벌주의가 존재한다고 할 수 있다(Belloni and Beller 1978, 448). 이를 확장시켜 보면 〈그림 2〉에서 보는 바와 같이, 한 정치체제 특히 정당 체제 내에는 여러 유형의 파벌이 존재할 개연성이 도출될 수 있다. 또 변화와 관련해서는 해당 정치체제의 구조 차원의 변화, 특히 제도적 배열(arrangement)에 규정받은 상태에서 존재한다고 할 수 있고, 이런 측면에서 파벌과 파벌주의는 '제도화된' 것이다(Duverger 1964, 120-121). 이런 구조 차원에서의 변화가 발생한다면, 물론 그 역도 성립하겠지만, 특정 정당 내에서의 파벌과 파벌주의의 변화가 가능하다고 할 수 있다. 따라서 이하에서는 〈그림 2〉에서 세분화된 파벌정치의 유형이 중국의 정치 환경, 보다 구체적으로 제도적인 측면인 '조건'의 변화에 따라 어떻게 존재했고, 변화했는지를 살펴본다.

3. 중국 파벌정치의 변화: 공산당 창당 ~ 덩샤오핑 집권기

이 부분은 중국공산당 창당부터 덩샤오핑 집권기까지의 파벌정치의 유형을 제2절에서 밝힌 분석틀, 즉 '동기'와 '동학'의 측면에서 분석한다. 구체적으로 초기, 즉 공산당 창당과 옌안(延安) 시기 이전까지를 포함하는 중국 파벌정치 형성과, 마오쩌둥과 덩샤오핑 집권기로 나누어 살펴본다.

1) 중국 파벌정치의 형성 시기

중국 정치에서 파벌정치 형성의 제도적 기원은 '일당 독재'의 이중 딜레마에 있다. 첫째 딜레마는 당내 의견의 통일이 안정적 통치의 전제 조건이지만, 정책에 대한 선호의 차이는 불가피하다는 점이다. 둘째는 정책의 차이가 발생했을 때 당내 의견 통일을 해치는 공개된 논쟁과 토론이 불가능하다는 것이다(Huang 2000, 411). 이런 의미에서 중국은 여타 나라보다 파벌정치가 성행할 가능성이 높다. 보다 구체적으로 당대 중국 정치에서 파벌정치의 기원은 건국 이전 공산당의 혁명 과정으로 거슬러 올라간다.

1921년 창당한 중국공산당은 1927년 무장봉기 실패 이후 1930년 초까지, 전국 각지의 '고립된' 약 15개의 크고 작은 근거지를 중심으로 활동했고(서진영 1992, 144-145), 이들이 중국공산당 파벌의 조직적 기원이라고 할 수 있다. 각 근거지를 중심으로 활동하던 간부들이 개인적인 유대를 형성하게 되었고, 이것이 향후 중요한 역할을 하게 된 것이다.[7] 이렇게 형성된 근거지들은 이후 정세의 변화에 따라 이합집산을 거듭하게 된다. 중요한 것은 당시 무장 투쟁을 중심으로 혁명 투쟁을 전개하던 터라 이들 근거지

표 2 | 주요 방면군 지도자의 출신 배경

방면군	주요 지도자	이전 편제	근거지	비고
1	마오쩌둥(毛澤東)	홍4군 → 홍1군단	징강산(井岡山)	
	주더(朱德)	홍4군 → 홍1군단	징강산	
	펑더화이(彭德懷)	홍5군 → 홍3군단	상어간(湘鄂贛) 경계	
	예젠잉(葉劍英)	-	-	1928 ~ 1930 구소련 유학
	린바오(林彪)	홍4군 → 홍1군단	징강산	
	류보청(劉伯承)	-	-	1927 ~ 1930 구소련 유학
2	허룽(賀龍)	상어시(湘鄂西) 홍4군 → 홍2군단	상어시	
	런비스(任弼時)	홍6군단	징강산	
4	장궈타오(張國燾)	국민당 서북25군 → 홍5군단	어위완(鄂豫皖)	
	쉬샹첸(徐向前)	홍1군 → 어위완 홍4군		
	리셴녠(李先念)	홍11군	가오차오취(高橋區)	

출처: 白壽彝(1990, 73-75); 楊選才(1995, 262-277); Huang(2000, 109)의 내용을 필자가 재정리.

는 모두 각각의 군대를 보유하고 있었고, 각 근거지의 군대, 즉 홍군(紅軍)은 이후 정세의 변화에 따라 군 → 군단 → 방면군(front army)으로 변하면서 규모가 커져 갔지만, 최초의 근거지별 유대 관계는 계속 이어 갔다는 것이다.[8] 이를 1937년 항일전쟁, 즉 제2차 국공합작 이전 중국공산당의 최대 군사 편제 조직이었던 방면군의 주요 지도자 구성으로 보면 〈표 2〉와 같다.

그렇다면 이 시기 중국 파벌정치는 어떻게 유형화할 수 있는가? 먼저, 동기의 측면이다. 기실 파벌 형성의 동기의 측면에서, 상술한 2절의 분석틀에서 밝힌 '사적'과 '실재'의 부분은 혼재되어 있다고 할 수 있다. 그러나 형성 동기의 차이는 해당 파벌의 운용과 관련된 성격을 규정한다는 측면에

7_참고로 이 근거지들을 중국공산당은 '산봉우리'(山頭)라고 부르며, 중국 혁명은 실제로 이 많은 산봉우리에 의해 만들어졌다고 인정하고 있다. 그러나 산봉우리는 당내 파벌의 의미로 부정적으로 사용되기도 한다(鳳凰網 2010).

8_홍군의 군사 조직 편제의 변화와 관련해서는 楊選才(1995, 254-255)를 참조.

서 상당히 중요하다(Boucek 2009, 462-463). 따라서 파벌 형성의 초기 단계에서 더욱 중요한 역할을 한 동기가 무엇인가가 핵심적인 문제이다. 이렇게 봤을 때, 공산당 창당 초기부터 옌안 시기 이전까지 중국 주요 정치 파벌 형성의 동기는 대부분 '사적'이라고 할 수 있다.

이와 같이 파벌 형성 동기가 사적인 데에는 다음과 같은 요인이 직간접적으로 작용했다. 첫째, 중국공산당의 발전 과정은 뛰어난 개인 지도자들에 의해 진행되었다. 또 혁명 초기 과정에서 중국공산당은 각각 고립된 지역의 근거지를 통해 성장했다. 이 근거지에서의 생존이 곧 중국공산당의 그것과 직결되었고, 또 당시의 열악한 상황은 필연적으로 뛰어난 몇몇 개인 지도자의 지도력의 중요성을 강화시켰다. 이 근거지 지도자들은 각자 지역에 적합한 형태로 해당 지역을 통치해 나갔고, 그 결과는 생존, 그리고 당내에서 자신의 영향력 정도로 나타났다. 이런 상황하에서 제도보다는 개인에게 집중된 형태의 권력 구조가 생성된 것이다. 둘째, 각 근거지 활동의 핵심적 기초는 군대 조직이었다. 근거지의 생성과 운영 등 모든 면은 군대에 의해 통제되었다. 그 결과 군대의 보편적 문화인 충성과 복종이 근거지의 전 체계, 더 나아가 중국공산당으로 확대되었다. 기실 이 시기 대부분의 중국 정치 파벌은 모두 군대와의 연계를 기반으로 했다는 것도 이런 맥락에서 봤을 때 충분히 이해가 가능하다(Huang 2000, 56-57).

한편 중국공산당 내에서 위와 같은 근거지 중심 파벌의 득세는, 공산당 초기 구소련에서 직접 교육 및 훈련을 받은 왕밍(王明) 파벌과의 투쟁에서 승리함으로써 더욱 굳어졌다. 1931년 당권을 장악했던 왕밍 파벌은 당시 마오쩌둥을 비롯, 각자의 근거지를 중심으로 성장하던 여러 파벌들을 견제하기 시작했다. 그러나 결과적으로 왕밍 파벌의 진지전 전략의 실패와, 왕밍 파벌의 견제에 대해 토착 파벌들이 견제 심리로 연대를 이루면서 1935

년 준이(遵义)회의 이후 급속하게 마오쩌둥 파벌이 당권을 장악해 나갔다(서진영 1992, 168-169). 이는 당시 중국의 상황에서 근거지 중심의 파벌이 왕밍 파벌에 비해 더 효율적일 수밖에 없었다는 것을 경험으로 보여 주는 사례이다.

중국공산당 창당 초기부터 덩샤오핑 집권기의 2선 배치(Two-front arrangement) 시기까지의 주요 파벌은, 대부분 그 형성의 뿌리가 개별 근거지와 건국 이전 군대 편제로까지 거슬러 올라간다. 중국공산당 창당 초기부터 옌안 시기 이전까지 존재한 파벌들은 개별 근거지를 기반으로 하고 있었다. 주요한 것들로는, 징강(井岡)산을 근거지로 했던 마오쩌둥, 어위완(洱源) 근거지의 장궈타오(張國燾), 상어시(湘鄂西) 근거지의 허룽(賀龍) 파벌 등이 있다. 이 밖에도 당시 존재했던 약 15개의 크고 작은 근거지는 그 자체로 하나의 독자적인 파벌을 형성하고 있었다고 해도 무방하다. 그러나 이들 파벌은 국민당과의 대립 과정에서 이합집산을 겪게 되고 결국 옌안으로 중국공산당의 각 세력들이 모여들면서 새로운 파벌정치의 국면을 맞게 되었다.

다음으로 동학의 측면에서, 중국 파벌정치는 공산당 창당에서 옌안 시기 이전까지는 '퇴행적인' 특성이 강했다고 할 수 있다. 각 파벌들은 자신이 설립한 근거지를 중심으로 군사 투쟁 과정을 통해 관계를 맺었으며, 당시 고립된 상황에서 생존을 위해 각자 분투했다. 또 수량의 측면에서도 각 근거지가 하나의 파벌을 이룰 정도로 상당히 많았다. 따라서 이 시기 파벌 간의 관계는 일정한 노선과 의견의 통일을 이루지는 못했고, 자신의 파벌의 생존과 확장을 위해 직접 행동하고 그 결과로 평가받았다. 이 시기에는 크게 보면 왕밍 파벌과 마오쩌둥 파벌의 혁명 노선을 둘러싼 경쟁이 진행되었고, 당의 틀은 크게 흔들리지 않았지만 당시 국민당군의 토벌 작전으로 인해 각 근거지는 사실상 각자의 노선을 추진했다. 특히 장정 기간 각 방면군으로 외형화된 파벌의 이동 경로를 둘러싼 논쟁과 그 상이함은 이 시기 파벌정치의 동학이 퇴행적이었음을 여실히 보여 준다(서진영 1992, 174-176).

2) 마오쩌둥, 덩샤오핑 집권기: 옌안 모델, 2선 배치 구조

여러 파벌 간의 경쟁이 계속되다가, 결국 옌안 시기에 접어들면서부터 당내에서 마오쩌둥의 지도력이 확립되었다. 중국공산당에서 마오쩌둥의 지도적 지위 확보 과정은 부단한 파벌정치와 결부되어 있었고, 군사적인 측면에서 장궈타오, 당권의 측면에서는 왕밍 파벌과 투쟁했다. 자신이 참석하지 않은 채 개최된 준이회의의 결정에 승복하지 않으면서, 주로 군사적 측면에서 마오쩌둥과 대립한 장궈타오 중심의 파벌은 1935년부터 독자 노선을 걸었으나 결국 실패하고 현실적으로 그 세력을 잃어버렸다(서진영 1992, 178-179). 또 구소련에서 교육받은 이들을 대표하고 코민테른의 지시를 직접 받은 왕밍 파벌은 국민당과의 공동 항일 투쟁에 대한 입장 차이로 마오쩌둥 등과 대립했으나 1938년 제6기 6중전회를 계기로 몰락의 길로 접어들었다(서진영 1992, 218-225).

중국 파벌정치는 대장정 이후 1935년 옌안에 공산당이 자리 잡으면서, 그 양상이 변화했다. 그 이유는 이때부터 중국공산당 내에서 마오쩌둥의 지위가 절대화되었기 때문이다.[9] 이 시기에도 중국 정치에서 파벌의 존재

9_마오쩌둥은 이 시기 중간인 1940~42년 사이 소위 옌안 정풍운동을 통해 당내에서 사상 및 조직적 1인자의 권위를 완전히 확보했다. 이와 관련된 보다 자세한 사항은 Liberthal(2004,

와 활동은 공공연하게 이뤄졌지만, 이전에 마오쩌둥이 일개 파벌의 지도자였다면 이후에는 여러 파벌을 통제하고 이용하는 위치에 서 있게 된다. 즉 이 시기부터 마오쩌둥의 통제하에서 여러 파벌이 작동하는 시스템으로 변화한 것이다. 이 과정에서 마오쩌둥은 중국공산당의 최고 지도자로서 자리를 잡았다. 당시 마오쩌둥은 당과 군대의 최고 지도자들과 개인적인 관계를 맺고 있었고, 최고 지도자들은 하부 지도자들과 하나의 파벌을 이루고 있었다. 마오쩌둥은 자신의 권력 유지와 강화를 위해 자신의 하부에 있는 최고 지도자들 간의 투쟁을 적절히 이용했다. 예를 들면 특히 새로이 건설된 동북 지역과 같은 해방구의 건설에 상이한 파벌들 간의 경쟁과 상호 견제를 유도하도록 인사 배치에 공을 들였다. 더군다나 기존의 근거지 중심의 파벌에다, 국민당 통치하에 있었던 도시, 즉 백색 지역에서 활동하던 이들도 옌안으로 속속 집결하면서 파벌의 수가 증가했다(Teiwes and Sun 1995). 이 당시 통치 구조를 간단하게 도식화하면 〈그림 3〉과 같다.

이 옌안 모델은 중국공산당이 전국을 장악하기 전까지 매우 뛰어난 효율성을 발휘했다. 그러나 1954년에 발생한 '가오(高)-라오(饒)' 사건을 계기로 중국 파벌정치는 변화를 겪는다. 이 사건은 마오쩌둥이 1953년 과도기 총노선과 관련되어 류샤오치(劉少奇) 등 이에 반대하는 지도자들을 비판하는 과정에서, 마오쩌둥의 신임을 받고 있던 가오강(高崗)이 이를 오해 및 오판한 결과라는 해석이 지배적이다(Teiwes 1990, 38). 그러나 파벌정치의 관점에서 보면, 이 사건은 바이취(白區)를 기반으로 하였던 류샤오치 파벌을 견제하기 위해 자신에게 충성심이 높은 동북 지역을 중심으로 하는 이

48-51)을 참조.

그림 3 | 옌안 시기 통치 구조 단순도

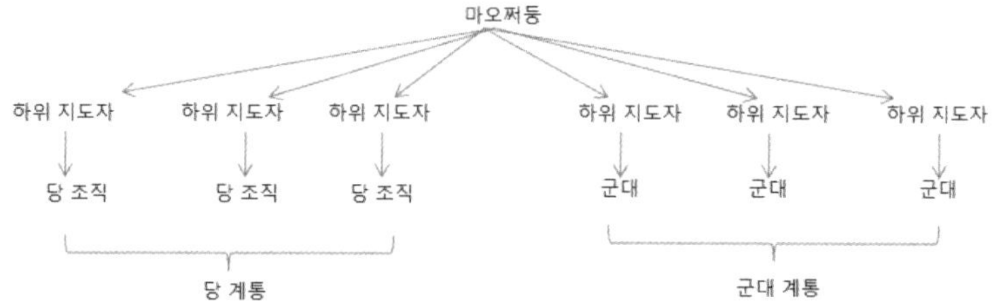

참조: 화살표는 개인적 충성에 의한 통제의 방향을 가리킴.

른바 가오 파벌을 이용했으나, 가오가 다른 지역 및 군대 지도자들과의 관계를 확장하고 파벌 연합을 통해 마오쩌둥의 영향력을 벗어나려 한 시도에서 기인한 것으로 볼 수 있다. 결국 이 사건은 옌안 모델이 전쟁 중이나 고립된 지역을 통치하는 상황에서는 매우 효율적으로 작동했으나, 당시 중국 전역에 대한 전국적이고 일상적인 통치를 진행해야 하는 상황에는 걸맞지 않았고, 지도자들 간의 대립과 갈등이 일상화될 수 있다는 위험성을 인식시켜 주는 계기가 되었다(Huang 2000, 11-12). 이로 인해 중국 엘리트 정치를 일정 정도 제도화시켜야 할 필요성이 제기되었다.

이 사건의 교훈을 통해 새로이 고안된 체계가 바로 '2선 배치' 체제이다. 이 체제는 제8차 공산당 전국대표대회, 즉 1956년 이후 형성되어 92년까지의 덩샤오핑 집권기에도 그 형태가 유지되었다. 마오쩌둥 시기의 2선 배치 체제는 기본적으로 제1선과 2선으로 나누어, 2선에서는 마오쩌둥이 정책이나 전략의 기본적인 원칙을 결정하고, 제1선에는 당과 군의 지도자들이 배치되어 각자 계통의 조직적 절차에 따라 정책을 집행하는 형태를

그림 4 | 2선 배치 통치 구조 단순도 (마오쩌둥 집권기)

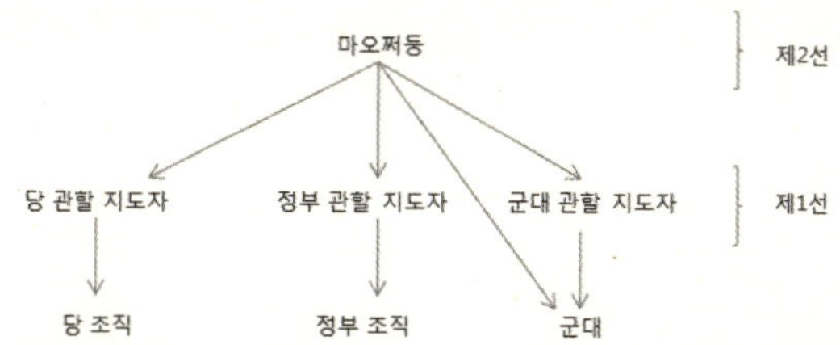

갖추고 있다(Bo 2007, 42-43). 그러나 제2선에 위치한 마오쩌둥은 하부 단위 지도자들과 개인적인 충성/복종 관계를 유지하고 있어서, 이 체제는 정책 결정 및 집행의 '절반의 제도화'라고 명명할 수 있다. 특히 2선 배치는 〈그림 4〉에서 볼 수 있듯이 제2선에 위치한 마오쩌둥, 즉 최고 지도자만이 모든 계통, 군대의 경우 하부 조직에까지도 개인적인 영향력을 미칠 수 있는 구조이다.

주의할 것은 이 2선 배치 시기에도 각 파벌의 활동은 여전히 활발했다는 사실이다. 주요 지도자들은 혁명 과정에서의 근거지를 주된 업무 영역 및 장소로 두고 하위 지도자들과 개인적 관계에 기초한 관계, 즉 파벌을 조직하고 있었다. 특히 군대 내 파벌은 혁명 과정에서부터 해방 전쟁을 거치면서 변화된 조직 편제에 따라 수복한 지역을 중심으로 새로운 '근거지'를 형성하면서 형성되었다. 이를 1956년 제8기 중앙군사위원회 위원들을 중심으로 살펴보면 〈표 3〉과 같다. 마오쩌둥은 이런 2선 배치 구조를 활용하여 중국의 당과 국가 그리고 사회에 대한 독점적인 지위를 유지해 나갔다. 그 과정에서 한때는 후계자였다가 그의 권위에 도전했던 류샤오치, 그리고 린뱌오(林彪)를 제거하기도 했다. 그 과정에서 그는 당내에 보편적으로 존

표 3 | 군부 주요 지도자의 군대 편제 변화에 따른 이동과 거점 지역 상황 (1956년 기준)

홍군 시기 (주요 지도자)		항일 전쟁 시기 (주요 지도자)		건국 이후 (주요 지도자)		거점
제1방면군 (**마오쩌둥**, 주더, **펑더화이**, **류보청***, **예젠잉**, **린뱌오**, **녜룽전** (聶榮臻), 뤄룽환(羅榮桓), 샤오진광(肖勁光))	제1병단 (**린뱌오**, **녜룽전**)	8로군 (**펑더화이**, **예젠잉**)	제115사단 (**린뱌오**, **녜룽전**, 뤄룽환)	인민 해방군 (**주더**, **예젠잉**)	제4야전군 (**린뱌오**, 뤄룽환)	선양(沈陽), 광저우(廣州)
					병단 (**녜룽전**, 쉬샹첸)	베이징(北京), 지난(濟南)
	제3병단 (**펑더화이**)		옌안 수비대 (샤오진광)		제1야전군 (**허룽**, **펑더화이*****)	신장(新疆), 란저우(蘭州), 청두(成都)****
제2방면군 (런비스, **허룽**, 관샹잉(關向應))			제120사단 (**허룽**, 관샹잉)			
제4방면군 (장궈타오, 쉬샹첸, **류보청***)			제129사단 (**류보청**, **덩샤오핑****, 쉬샹첸)		제2야전군 (**류보청**, **덩샤오핑**)	쿤밍(昆明), 우한(武漢), 청두****
홍군 게릴라 부대		신4군 (예팅(葉挺), 샹잉(項英))	제1지대 (**천이**(陳毅), 푸츄타오(傅秋濤))		제3야전군 (**천이**, 쑤위)	난징(南京), 푸저우(福州)
			제2지대 (장딩청(張鼎丞), 쑤위(粟裕))			
			제3지대 (장윈이(張雲逸), 탄전린(譚震林))			
			제4지대 (가오징팅(高敬亭))			

참조: 굵은 색은 1956년 당시 중앙군사위원회 위원들.
* 류보청은 원래 제1방면군이었다가 1935년 8월부터 이 단위에 소속.
** 덩샤오핑은 1938년 1월부터 이 사단에 소속.
*** 펑더화이는 1947년 3월 서북 전선으로 파견되어 이후 제1야전군으로 소속.
**** 청두는 덩샤오핑과 펑더화이가 공히 영향력을 미치는 지역.
출처: 李國祥 外(1984); 編寫組(2010)의 내용을 필자가 정리.

재하던 파벌 간의 경쟁을 적절히 활용했다(Dittmer 1990; Goldstein 1991, 137-184; 寇健文 2010, 98-100).

그러나 마오쩌둥 집권기의 2선 배치 구조는 역설적으로 그의 권력 침식을 초래했다. 물론 마오쩌둥은 각 영역을 관통하면서 영향력을 행사할 수 있었지만, 일상 업무에서 벗어나 주요 정책 방침 등에 대해서만 관여한 반면, 제1선의 지도자들은 각자 자신의 영역에 대한 영향력을 바탕으로 때로는 그와 대립하고, 그의 동의 없이 정책을 추진할 수 있었기 때문이다. 또 당이 정부와 사회를 장악하면서, 당내에서는 서로 상충되는 이해들 간의 갈등이 발생했고, 이를 이데올로기가 아닌 타협에 의해 조정하는 이른바 '당의 일상화' 경향 역시 마오쩌둥의 당에 대한 지배를 약화시키는 결과를 초래했다. 결국 그는 그 자신이 고안한, '절반의 제도화'인 2선 배치 구조를 직접 파괴하기로 결심하였고, 그에 따라 문화대혁명을 발동한 것으로 분석된다(서진영 2002, 267-268; 김재철 2002, 69-70).

옌안 시기 중국 정치 파벌은 동기의 측면에서 '사적'이 대세를 이루었다. 물론 소수의 '실재' 파벌이 존재하기도 했다. 이 시기는 마오쩌둥이 당과 군대에서의 절대적인 지위를 확립해 가는 과정이었고, 동시에 마오쩌둥 파벌이 확장되는 시기이기도 했다. 마오쩌둥은 항일 투쟁과 관련된 방침의 문제에서 왕밍 파벌의 도전을 받았다. 마오쩌둥은 자신의 파벌 인사를 중심으로 팔로군(八路軍)을 장악하면서 물리적 기반을 마련했고, 왕밍은 후방 지역 게릴라 출신들을 모아서 조직된 신사군(新四軍), 더 구체적으로는 안후이(安徽) 지역 신사군을 통솔하던 샹잉(项英)과의 협력을 토대로 마오쩌둥과 대립했다(梅劍 1996, 244-246). 이는 주류 유형과는 다른 '실재' 파벌이라고 할 수 있다. 개인적 관계가 존재하지 않던 왕밍과 샹잉이 협력하게 된 이유는 당시 일본군과 국민당군으로부터 협공당할 처지에 있었던 신사군의 입장에서는 왕밍의 국민당과의 전면적 항일 투쟁 노선이 자파의 이익에 더 부합했기 때문이었다(Huang 2000, 112). 즉 이익을 위해 왕밍을 지지한 것이다.

두 파벌의 초기 대립 결과 마오쩌둥이 일정한 타협을 하여, 우한(武漢)에 독자적인 조직 기구인 '창장(長江)국' 설립을 허가하기도 했다. 그러나

1938년 우한이 일본군에게 함락되고, 코민테른이 마오쩌둥 노선에 대한 지지를 밝히면서 왕밍 파벌의 영향력은 급속히 감소되었고, 1941~44년 정풍운동(整風運動)과 1945년 제7차 공산당 전국대표대회에서 마오쩌둥 사상이 지도 이념으로 채택되면서 이 두 파벌 간의 대립은 사실상 마무리 지어졌다(서진영 1992, 219-222). 이 과정에서 마오쩌둥은 자신의 지배 구조를 안착시키고, 다른 파벌 지도자들을 견제하고 통제하는 위치를 점했다.

한편 마오쩌둥 중심의 당정군 체제가 안착되면서, 각 파벌들은 그와의 관계를 중시하면서도 자파의 영향력 확대를 위해 다른 파벌과의 대립을 불가피하게 초래했다. 이 시기 파벌들은 대부분 여전히 이전 근거지에 기반을 두고 개인적인 인연을 기초로 한 사적 파벌들이었다. 대표적으로 상기했듯이 옌안 통치 구조에서 1956년 2선 배치 구조로의 변화를 촉진한 계기가 된 가오강과 류샤오치의 파벌을 들 수 있다. 중국 북서부 출신인 가오강은 왕밍 파벌과의 투쟁 과정에서 마오쩌둥의 신임을 얻고, 같은 지역 출신을 규합하여 '당나귀'(donkey) 파벌을 조직했다. 반면 1920년대부터 백색 지역 활동을 통해 주요 지도자로 성장한 류샤오치는 역시 왕밍 파벌과의 투쟁 과정에서 마오쩌둥을 지지했으며, 펑전(彭真), 보이보(薄一波) 등 백색 지구 출신 지도자들을 규합하여 하나의 파벌을 이루고 있었다. 이 밖에 주로 군대를 중심으로 여전히 근거지 중심의 여러 '사적' 파벌들이 존재했다(Huang 2000, 134-136).

마오쩌둥의 2선 배치 시기의 주요 파벌 역시 근거지로부터 출발하여 개인적 인연에 기초한 것들이 대부분이었다. 1959년 실각한 펑더화이 파벌은 그가 주로 경력을 쌓은 군대 내에서 인연을 맺은 인사들을 중심으로 구축되었다. 또 린뱌오 역시 펑더화이 같은 방식으로 파벌을 구성했다. 4인방의 경우에도 마오쩌둥에 의해 직접 구축된 파벌이기 때문에 그 형성 동기의 측면에서 사적 파벌에 가깝다고 할 수 있다(Goldstein 1991, 93-95). 한편, 이전의 파벌이 건국 이전의 활동 과정에서 형성되었다면, 건국 이후에는 일정한 시간이 지나면서 공작 부서 내지 활동 영역에서도 서서히 파벌이 생겨나기 시작했다. 대표적인 것으로, 위츄리(餘秋裏)가 주축이 되어 1960년대 석유 부문 활동 당시의 개인적 인연을 중심으로 형성된 '석유방'을 들 수 있다(Liberthal and Lampton 1990, 56).

동학의 측면에서, 옌안의 마오쩌둥 집권기의 중국 파벌주의는 '경쟁적'인 동학을 나타낸다. 즉 이 시기 중국 파벌 간의 관계는 단순한 분리를 넘어서 자파의 영향력 확대를 위해 서로 경쟁하는 특성을 나타냈다. 물론 파벌 간의 경쟁이 당의 분열로 이어지지 않았던 이유는 마오쩌둥이라는 절대적인 카리스마형 지도자가 여러 파벌 간의 경쟁과 투쟁을 통제할 수 있었기 때문이다(Tsou 2002, 137). 당시 각 파벌들 간에는 생존이 아니라 지도력을 획득하기 위한 끊임없는 충돌과 타협이 발생했고, 본질적으로 충돌은 다른 파벌에 대한 완전한 승리를 추구하고 있었다. 이 충돌은 왕왕 정책의 변동으로 나타났다(Fewsmith 1994, 8-1). 또 이 시기에 벌어진 파벌 간의 투쟁의 결과는 대부분 상대 파벌의 궤멸적인 타격으로 귀결되었다. 1950년대의 가오강, 라오슈스(饒漱石)와 펑더화이, 문화대혁명 시기 류샤오치와 린뱌오 등이 모두 파벌 투쟁의 결과 체포 및 투옥되거나 숙청되었고, 동시에 해당 파벌은 해체되었다. 일례로 1959년 펑더화이의 숙청과 더불어 그의 세력 기반이었던 제3홍군 출신 약 8명의 장군들이 동시에 숙청되거나 해임되었다(Huang 2000, 229).

한편, 마오쩌둥의 사망과 더불어 종결된 문화대혁명 이후 권력 장악 과정에서 덩샤오핑은 마오쩌둥의 그것과 흡사한 방식을 구사했다. 즉 파벌 간 투쟁을 통해 권력을 장악했으며, 당과 군대 체제의 모든 파벌에 대한 배타적인 통제를 진행한 것이다(寇健文 2010, 100-105). 따라서 덩샤오핑 역시 기본적으로 2선 배치 구조에 입각한 통치를 진행했다고 볼 수 있다. 이 기제를 통해 덩샤오핑은 그의 개인적 권위를 강화시켜 나갔다. 그러나 그 역시 마오쩌둥과 비슷한 문제점, 즉 제1선 지도자들과의 관계의 소원 및 왜곡에 기인한 통제력의 약화에 직면했다. 가장 중요한 점은 덩샤오핑의 권위와 영향력이 마오쩌둥보다 낮았다는 데 있었다. 왜냐하면, 그 자신도 다른 파벌들과의 연합을 통해 사인방과 화궈펑을 중심으로 하는 '범시파'(凡是派)를 제압하고 권력을 잡았기 때문이다. 당시 주요 파벌의 지도자로는 예젠잉(葉劍英), 천윈(陳雲), 리셴녠(李先念) 등이 있었으나, 그만이 당과 군대 모두에 영향력을 미칠 수 있는, 즉 파벌을 형성할 수 있는 인물이기 때문에 최고 권력자가 될 수 있었다(Huang 2000, 350-386). 따라서 덩샤오핑 시기의 2선 배치 구조는 마오쩌둥의 그것과는 달랐다.

그 이유는 첫째, 그는 마오쩌둥과 같이 이데올로기 차원에서의 우월성을 확보하지 못했다. 둘째, 그의 권력 장악은 군대를 기반으로 했고, 군대는 문화대혁명으로 파괴되었던 당이나 정부 조직에 비해 여전히 여러 파벌들이 존재해 있었다. 따라서 덩샤오핑 집권기의 제1선은 그뿐만 아니라 예젠잉과 천윈과 같은 다른 파벌 지도자들과 공동으로 구성되었고, 여러 파벌들과의 타협을 전제로 그 영향력을 유지할 수밖에 없었다(寇健文 2010, 150-151). 이런 타협의 대표적인 예가 바로 그의 두 후계자, 즉 후야오방과 자오쯔양의 실각이다. 이 두 지도자의 실각은 상술했듯이 제2선에 위치한 이들의 영향력 강화로 덩샤오핑과 이들의 관계가 악화된 것이 원인이지만, 개혁정책에 대한 반발과 일정한 실패에 대한 다른 파벌의 공격에 덩샤오핑이 타협한 측면도 강했다(楊繼繩 2004, 11-31). 따라서 덩샤오핑 시기의 2선 배치 구조하에서 파벌정치의 영향력은 마오쩌둥 시기의 그것보다 더욱 높

그림 5 | 2선 배치 통치 구조 단순도 (덩샤오핑 집권기)

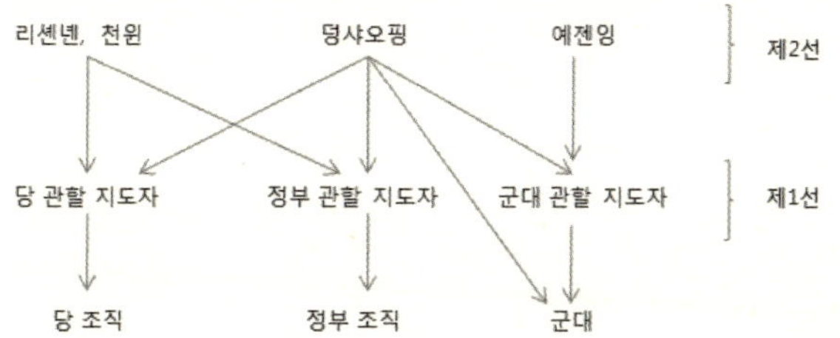

참조: 화살표는 개인적 충성에 의한 통제의 방향을 가리킴.

았다고 할 수 있다(〈그림 5〉 참조).

이 덩샤오핑의 2선 배치 시기에 그 자신이 파벌주의에 대한 반대를 공개적으로 천명했음에도 불구하고(中共中央文獻編輯委員會 1993a, 82-83), 실제로는 여러 파벌들이 존재했다. 또한 기실 그는 이런 여러 파벌들과의 경쟁과 타협 속에서 정권을 운영했다. 그 주요한 것들로는 후야오방, 자오쯔양, 웨이궈칭(韋國淸) 등 당·정·군을 망라하는 덩샤오핑 파벌, 야오이린(姚依林), 천무화(陳慕華), 보이보(薄一波) 등 당정 기관에 포진한 천윈 파벌, 그리고 리더성(李德勝) 등을 포함, 주로 군대 내에 기반을 둔 리셴녠 파벌 등을 들 수 있다(Fewsmith 2001, 50; 楊繼繩 2004, 171-185). 이 파벌들은 모두 그 형성의 동기 측면에서 '사적' 파벌이라고 할 수 있다.

한편, 덩샤오핑 집권기의 파벌정치 역시 경쟁적인 성격이 강하다고 볼 수 있다. 덩샤오핑의 영향력이 가장 강력하기는 했지만, 〈그림 5〉에서 보는 바와 같이 최고 지도부 자체가 각 파벌의 지도자들로 구성되어 있었고, 각 파벌들은 영향력 확대를 위해 경쟁하는 관계를 유지했다. 특히 1989년 톈안먼(天安門)사건 전후로 파벌 간 경쟁은 극에 달했으며 이로 인해 덩샤오핑 파벌이 일정한 타격을 입기도 했다. 그리고 마오쩌둥 집권기와 마찬가지로 이 시기도 덩샤오핑의 지도력이 제일 강력했으며, 파벌 간 투쟁 과정에서도 중재자의 역할을 담당했다(Teiwes and Sun 1995, 358-359). 그러나 이때 파벌정치는 마오쩌둥 시기와는 다소 다른 방식으로 진행되었다. 가장 중요한 점은 파벌 간 충돌의 결과로 패배한 파벌에 대한 '제재'의 정도가 약화되었다는 것이다.[10] 이는 덩샤오핑이 집권 이후 진행한 제도화의 영향으로 간부들의 임기가 보장된 것과 깊은 관련이 있다. 마오쩌둥 시기보다 상대적으로 지도자의 권력이나 안전보장이 아닌 정책 선호에 따라 파벌이 생성, 연합할 수 있게 된 것이다. 이는 2절에서 언급한 '실재' 파벌이 형성될 초기 조건이 마련된 것으로 해석할 수 있다. 따라서 파벌 간의 경쟁과 충돌의 결과 나타나는 상대 파벌에 대한 제재 역시 궤멸적인 타격을 입히는 수준으로까지 나아가지는 않았다. 예를 들면, 1980년대의 후야오방과 자오쯔양의 실각 이후 덩샤오핑 파벌은 여전히 건재했으며, 1992년 양상쿤(楊尙昆)은 은퇴라는 형식을 빌렸다. 특히 마오쩌둥 시기와 달리 파벌 투쟁의 과정에서 상대 파벌에 대해 '인민의 적'이나 '주자파'(走资派)와 같은 죄목을 씌우지 않는 등 상대적으로 온건하게 진행되었다. 이런 온건한 파벌 경쟁의 중요한 원인이 된 것은 사상 및 노선 측면의 '실용주의'(pragmatism)이다. 개혁·개방의 주도 원칙으로 실용주의를 표방했기 때문에, 특정 사상과

10_중국 파벌정치의 동학을 파악하기 위해서는 파벌 간의 갈등과 투쟁에 착목해야 할 필요성이 있다. 이는 공식적으로 중국공산당이 파벌의 존재 자체를 인정하지 않기 때문에 평소에 그 동향을 파악할 수 없기 때문이다. 기실 이런 측면은 중국뿐만 아니라 다른 국가의 파벌 연구에서도 동시에 나타나고 있는 특징이다(Gillespie, Waller and Hieto 1995).

그림 6 | 집단지도체제 시기 통치 구조 단순도

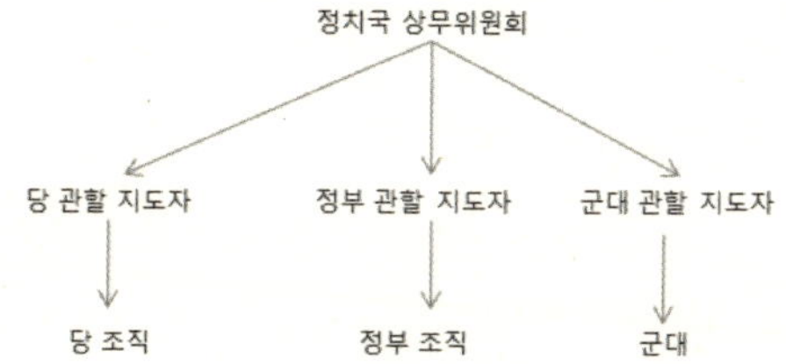

이데올로기를 가지고 상대 파벌을 공격할 명분이 상실되었다. 실용주의의 관점에서 보면 절대적인 적도, 동지도 존재하지 않는 것이다(Dittmer 2002, 222-223).

4. 중국 파벌정치의 변화: 장쩌민, 후진타오 집권기

덩샤오핑 이후 집권한 장쩌민과 후진타오 시기에는 기본적으로 집단지도체제가 형성되었다. 이 체제의 특징은 다음과 같다. 첫째, 덩샤오핑 이후 최고 지도자의 권한과 영향력은 독보적이지 못했고, 여러 지도자들 중의 하나에 불과했다. 이전과는 달리 정책 결정의 집단화가 이뤄진 것이다. 둘째, 이 체제하에서의 최고 지도자는 군대에 대한 통제력을 개인적 관계에 의해 갖지는 못했고, 공식적인 지위로서만 보유했다. 이 체제는, 단순화시키면 이전의 2선 배치 구조에서 2선이 없어진 상태로, 모두가 1선에 배치

된 지도자들 간의 경쟁과 협력이 그 핵심이라고 할 수 있다. 즉 집단적인 정책 경쟁 시스템, 일상 업무에 대한 책임의 분할로 특징지을 수 있다(〈그림 6〉 참조).

이렇게 강력한 카리스마를 가진 지도자의 부재로 인해, 상대적으로 동등한 영향력을 가진 지도자들 간의 경쟁과 협력의 틀은 원론적인 의미에서 '과두제'라고 볼 수 있다. 또 이 틀을 유지하기 위해서는 여러 지도자들이 합의할 수 있는 규칙이 필요했기 때문에 관련된 부문의 제도화가 진전되었다(주장환 2011a, 24-25).

기실 이 집단지도체제의 형성과 안착에는 덩샤오핑이 많은 공헌을 했다. 1977년 당 기율검사위원회 설치, 1982년 전국대표대회와 중앙위원회 등 회의체의 회기 정례화, 지도 간부의 종신제 폐지, 원로 간부들의 질서 있는 은퇴를 위한 중앙고문위원회 설치 등은 그런 노력의 일환이었다(Miller 2008, 62-63). 그러나 그가 의도한 2선 배치 구조에서 집단영도체제로의 평화로운 전환은 후야오방, 자오쯔양 두 후계자의 실각으로 실패했다.

이후 그는 이 과정의 문제점을 보완하여 장쩌민, 후진타오 시기의 집단영도체제의 틀을 마련했다. 그 핵심적인 조치는 집단지도체제 운영의 책임자인 당 중앙위원회 총서기의 지위 하락이었다. 이는 후야오방 실각 과정에서 나타난 총서기의 권한 남용에 대한 우려가 주요하게 작용한 결과이지만, 결과적으로 보다 평등한 지위들로 집단지도체제가 유지되게 조직적으로 보장하는 역할을 했다. 또 실질적인 집단지도체제인 중앙위원회 정치국 상무위원회에서 정책 결정이 난항에 부딪힐 경우를 고려하여 위원을 홀수로 구성하기도 했다(Miller 2004, 4-6). 실제로 그 이전과는 달리 1987년 제13기부터 현재 제17기까지 중앙위원회 정치국 상무위원은 홀수로 구성되어 왔다(人民網 2011).

동시에 덩샤오핑은 중앙 정계에서 영향력이 상대적으로 약한 장쩌민을 후계자로 발탁하면서 1989년 '정치 세대'(political generation)와 '영도 핵심'(leadership core) 개념을 제기해, 중국 정치가 향후 세대별로 교체될 것임을 공식적으로 천명했다. 또 물론 집단지도체제이기는 하지만 각 세대의 지도의 핵심이 존재하며 이를 중심으로 단결해야 함을 주장했다(中共中央文獻編輯委員會 1993b, 309-314).

한편 이런 구상은 중국 엘리트 정치의 근본적인 변화를 전제하고 있었다. 그것은 바로 1992년을 기점으로 소위 '혁명 베테랑'(revolutionary veteran)으로 불리던 중국공산당 초기 멤버들인 원로 간부들이 모두 은퇴했다는 사실이다. 이는 중국 엘리트 정치에서 매우 오래된 파벌 네트워크가 사라졌고, 이들을 대체할 새로운 간부들이 필요하다는 것을 의미했다. 또 이로 인해 이후의 지도자들은 개인적 관계에 기반을 둔 군대에 대한 확고한 통제가 사실상 불가능해졌다(Huang 2008, 83-84).

이렇게 형성된 이 시기의 집단지도체제는 두 가지의 변화를 수반했다. 첫째, 새로운 집단지도체제의 안정과 유지를 위한 제도화가 이뤄졌다. 이 제도화는 공식·비공식 규칙의 제정과 집행을 의미하며, 권력, 정치과정, 세대교체와 관련된 부분에서 집중적으로 진행되었다. 권력의 제도화 측면에서 권력의 '탈인격화'(depersonalization)도 이뤄졌다. 이는 각 지도자들이 직위에 근거한 권한만을 행사한다는 의미이다. 또한 이 직위와 조응하는 권한과 관련된 규칙을 세워 나갔다. 이는 비공식적 부분에 속하는 부분들에서 주로 진행되었는데, 예를 들면 중앙위원회 총서기의 중앙군사위원회 주석 겸임, 정치국 상무위원회 내에서 직위에 따른 정치적 순위의 부여 등을 들 수 있다. 정치과정의 측면에서는 연령을 기준으로 한 최고위급 지도자들의 입출 규범 확립과, '10년 이상 동일 직무 재직 금지, 동일 직위 연임 금지'라는 규칙의 제정, 그리고 상기했듯이 정치국 상무위원회의 홀수 구성, 정치국원에 대한 제한적 직접선거 도입 등의 공식·비공식 규범을 확립했다. 마지막으로 세대교체와 관련된 측면에서는 안정성 강화를 위해, 최고위 지도부를 세대별로 중첩되게 구성하고, 전임 지도부가 차기 지도부 재직 절반 시기까지 국정 운영의 방향과 노선을 미리 결정하도록 하는 등의 제도화를 이뤘다(주장환 2011a, 32-35).

둘째, 그러나 문제는 이런 제도화가 이른바 비공식 정치의 대표적인 현상인 파벌정치의 약화를 가져온 것은 아니라는 것이다. 절대 권력이 사라졌을 뿐이지 상대적인 권력의 우위를 차지하기 위한 경쟁이 본격화되었고, 이를 위한 매우 효과적인 기제는 파벌이었기 때문이다. 물론 파벌의 형성과 관련하여 이전과 확연히 다른 상황이 도래했다. 즉 이전까지 주로 건국 이전의 근거지와 군대 내에서의 인연을 매개로 파벌이 형성되었던 반면, 이 시기에 들어서서는 재직 지역과 장소, 출신 학교, 혈연, 이익 등 다방면에 파벌 형성의 조건이 존재하게 되었다(Miller 2008, 77-78). 또 파벌 간의 경쟁이 이전과 같이 사적인 비공식적 거래에 의하기보다 공식적인 제도의 장에서 이뤄지고 표출되었다. 이는 파벌정치가 약화되었다기보다는 그 과정이 상당 부분 공식적 절차로 편입되었다는 것을 의미한다. 대표적인 예가 바로 2006년 후진타오 현 중앙위원회 총서기와 대립하다가 부패 혐의로 실각한 당시 상하이 당위원회 서기 천량위(陳良於)의 후임 결정 과정이다. 상하이방의 대표 주자였던 그의 후임은 파벌적인 이해와 고려보다 공식화된 절차를 통해 결정되었는데, 당시 저장성 당위원회 서기 시진핑(習近平) 외에도 당시 당중앙판공실 주임 왕강(王剛), 당시 당 중앙기율검사위원회 부주임 허융(何勇), 당시 장쑤성 당위원회 서기 리위안차오(李源潮)가 후보로 올랐고, 6개월가량의 검증과 토론을 거쳐 정치국원 전원이 참가하는 투표를 통해 결정되었다(주장환 2011a, 37).

장쩌민에서 후진타오 집권기는, 중국 엘리트 정치에서 최초로 평화적으로 절차에 입각해 최고 지도자의 승계가 이뤄졌다는 점에서 집단지도체제가 효과적으로 작동되고 있다고 판단된다. 또 이 시기는 집단지도체제, 즉 중국식 과두제의 안정적 유지와 관련된 세부 공식, 비공식 규칙들을 정교화하는 과정이기도 하다. 상술했듯이 장쩌민이 집단지도체제의 전반적인 운영과 관련된 제도화를 진행했다면, 후진타오는 본격적으로 집단지도체제 내에서 발생하는 경쟁을 합리화하는 차원의 제도화를 추진하고 있다. 대표적인 예가 바로 2007년 도입된 '민주추천회'(民主推薦會) 제도이다. 이는 '당원영도간부회의'(黨員領導幹部會議)라고도 불린다. 이 회의는 정치국원 선출을 위한 사전 선거의 의미를 가지고 있는데, 2007년 6월 25일 제16기 중앙위원과 후보위원, 관련 지도자들로 구성된 민주추천회가 열렸다. 이 자리에서 제16기 정치국과 관련 부서에서 먼저 확정한 약 200여 명의 제17기 정치국원 1차 예비 후보를 선출했고, 이렇게 선출된 2차 예비 정치국원 후보들을 대상으로 제17기 중앙위원회 제1차 전체회의에서 중앙위원들이 최종적으로 선출 및 확정했다(劉思揚·孫承斌·劉剛 2007). 이 제도를 통해, 최소한 정치국 상무위원으로 현상화되는 중국 과두제의 대표적 지도자들이 그들만의 이해 조정과 타협으로 정치국원을 선발하지 못하게 되었음을 알 수 있다.

집단지도체제로 넘어간 장쩌민과 후진타오 시기에는 이들이 '최고 지도자'라는 말이 무색할 정도로 주요 파벌들의 영향력이 강화되었다. 주요한 파벌로는 상하이 지역에서 장쩌민을 중심으로 조직된 '상하이방', 베이징시 당 위원회를 기반으로 두고 천시퉁(陳希同)을 정점으로 형성된 '베이징방', 공산주의청년단을 조직 기반으로 가진 후진타오 중심의 '퇀파이'(團

派) 등을 들 수 있다(Bo 2007, 141-170). 이들은 조직 내 최고 지도자와의 개인적인 인연이나 지연, 학연 등 여러 관계에 의해서 형성된 '사적' 파벌이라고 할 수 있다. 그러나 이 시기에는 또 다른 유형, 즉 형성의 동기가 '이익'인 파벌들이 동시에 존재하고 있다. 대표적인 예로 혁명 간부(revolutionary cadre)의 자제들로 구성된 '타이즈당'(太子黨), 낙후된 내륙 지역의 이익을 대변하는 '대중주의자(populist) 연합(coalition)', 발전한 연해 지역의 이익을 대변하는 '엘리트주의자(elitist) 연합'을 들 수 있다.

타이즈당은 덩샤오핑이 혁명 원로 간부들의 퇴진을 위해 그 자제들의 정치적 승진을 보장해 준 이른바 '통나무 돌리기'(log-rolling) 전략에 의해 1980년대에 형성되었다(Tanner and Feder 1993, 110-111). 그러나 이들은 파벌을 이끌 독자적인 지도자가 있거나, 상호 간의 충성과 복종 관계가 형성되었다기보다는 집단의 이익을 추구한다는 의미에서 실재 파벌이라고 할 수 있다. 또 대중주의자와 엘리트주의자 연합은 각각 퇀파이와 상하이방이 내륙과 연해 지역 지도자들과 함께 해당 지역의 이익을 보다 강력하게 대변하기 위해 기획, 조직되었다는 측면에서 실재 파벌에 가깝다고 할 수 있다(Li 2008, 107-108).

이렇게 봤을 때 파벌 형성의 동기의 측면에서, 〈표 4〉에서 보는 바와 같이 역사적으로 옌안 시기부터 덩샤오핑 집권기까지에는 왕밍 파벌(2)과 같은 실재 파벌이 존재했지만, 대부분 사적 파벌이 주종을 이루었다. 그러나 집단지도체제 시기에 들어서서는 타이즈당과 같은 실재 파벌이 나타나고 있다.

그 원인으로는 첫째, 중국공산당 창당 초기부터 덩샤오핑의 2선 배치 시기까지 존재하던 근거지 중심 파벌의 핵심 구성원인 혁명 제1·2세대, 즉 '혁명 간부'들이 집단지도체제 시기에는 모두 사라졌기 때문이다. 실제로

표 4 | 동기의 측면에서의 중국 역대 주요 정치 파벌 분류

시기	주요 파벌	성격
중국공산당 창당~옌안 시기 이전	근거지 중심 파벌, 왕밍 파벌(1).	사적
옌안	당나귀 파벌, 류샤오치 파벌.	사적
	왕밍 파벌(2).	실재
2선 배치(마오쩌둥)	펑더화이 파벌, 사인방, 석유방.	사적
2선 배치(덩샤오핑)	덩샤오핑 파벌, 천위 파벌, 리셴녠 파벌.	사적
집단지도체제	퇀파이, 상하이방, 베이징방.	사적
	타이즈당, 대중주의자 연합, 엘리트주의자 연합.	실재

참조: 왕밍 파벌은 그 형성과 활동 시기에 따라 (1)과 (2)로 나눈다.

원로 간부 은퇴를 위해 1982년 설치되었던 중앙고문위원회가 1992년 폐지되었다(李穎 2008, 719-720). 또 개인의 권력 기초로 기능하던 사적 파벌의 주요 조직적 토대였던 군대의 위상도 격하되었다. 1997년부터는 정치국 상무위원회의 군대 담당 의석이 폐지되고, 직위상의 최고 지도자가 군대에 대한 통제권을 가지게 되었다(Huang 2008, 88). 둘째, 정치 엘리트의 승진, 승계 그리고 선발과 관련된 일련의 제도화가 진행됨으로 인해서 개인적 친분 외에 학력, 능력, 연령 등 객관적 기준이 더욱 중요해졌다. 대표적인 예로 상술한 2006년과 2007년 시진핑의 인사를 들 수 있다. 셋째, 개혁·개방 이후 중국 사회의 발전과 함께 이익의 분화가 발생했다. 예를 들면, 내륙과 연해 지역 간부들은 자신의 활동 지역의 차이에 따라 서로 다른 이익을 대변할 수밖에 없는 상황에 처하게 된 것이다(Huang 2008, 93).

장쩌민, 후진타오 집권기의 파벌정치의 동학은 기본적으로 경쟁의 측면이 우세하지만, 협력의 측면 역시 시간이 갈수록 강화되고 있는 것으로 분석된다. 우선 '과두제'로 표현할 수 있는 이 시기 최고 엘리트 정치 구조의 특성상 각 파벌들이 자파의 영향력 확대를 목적으로 서로 투쟁한다는 것은 동학의 기본적인 특성이라 할 수 있다. 더구나 마오쩌둥과 덩샤오핑

같은 권위와 영향력을 가진 지도자가 부재한 상황에서 공식 직위로서의 최고 지도자는 일개 파벌의 지도자에 불과하게 되었고, 이로 인해 파벌 간에는 경쟁과 투쟁이 일상적으로 발생했다. 대표적으로 1995년 상하이방과 베이징방, 1997년 상하이방과 차오스 파벌과의 투쟁, 2003년 사스와 2006년 천량위 실각을 둘러싼 퇀파이와 상하이방 간의 갈등 등이 그것이다. 따라서 이 시기 파벌정치는 일상화되었으며, 그 핵심 동학은 '경쟁'이라고 할 수 있다(주장환 2011, 32).

한편 이 시기 파벌정치에서는 협력의 측면 역시 발전했다. 그 주된 이유는 파벌정치가 더 이상 마오쩌둥과 덩샤오핑 등 카리스마형 지도자에 의해 주도되던 '계서적'(hierarchical) 게임이 될 수 없었기 때문이다. 기본적으로 역량이나 세력이 비슷한 파벌 간의 과당 경쟁은 자칫하면 전체 엘리트 정치 구조 자체를 파괴할 수 있다. 따라서 구조 자체의 유지를 위해서는 경쟁의 일정한 룰을 만들어 갈 수밖에 없고, 역설적으로 이 경쟁의 룰을 만들어 가는 과정이 바로 이 시기에 나타난 엘리트 정치에서의 제도화와 협력의 과정인 것이다(Zheng 2010, 34-40).

중국 파벌정치에서 이런 협력적 요소의 등장은 파벌 투쟁의 양상 역시 변화시켰다. 기본적으로 이 시기에 나타난 파벌 투쟁은 대부분 노선과 사상의 차이에 기인한 것이 아니라 개별 지도자의 '부패'와 관련하여 상대방 파벌을 타격하는 유형이었다. 1995년 베이징방의 대표 격이었던 천시퉁과, 2006년 상하이방의 주요 인물인 천량위의 실각이 그 대표적인 예이다. 또 파벌 간의 투쟁이 제로섬게임(zero-sum game)이 아니라 비제로섬게임으로 가는 것도 중요한 추세이다. 파벌 투쟁의 결과 패배한 파벌 전체를 숙청하는 것이 아니라 일부 인사만을 제거하는 수준에서 마무리된다는 의미이다(寇健文 2010, 30). 대표적으로 2003년 사스를 둘러싼 퇀파이와 상하이방의 투쟁, 2006년 경제 발전 노선을 둘러싼 퇀파이와 상하이방의 투쟁을 들 수 있다.

한편 이런 중국 파벌정치에서 협력의 요소는 한층 강화되고 있다. 바로 경쟁의 틀을 제도화하는 측면에서 그러하다. 주로 2007년 '민주추천회'와 같은 권력 승계를 둘러싼 제도화와, 당내 민주주의의 확대로 현상화되고 있다. 현재 중국공산당은 민주화 방안으로 당내 민주의 확대를 통한 사회 민주의 실현이라는 경로를 제시하고 있다. 또 당내 민주주의의 내용으로 당내 선거제도의 개혁, 당 내부의 정책 결정 제도 개선 등을 핵심 과제로 인식하고 있다(高建·佟德志 2010, 263-271). 주로 당내 의견을 수렴하는 방법에 있어 민주성 확대에 관한 것들이다. 이런 제도적 틀 내에서도 파벌 간의 경쟁이 존재하기는 하지만, 그 안에서 타협과 절충을 찾아 가는 협력적 측면이 강조될 수밖에 없다. 이런 측면에서 일부 연구들은 '중국식 양당제'(Chinese style bipartisanship)의 가능성을 본격적으로 논의하고 있기도 하다. 즉 한 정당에 비교적 공식적인 두 파벌이 존재하는 것을 의미한다. 이는 중국공산당의 집권 지위가 동요될 가능성이 현재로서는 낮고, 현재 상태에서 특정 지도자나 파벌이 권력을 독점할 수 없는 상황이라는 인식에 근거한다. 특히 후진타오 집권기에 내륙 지역과 사회적 약자층의 이익을 대변하는 원자바오(溫家寶) 파벌과 퇀파이의 '대중주의자 연합', 그리고 타이즈당, 상하이방, 연해 지역과 기득권층의 이익을 대변하는 간부들의 '엘리트주의자 연합'에 착목하고 있다. 장쩌민에서 후진타오, 그리고 현재 진행 중인 후진타오 이후의 권력 승계 과정에서, 이들이 당내 민주라는 틀 속에서 서로 견제하며 균형을 맞추고 있다는 점에서 협력의 가능성을 높게 평가하고 있다(Li 2008, 107-110).

이렇게 봤을 때 중국 파벌정치의 동학을 정리해 보면, 공산당 창당부터 옌안 시기 이전까지는 '분리'가 기본적인 특성이었고, 이후에는 '경쟁'이 대체했다고 할 수 있다. 그러나 보다 구체적으로 보면 마오쩌둥과 덩샤오핑 시기와 그 이후인 장쩌민과 후진타오 시기는 엘리트 정치의 제도화와 당내 민주주의의 확대 등의 요소로 인해 '협력'적 특성이 나타나고 있는 것으로 분석할 수 있다.

5. 결론: 이익형/협력적 파벌정치로의 전환?

이상에서 파벌 형성의 동기와 파벌 간 관계의 동학 측면에서 중국 파벌정치를 살펴보았다. 연구 결과, 중국의 파벌정치는 형성의 동기 측면에서 '사적' 파벌 위주에서 '실재' 파벌과 '사적' 파벌이 혼재된 유형으로, 동학의 측면에서는 '퇴행적'에서 '경쟁' 위주를 거쳐 갈수록 '경쟁'과 '협력'이 혼재된 유형으로 변화한 것으로 나타났다. 이를 시기별로 도식화시킨 〈그림 7〉을 보면, 중국공산당 창당에서 옌안 시기까지는 사적/퇴행, 즉 (3)의 유형이었다가, 마오쩌둥과 덩샤오핑의 2선 배치 구조 시기에는 사적/경쟁, 즉 (2)의 유형으로 변했고, 장쩌민과 후진타오의 집단지도체제에는 사적/경쟁에서 사적/경쟁과 실재/협력이 혼재되어 있는, 즉 (2)과 (4)의 중간 유형으로 변화하고 있다고 할 수 있다.

그렇다면 향후 중국 파벌정치는 어떤 방향으로 변화할 것인가? 먼저 현재보다 파벌 형성의 동기 측면에서 '실재'적인 요소가 강화될 가능성이 높다. 이는 중국 사회의 분화와 간부들의 임기 보장 등 정치적 제도화의 제고와 관련이 있다. 중국 사회는 그동안 개혁·개방정책의 실시로 극심한 지

그림 7 | 시기별 파벌 및 파벌 간 관계의 변화

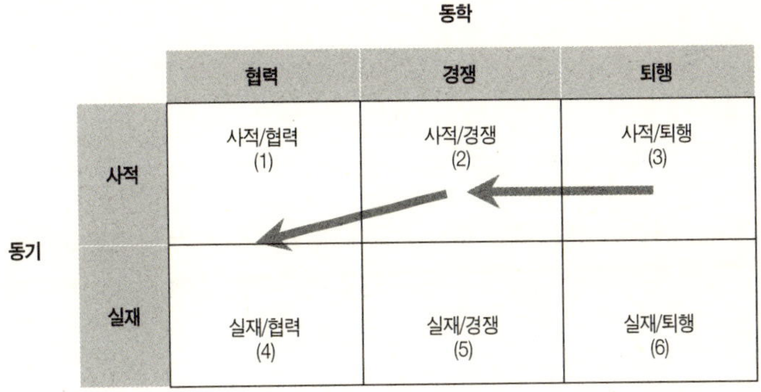

역·계층격차 문제가 발생해 현재 공산당 내에서는 이런 문제 해결을 위한 여러 방안이 제출되고 있다. 대표적으로 현재 진행형인 광둥(廣東)과 충칭(重慶) 모델 간의 논쟁이 있으며, 이는 권력투쟁과 파벌의 이합집산과도 결부되어 있는 특징을 가진다.[11] 정치적 제도화로 신분을 보장받은 간부들이 생존보다는 자신의 이익을 중심으로 이합집산할 가능성이 높아졌고, 이로 인해 더욱 실재적인 파벌 형성의 기초가 마련되었다고 할 수 있다(Bo 2007, 140).

다음으로 파벌 간 관계의 측면에서 협력적 요소가 강화될 가능성이 높다. 이는 중국식 과두제의 진전과 깊은 관련이 있다. 즉 어떤 지도자나 파벌도 압도적인 권력의 우위를 점하고 있지 않는 상태에서, 이 체제의 유지

11_이 밖에도 여러 지역에서 발전 모델이 제기되고 있는 상황이다(2012년 1월, 베이징과 상하이 전문가 인터뷰).

를 위해서는 경쟁과 협력의 룰을 제도화해야 한다. 제도화의 과정에서는 파벌 간의 무한 경쟁보다는 타협과 절충을 통한 협력을 강화할 가능성이 높다. 만약 제도화가 진행되지 않는다면 본질적으로 여러 파벌이 공존하는 형태인 과두제는 붕괴될 수도 있다. 이런 측면에서 1989년 톈안먼사건은 중국식 과두제의 유지와 온존에 대한 정치 엘리트들의 일정한 공식 형성에 많은 영향을 주었다고 평가받는다. 이로써 현재 중국공산당의 당내 민주주의 확대 흐름을 해석할 수 있다(주장환 2011a, 41). 따라서 이런 두 측면에서 중국 파벌정치는 향후 보다 '실재'적인 파벌 간에 서로 협력형 관계를 맺는 방향으로 발전할 가능성이 높다 하겠다.

제2부

중국 '정치 엘리트'

4장

중국 정치 엘리트의 속성 변화

제17기 중국공산당 중앙위원회
: '기술관료'의 쇠퇴와 '일반관료'의 부상

1. 서론

정치 엘리트는 중국 정치 연구에서 매우 중요한 영역으로 인식되고 있다. 이는 중국이 아직 대의민주주의 제도를 충분히 갖추고 있지 않아 정치 영역에서 대중보다는 엘리트의 역할이 크다는 시각 때문일 것이다. 따라서 중국 연구자들은 엘리트에 대한 분석을 통해 중국 정치의 정책과 전망에 대한 예측이 가능하다고 보아 왔고, 이런 인식하에서 중국 정치 엘리트에 대한 다양한 연구가 진행되었다. 이 연구들은 주요 정치 지도자에 초점을 맞춘 것(Schram 1984, 125-143; Shambaugh 1993; Gilley 1998; MacFarquhar and Schoenhals 2006), 중국 정치 엘리트와 관련된 조직과 작동 원리 등에 관한 것(Liberthal and Oksenberg 1988; Shirk 1993; Nanthan and Shi 1996, 522-550; Huang 2000), 중국 정치 엘리트의 각 시기별 특징에 대한 분석

(Zang 1993; Li and White 1998; 2003; Bo 2004a) 등으로 나눌 수 있다.

특히 중국 정치 엘리트의 집단적 특성에 대한 분석을 진행한 연구들이 그 대상을 각 회기별 중앙위원(후보위원 포함)으로 삼은 것은 흥미롭다. 대부분의 학자들은, 중국은 1949년 건국 이후 계속 당-국가(party-state) 체제를 유지해 왔고, 따라서 중국 정치에서 중요한 역할을 담당하는 이들은 대부분 중국공산당의 최고 수준의 정책 결정자들인 중앙위원들이라고 판단하였다. 더불어 중국공산당 중앙위원회의 변화는 일정한 사회적·경제적 그리고 정치적 변화를 반영한다고 보기도 하였다(Zang 1993, 787). 따라서 본 연구에서도 중국 정치 엘리트를 중앙위원들과 동일시하여 분석하고 있다.

이 연구는 2007년 10월 베이징에서 열린 제17차 중국공산당 전국대표대회에서 선출된 중국공산당 중앙위원회의 위원과 후보위원을 중심으로 중국 정치 엘리트의 속성 변화와 지속을 분석한다. 즉 이들을 이전 중앙위원(후보위원 포함)과 비교하면서 그 변화의 추이를 살펴본다. 제17기 중앙위원회는 204명의 중앙위원과 167명의 후보위원으로 구성되어 있다. 이들은 향후 5년간 중국 정치에서 가장 영향력 있는 인물로서 기능할 것이다. 이들의 특성에 대한 분석은 현재 중국의 정치, 경제 그리고 사회적 상황에 대한 인식과 요구를 우리에게 명확히 해줄 것이다. 이 연구에서의 분석은 각 범주별로도 진행되겠지만, 전체로서의 중국 정치 엘리트의 전반적인 특성 변화와 관련된 부분도 포함된다. 특히 이와 관련해서는 제2절에서 상세히 검토할 텐데, 몇 가지 중요한 개념이 있다. '혁명관료'(revolutionary cadre), '기술관료'(technocrats), '일반관료'(generalist cadre)가 바로 그것들이다.

중국공산당 중앙위원회를 대상으로 한 과거의 분석에 따르면, 중국 정치 엘리트는 그 주도 유형의 측면에서 변화를 보여 왔다. 개혁·개방을 기점으로 혁명관료에서 기술관료로의 변화가 그 첫 번째 변화이다(Lee 1991).

물론 기술관료는 그동안 여러 학자들에 의해 그 개념의 적절성을 공격받아 왔다(Zang 1993; 2001; Shi 1998; Bo 2004a). 그러나 개혁·개방 시기 주도적 중국 정치 엘리트의 특성을 규정하는 대표적인 개념이라고 할 수 있다. 즉 개혁·개방과 더불어, 대부분 낮은 교육 수준에 농민 출신이고 특정한 전문 지식이 없는 혁명관료에서, 높은 교육 수준과 전문 영역을 가진 기술관료로 중국 정치 엘리트가 대체되었다는 것이다.

본 연구는 개혁·개방이 이미 30년 넘게 경과된 시점에서, 중국 정치 엘리트의 특성과 관련해 구체적으로 어떤 변화가 나타나고 있는지를 탐구한다. 즉 정치 엘리트를 해당 사회 변화의 산물로 규정한다면, 과연 중국의 개혁·개방이 가져온 정치, 경제 그리고 사회적 변화가 중국 정치 엘리트의 특성에는 어떤 영향을 미쳤고, 그 특징과 추세는 무엇인가에 대해 알아볼 것이다.[1] 이를 위해 본 연구에서는, 제2절에서 상세히 논의하겠지만, '일반관료'라는 개념을 사용한다. 일반관료는 기술관료와 학력 수준이 높다는 점에서는 공통점을 갖지만, 전공 분야가 인문 혹은 사회과학 분야이고, 당 조직 혹은 대중조직에서의 활동이 주된 경력인 이들을 가리킨다.

이 연구는 제17기 중국공산당 중앙위원(후보위원 포함)들에 대한 자료인 "1921~2007, 중국 정치 엘리트 데이터베이스"를 주된 분석 자료로 삼는다. 이 자료는 (1) 나이, 성별, 출신 민족, 출신 지역, 출생 연도 등 인구통계학적 자료, (2) 교육 수준과 전공, (3) 중국공산당 중앙위원이 되기까지의 주요 경력, (4) 엘리트 유형 등을 포함하고 있다. 또 이 자료는 여러

1_이런 측면에서 본 연구는 엘리트를 사회 변화의 종속변수로 두는 입장에 서 있다고 할 수 있다. 엘리트를 종속변수와 독립변수로 보는 관련 연구들에 대한 분류는 주장환(2008b, 170)을 참조.

경로를 통해서 수집한 것이며, 서로 비교 검토된 것들이다.[2] 여기에는 1921년 중국공산당 제1기부터 2007년 제17기까지 한 번 이상 중앙위원으로 선출된 1,788명의 자료가 포함되어 있다. 따라서 제17기뿐만 아니라 전체 중국 정치 엘리트 특성의 변화 추이를 살펴보는 데 있어서 매우 중요한 자료라고 판단된다. 제2절에서는 중국 정치 엘리트의 유형과 관련한 주요 개념들을 살펴본다. 제3절에서는 제17기 중앙위원의 범주별 특성을 알아보고, 각 범주별로 역대 중앙위원들과의 비교를 진행한다. 이를 통해 범주별 변화와 더불어 전반적인 중국 정치 엘리트 유형과 관련된 변화의 추이를 살펴본다. 결론에서는 연구의 요약과 향후 전망에 대해 밝힌다.

2. 중국 정치 엘리트의 유형에 대한 시각

1) 혁명관료

'혁명관료' 개념은 개혁·개방 이전 중국 정치 엘리트의 특성을 개괄하는 데 사용되어 왔다. 혁명관료는 빈농과 고용 노동자들 중에서 충원된 이들로서, 혁명 잠재력과 실천력은 높았지만 교육 수준이 낮아 산업사회에

2_이 자료 수집과 검토를 위해 이용된 자료들은 中共中央組織部 中共中央黨史硏究室(2004); ChinaVitae(http://www.chinavitae.com/); Chinese Political Elites Database(http://ics.nccu.edu.tw/chinaleaders/) 등이다.

필요한 전문적인 업무를 이해할 수 없었다. 이들 중에는 중국공산당 창당 초기, 즉 1920년대부터 활동한 이들도 있는데, 이들에게는 기존의 사회질서를 보호해야 할 아무런 이해관계도 없었고 오히려 군사 활동과 혁명을 통해 많은 것을 얻게 되어 새로운 정치 구조를 창조했으며, 1949년 이후에도 급진적인 방식으로 중국을 통치해 나갔다(Lee 1991, 384-385). 1949년 이후에도 이들의 정치를 '덕치'(德治)라고 부를 정도로 정치적 충성도, 즉 혁명성을 중심으로 하는 '덕'은 계속 중시된 반면, 전문 지식, 즉 '재'(才)의 상대적 가치는 무시되었다.[3] 이는 중국공산당의 전통적인 간부 선발 기준이었던 '덕재겸비'(德才兼備) 원칙에 있어서의 일정한 이탈을 의미한다(趙永林 1995, 39-41).

특히 이런 경향은 토지개혁, 집단농장화, 반우파운동, 대약진운동, 사회주의 교육운동, 문화대혁명 등 정치운동의 과정에서 더욱 강화되었다(Shirk 1982). 실제로 개혁·개방 이전 중국공산당 간부 선발에서는 첫째, 대장정이나 항일전쟁과 같은 혁명 투쟁과 공산당에 가입한 순서, 둘째, 마르크스주의나 마오쩌둥 사상에 대한 이데올로기적 서약, 셋째, 정치적 충성심과 계급투쟁에 대한 적극적인 행동, 넷째, 프롤레타리아계급 출신 등을 그 주요 기준으로 삼았다. 이에 반해 대학 교육을 받은 이들, 즉 지식인들은 사회에 해악을 끼치는 아홉 가지 부류 중의 하나로 인식되어 언제나 혁명적 재검사를 받아야 하는 계층이었다(Li 2001, 33-34).

3_이 시기의 '덕'과 '재'는 다른 말로 '홍'(紅)과 '전'(專)이라고도 할 수 있다. 또한 '덕'과 '재', 특히 '덕'의 내용은 지도자와 현실 변화에 따라 그 구체적 의미가 다르게 해석된다. '덕'은 일반적인 관리 능력과 이데올로기 등을, '재'는 구체적인 영역에서의 기술과 경험을 의미한다고 할 수 있다(劉黎黎 2007, 64).

그러나 이들 혁명관료들도 비슷한 연령대와 특수한 인생 경험의 공유를 그 특징으로 하는 '엘리트 세대'(elite generation) 개념으로 보다 세분화할 수 있다(Bialer 1980, 100). 중국 정치 엘리트의 제1세대로 불리는 이들은 1934년에서 35년까지 대장정을 경험했다. 주요 인물은 마오쩌둥(毛澤東, 1893~1976)을 위시한 저우언라이(周恩來, 1898~1976), 류샤오치(劉少奇, 1898~1969), 린뱌오(林彪, 1907~1971), 덩샤오핑(鄧小平, 1904~1997) 등이다. 제2세대는 1937년에서 45년까지의 항일전쟁을 공통적으로 경험했다. 주요 인물로는 후야오방(胡耀邦, 1915~1989), 자오쯔양(趙紫陽, 1919~2005), 화궈펑(華國峰, 1921~2008), 차오스(喬石, 1924~) 등이다. 제1·2세대들은 대부분 혁명관료라고 할 수 있다.[4] 또 이들이 중국공산당의 역사에서 1921년의 제1기부터 1982년에 종료된 제12기까지 중국의 주도적인 정치 엘리트 유형이라고 할 수 있다.

2) 기술관료

기술관료는 원래 1930년대 미국에서 사회의 기능적 분화의 요구에 따른 새로운 엘리트의 출현을 설명하는 개념이었다(Zang 1993, 789). 이 개념이 중국 정치 엘리트에 적용되기 시작한 것은 개혁·개방 이후, 즉 1982년 제12기 중국공산당 중앙위원회에 대한 분석부터이다. 윌리엄 밀스(William Mills)는 덩샤오핑과 그의 동료들이 제12기 중앙위원회에서부터 혁명관료

4_이 같은 세대 구분은 중국에서도 통용되고 있다. 공식적으로는 덩샤오핑에 의해 처음 제기되었다. 鄧小平, "第三代領導集體的當務之急"(中共中央文獻編輯委員會 1993b, 309-314).

를 기술관료로 대체하기 시작했다고 주장했다(Mills 1993). 이와 달리 리청(Cheng Li)과 린 화이트(Lynn White)는 1987년 제13기 중국공산당 중앙위원회가 혁명관료에서 기술관료로 변환된 기점이었다고 주장했다(Li and White 1990). 그들은 중국의 기술관료를 대학에서 자연과학, 응용과학, 재정과 경제 등 전문 기술 교육을 받고, 관련 분야에서 종사한 경험이 있는 관료라고 정의했다. 즉 기술관료는 구체적으로 혁명관료에 비해 젊고, 전문 지식과 경험을 가졌으며, 전문대 이상의 높은 학력 수준을 가졌다.

이런 의미에서 기술관료는 덩샤오핑이 1980년부터 진행한 새로운 간부 정책인 '간부사화'(幹部四化)와 깊은 관련이 있다고 할 수 있다. 바로 이런 정책에 걸맞은 인재가 바로 기술관료인 것이다. 실제로 이 정책의 도입과 함께 중국공산당 중앙위원회의 기술관료 비중이 120쪽의 〈그림 16〉에서도 볼 수 있듯 세배 가까이 비약적으로 증가했다. 이 '간부사화' 정책은 1982년 제12차 중국공산당 전국대표대회에서 당 규약에 삽입되어 공식화되었다. 덩샤오핑은 혁명관료에게 특히 중요시되었던 '덕', 즉 혁명화(革命化)가 중요하다는 전제하에, '재'의 영역인 전문화(專業化)와 지식화(知識化)를 연경화(年輕化)와 함께 강조했다.[5] 이는 마오쩌둥 시기와는 달리, '덕재겸비' 원칙으로부터의 일정한 이탈이라고 할 수 있으나, 현실적 상황을 고려한 것으로 평가된다. 즉 덕과 재의 '절충'으로서의 간부사화는 기존 세력의 반발은 최소화하면서도 개혁·개방정책을 추진하기 위한 새로운 세력의 규합과 확장을 염두에 둔 것이라고 하겠다.[6]

5_鄧小平, "第三代領導集體的當務之急"(中共中央文獻編輯委員會 1993b, 320).

6_실제로 덩샤오핑은 1980년 8월 15일 정치국에서 행한 연설에서 연경화, 전문화, 지식화만을 주장했으나, 당내 원로들의 반발을 확인하고 12월 15일 연설에서 혁명화를 추가했다. 그

이들 기술관료들도 앞서 제시한 엘리트 세대의 개념에 따르면 두 세대로 나눌 수 있다. 하나는 1949~58년 사회주의 개조 시기를 경험한 제3세대이고, 다른 하나는 1966~76년 문화대혁명을 경험한 제4세대이다. 제3세대의 주요 인물로는 장쩌민(江澤民, 1926~), 리펑(李鵬, 1928~), 리루이환(李瑞環, 1934~) 등을, 제4세대는 후진타오(胡錦濤, 1942~), 원자바오(溫家寶, 1942~), 우방궈(吳邦國, 1941~) 등을 들 수 있다. 이들은 대부분 기술관료로서 개혁·개방 이후인 제12기 중국공산당 중앙위원회에서부터 급속하게 중국 정치 엘리트의 주류로 자리 잡았다.

대표적인 사례로 장쩌민은 1926년 장쑤(江蘇)성에서 출생했으며, 1943년부터 중국공산당 지하조직이 지도하는 학생운동에 참가했다. 1946년에 중국공산당에 입당하고, 1947년에 상하이 자오퉁(交通)대학 전기기계과를 졸업했다. 상하이가 해방된 후부터 상하이 이민(益民)식품 제1공장 엔지니어로 재직했으며 1955년 구소련 모스크바의 한 자동차 공장에서 실습했다. 동년에 귀국한 후 창춘(長春) 제1자동차공장 제1기계공업부, 상하이 전기과학연구소, 국가수출입관리위원회, 국가외국투자관리위원회 등에서 일했다. 1982년 전자공업부 제1부부장으로 재직할 당시 제12기 중앙위원으로 선출되었고 1985년부터 상하이 시장, 당 위원회 서기 등으로 재직하다가 1987년 중앙위원회 정치국 위원, 1989년 중앙위원회 총서기로 선출되었다(中共中央組織部 中共中央黨史研究室 2004, 271).

후진타오는 1942년 안후이(安徽)성에서 출생했다. 1959년부터 칭화(清華)대학 수리공정과를 다녔으며, 1964년 입당하고 졸업했으나 1968년까

러나 문화대혁명에 주도적으로 참여하지 않을 것을 규정하여 혁명화의 내용을 더욱 구체화했다(Lee 1991, 239-241).

지 대학에 남아서 정치보도원(政治輔導員) 생활을 했다. 1968~69년 수력전기부 류자샤(劉家峽)공정국 주택건설대에서 일반 노동자로 근무했다. 1969년부터 수력전기부 제4공정국 813분국에서 엔지니어 등으로, 1974~ 80년에는 간쑤(甘肅)성 건설위원회에서 엔지니어, 비서 등으로 일했다. 1980~82년 간쑤성 공청단 서기를 거쳐, 1985년까지 공청단 중앙서기처 서기, 제1서기 등으로 재직했다. 1982년 제12기 중앙위원회 후보위원, 1985년에 중앙위원으로 선출되었으며 1985~88년 구이저우(貴州)성 당 위원회 서기, 1988~1992년 시짱(西藏)자치구 당위원회 서기 등을 거쳐 1992년 중앙위원회 정치국 위원으로 선출됐다. 계속 승진을 거듭하다가 2002년 제16기 제1차 중앙위원회 전체회의에서 중앙위원회 총서기가 되었다(中共中央組織部 中共中央黨史硏究室 2004, 217).

3) 일반관료

'일반관료'는 구소련과 중국 정치를 연구한 문헌에서 상술한 기술관료, 즉 '전문가'(specialist 혹은 expert)에 상반되는 개념으로 쓰였다. 전문가와 비교했을 때 특별한 기술을 가지지 않고, 전문 영역이 없고, 당과 정부 조직에서 활동한 관료들을 가리켰다(Blackwell 1972, 124-152; Monte 1979, 789-800; Li and White 1989). 그러나 이 글에서는 일반관료를 전문대 이상에서 인문·사회과학을 주로 전공했으며, 각급 당정 조직(군중 조직 포함) 등 다양한 분야에서 경력을 쌓아 온 이들로 정의한다.[7] 이들은 혁명관료와 비교했을 때 학력 수준이 전문대 졸업 이상으로 높다. 기술관료와 비교했을 때는 전문대 이상 교육기관에서 인문·사회과학을 전공했다. 경력의 측면에서도 대부분 당과 정부 조직 혹은 중국공산당이 지도하는 기층 군중 조직, 예를 들면 공청단, 부녀연합 등에서부터 경력을 쌓아 왔다.

한편, 이런 유형의 정치 엘리트의 증가는 중국공산당 간부 정책의 변화와 관련이 있다고 할 수 있다. 1995년부터 임시 실행되다가 2002년도에 정식으로 확정, 공포된 〈당정영도간부 선발 및 임용 공작 조례〉(黨政領導幹部選拔任用工作條列)가 대표적인 예이다. 이 문서에서는 당정 지도 간부의 선발 및 임용 원칙을 (1) 당이 직접 간부를 관리한다(黨管幹部), (2) 현명한 이를 임용하고, 덕와 재가 겸비되어야 한다(任人唯賢, 德才兼備), (3) 군중으로부터 공인받아야 하며, 실적을 중시한다(群眾公認, 重視實績), (4) 공개, 평등한 경쟁을 통해 우수한 인재를 선택한다, (5) 민주집중제를 따른다, (6) 법에 의해 일을 처리한다(依法辦事) 등의 여섯 가지로 확정했다.

이 원칙은 '간부사화'에 비해 보다 구체적으로 지도 간부 선발과 임용에 대해 규정하고 있는데, 특히 (4)~(6)의 원칙이 제도화와 관련된 것이고, (1)~(3) 중에서도 (1)과 (2)는 그동안 중국공산당의 간부 선발 및 임용에서 계속 강조된 것이라면, (3)이 특이하게 삽입되었다고 할 수 있다. 이는 개혁·개방의 진척 속에서 부작용으로 증가하고 있는 간부들의 부패와 인민들의 불만 등 사회불안 요소를 잘 해결해야 한다는 새로운 문제의식의 발현으로 해석할 수 있다(習永唐 2004). 따라서 중국공산당은 이 시기를 기점으로 엘리트 선발에 있어서 이런 요구를 충족할 수 있는 유형을 선호했

7_이를 더 보충한다면, 전공 영역과 일치하지 않는 다양한 영역에서의 주요 경력이 가장 중요하고, 그다음이 인문·사회과학적 전공이라고 할 수 있다. 이는 역으로 대부분의 인문·사회과학적 전공과 일치하는 주요 경력을 찾기가 어렵다는 점을 고려했다고 할 수 있다. 따라서 주요 경력은 일반관료가 되기 위한 충분조건이고, 전공은 필요조건이라고 할 수 있다.

을 가능성이 높다. 실제로 이 정책의 도입과 함께 중앙위원회에서 기술관료의 비중은 121쪽의 〈그림 17〉과 같이 하락 추세를 나타내고, 일반관료의 비중은 증가 추세를 보이고 있다.

일반관료들을 상술한 정치 세대의 개념에 따라 나눈다면, 제5세대에 속한다고 할 수 있다. 이들은 대부분 개혁·개방 시기를 공통적으로 경험했다. 주요 인물로는 시진핑(習近平, 1953~), 리커창(李克強, 1955~), 리위안차오(李源潮, 1950~) 등이다.[8] 일반관료들은 제15기 중국공산당 중앙위원회 때부터 기술관료의 상대적 감소와 함께 점차 확대되기 시작했다(주장환 2007, 195). 대표적인 사례로 리커창은 1955년 안후이성에서 출생했다. 1974~78년 안후이성 펑양(風陽)현 다무(大畝)공사에서 지식 청년으로 하방되어 일했고, 당 지부 서기로 재직했다. 1978~82년 베이징대학 법학과에서 수학했으며, 대학 학생회 회장을 역임했다. 1983년까지 베이징대학 공청단 지부 서기로 재직했으며, 1998년까지 공청당 중앙서기처에서 후보서기, 서기 그리고 제1서기 등으로 활동했다. 1997년 제15기 제1차 중앙위원회 전체회의에서 중앙위원으로 선출되었으며 1998년부터 허난(河南)성, 랴오닝(遼寧)성 당 위원회 서기 등을 거쳐 2007년부터 중앙위원회 정치국 상무위원, 국무원 부총리 등으로 재직하고 있다(中共中央組織部 中共中央黨史研究室 2004, 341).

8_이들 중 시진핑은 칭화대학 화공과에서, 리위안차오는 상하이사범대학 수학과에서 수학했다. 그러나 이들은 졸업 후 전공과 관련이 없는 당정 조직(대중조직 포함)에서 주요 경력을 쌓았기 때문에 각주 7의 원칙에 따라 '일반관료'로 분류했다.

3. 제17기 중국공산당 중앙위원회: 특성과 변화 추이

1) 범주별 특성

제17기 중국공산당 중앙위원회는 2007년 10월 15~20일 열린 제17차 전국대표대회에서 구성되었다. 후진타오가 중앙위원회 총서기로 재직하는 중에 열린 이 대회는 그의 집권 2기를 본격적으로 시작한다는 의미를 가졌다. 따라서 보다 분명하게 후진타오의 정책과 인사 스타일이 강하게 영향을 미칠 것으로 예상되었다. 이 대회에서는 중앙위원 204명과 후보위원 167명 등, 모두 371명의 대표적인 중국 정치 엘리트를 선출했다. 이 규모는 1921년부터 시작된 중국공산당 역사에서 가장 큰 것이다(〈그림 8〉 참조).

이들 제17기 중앙위원들의 범주별 특성은 다음과 같다. 우선, 남성이 전체의 90.3%로 여성 위원들(9.7%)보다 압도적으로 많다(〈표 5〉 참조).

출신 민족의 측면에서는 한(漢)족의 비중이 89.8%로 가장 높았다. 그 뒤를 이어 후이(回), 좡(壯), 짱(藏), 멍구(蒙古)족 등이 각각 2.4%, 1.4%, 1.1%를 차지했다. 모두 16개 민족이 최소한 한 명 이상씩의 중앙위원을 배출했다(〈표 6〉 참조).[9]

출신 지역의 측면에서, 제17기 중앙위원들은 산둥(山東)성 출신이 가장 많은 수를 차지해 모두 42명으로 전체의 11.6%를 차지했다. 그 뒤를 이어 허베이(河北), 장쑤, 저장(浙江), 허난성 출신이 각각 41, 30, 24, 19명으로

9_2000년 중국 인구센서스 결과에 따르면 중국에는 모두 55개의 소수민족이 있다(中華人民共和國國家統計局 2006, 50).

그림 8 | 역대 중국공산당 중앙위원의 규모

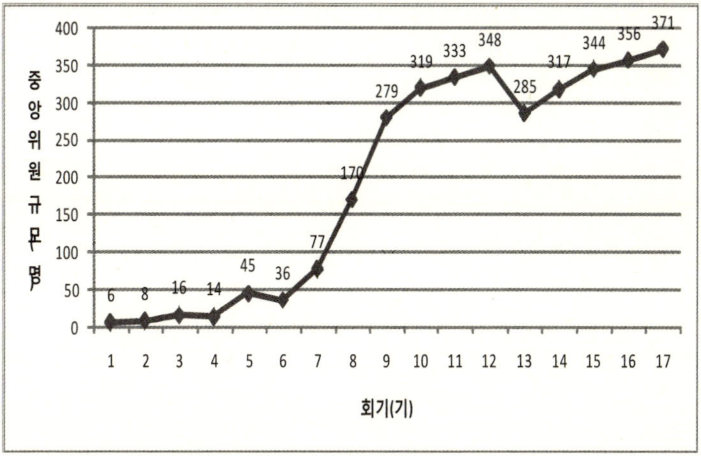

출처: 〈1921~2007, 중국 정치 엘리트 데이터베이스〉.

표 5 | 제17기 중국공산당 중앙위원의 성별 분포

성별	남성	여성
명수 (명)	335	36
전체에서의 비율 (%)	90.3	9.7

출처: 〈1921~2007, 중국 정치 엘리트 데이터베이스〉.

각각 전체의 11.3, 8.5, 6.3, 5.5%를 차지했다. 또 칭하이(青海)성을 제외한 모두 31개 지역(성, 직할시)에서 적어도 1인 이상의 중앙위원을 배출했다 (〈표 7〉 참조).

평균 연령의 측면에서 제17기 중앙위원은 57세를 기록했다. 연령별 분포를 보면, 최고령은 1940년생, 즉 67세로 모두 6명이었고, 최연소는

표 6 | 제17기 중국공산당 중앙위원의 출신 민족 분포

출신 민족 명칭 (족)	인원수 (명)	전체에서의 비율 (%)	출신 민족 명칭 (족)	인원수 (명)	전체에서의 비율 (%)
한	333	89.8	조선	2	.5
후이	9	2.4	하사커(哈薩克)	1	.3
좡	5	1.3	이(彝)	1	.3
짱	4	1.1	먀오(苗)	1	.3
멍구	4	1.1	부이(布依)	1	.3
위구르(維吾爾)	3	.8	바이(白)	1	.3
만(滿)	2	.5	리(黎)	1	.3
투자(土家)	2	.5	야오(瑤)	1	.3

출처: 〈1921~2007, 중국 정치 엘리트 데이터베이스〉.

표 7 | 제17기 중앙위원의 출신 지역 분포

출신 지역	인원수 (명)	전체에서의 비율 (%)	출신 지역	인원수 (명)	전체에서의 비율 (%)
산둥	42	11.6	장시(江西)	7	1.9
허베이	41	11.3	쓰촨(四川)	7	1.9
장쑤	31	8.5	광시(廣西)	7	1.9
저장	23	6.3	광둥(廣東)	6	1.7
허난	20	5.5	충칭(重慶)	6	1.7
랴오닝	18	5.0	네이멍구(內蒙古)	6	1.7
산시(山西)	16	4.4	구이저우(貴州)	5	1.4
후베이(湖北)	16	4.4	톈진(天津)	5	1.4
안후이	16	4.4	간쑤(甘肅)	5	1.4
산시(陝西)	15	4.1	신장(新疆)	4	1.1
후난(湖南)	11	3.0	윈난(雲南)	3	.8
푸젠(福建)	10	2.8	닝샤(寧夏)	3	.8
헤이룽장(黑龍江)	9	2.5	시짱(西藏)	3	.8
베이징(北京)	9	2.5	하이난(海南)	1	.3
지린(吉林)	8	2.2	타이완(台灣)	1	.3
상하이(上海)	8	2.2			

참조: 출신 지역 불명(不明)인 중앙위원 수는 8명.
출처: 〈1921~2007, 중국 정치 엘리트 데이터베이스〉.

1965년생, 즉 42세로 1명이었다. 또 제일 많은 수인 28명의 중앙위원이 1953년생, 즉 54세였다(〈표 8〉 참조).

표 8 | 제17기 중앙위원의 연령 분포

연령 (세)	인원수 (명)	전체에서의 비율 (%)	연령 (세)	인원수 (명)	전체에서의 비율 (%)
67	6	1.6	54	28	7.7
66	6	1.6	53	15	4.1
65	12	3.2	52	16	4.4
64	2	.5	51	19	5.2
63	25	6.8	50	16	4.4
62	24	6.6	49	10	2.7
61	30	8.2	48	10	2.7
60	19	5.2	47	2	.5
59	13	3.6	46	5	1.4
58	24	6.6	45	7	1.9
57	24	6.6	44	6	1.6
56	19	5.2	43	3	.8
55	24	6.5	42	1	.3

참조: 출신 연도 불명인 중앙위원 수는 5명.
출처: 〈1921~2007, 중국 정치 엘리트 데이터베이스〉.

학력은 두 가지 수준에서 측정되었다. 하나는 정식으로 일을 시작하기 전이고, 다른 하나는 최종 학력이다.[10] 이렇게 본다면 제17기 중앙위원의 평균 학력은, 일을 시작하기 전은 고등학교 졸업, 최종 학력은 대학 졸업이었다(〈표 9〉 참조).

최종 학력을 기준으로 대학 및 전문대 중퇴 이상인 자의 전공을 살펴보면, 자연과학·응용과학·재정·경제 등 전공자들이 199명으로 전체의 58.1%를 차지하여 가장 많았고, 그 뒤를 인문과학·사회과학 등 전공자들이 123명으로 전체의 33.2%를 차지했다.[11] 또 군사 분야 전공자는 모두 30명으

10_이런 분류의 목적은 중국에서 보편적으로 시행되고 있는 재직(在職) 학위 과정에 대한 현실적인 판단과 중국 정치 엘리트의 재직 과정 활용과 관련된 향후 연구의 필요성 때문이다.
11_〈표 10〉, 〈표 11〉과 같은 분류는 이후 진행될 중국 정치 엘리트의 특성 및 유형 변화 추이

표 9 | 제17기 중앙위원의 평균 학력

기준	평균 학력 (평균치)
일 시작하기 전	3.90
최종 학력	5.44

참조: 학력 수준 불명인 중앙위원 수는 4명. 수치는 무학력 1, 초등학교 졸업 2, 중학교 졸업 3, 대학 및 전문대 중퇴 4, 대학 및 전문대 졸업 5, 대학원 이상 6점으로 코딩한 것이다.
출처: 〈1921~2007, 중국 정치 엘리트 데이터베이스〉.

표 10 | 제17기 중앙위원의 선택 전공 분포

구분	인원수 (명)	전체에서의 비율 (%)
자연과학·응용과학·재정·경제	199	58.1
군사 관련	30	8.7
인문과학·사회과학	123	33.2

참조: 전공 불명인 중앙위원 수는 6명. 또 13명은 대학 및 전문대 중퇴 미만의 학력을 가진 자들이어서 분석 대상에서 제외.
출처: 〈1921~2007, 중국 정치 엘리트 데이터베이스〉.

로 전체의 8.7%였다(〈표 10〉 참조).

주요 경력, 즉 중앙위원이 되기 전까지 주로 종사했던 직종을 기준으로 분류했을 때, 제17기 중앙위원은 당 조직에서 주요 경력을 쌓은 이들이 모두 146명으로 전체의 39.4%를 차지하여 가장 많았다. 그다음으로 군대, 엔지니어, 교육 등이 각각 59, 58, 34명으로 전체의 각각 15.9, 15.6, 9.2%를 차지했다(〈표 11〉 참조).

마지막으로 중국 정치 엘리트의 유형 변화 추이를 살펴보기 위해, 제17기 중앙위원 중 대학에서 자연과학, 응용과학, 재정과 경제 등 전문 기술

를 알아보기 위해서 기획되었다. 이와 유사한 분류로는 Zang(1993)을 들 수 있다.

표 11 | 제17기 중앙위원의 주요 경력 분포

구분	인원수(명)	전체에서의 비율(%)	구분	인원수(명)	전체에서의 비율(%)
당 조직	146	39.4	연구 단위	16	4.3
군대	59	15.9	교육	15	4.0
엔지니어	58	15.6	기타	12	3.2
非재정·경제·산업 관련 정부 부서	34	9.2	군중 조직(공청단, 부녀연합 등)	9	2.4
재정·경제·산업 관련 정부 부서	22	6.0			

출처: 〈1921~2007, 중국 정치 엘리트 데이터베이스〉.

표 12 | 제17기 중앙위원 중 기술관료의 비중

구분	인원수(명)	전체에서의 비율(%)
기술관료	137	36.9
非 기술관료	234	63.1

출처: 〈1921~2007, 중국 정치 엘리트 데이터베이스〉.

교육을 받고, 관련 분야에서 종사한 경험이 있는 이들인 기술관료의 분포를 살펴봤다.[12] 그 결과 모두 137명, 즉 전체의 36.7%가 기술관료로 분류되었다(〈표 12〉 참조).

12_이런 기술관료의 개념 정의는 기존 연구와의 연속성의 관점에서, 대표적인 기술관료 개념의 주창자인 리와 화이트가 1988년과 1990년에 정립 및 제출하고, 이를 비판하기 위해 장샤오웨이(Zang Xiaowei)가 1993년에 인용한 것을 그대로 사용했다(Li and White 1988, 371-399; Li and White 1990; Zang 1993).

2) 역사적 변화 추이

분석의 다음 단계로, 이상과 같은 제17기 중앙위원의 각 범주별 특성을 이전 중앙위원의 그것과 비교해 보자. 이를 통해 중국 정치 엘리트의 각 범주별 특성 변화의 추이를 도출해 낼 것이다.

우선 성적 특성에서, 제17기 중앙위원은 남성 편향성이 제16기에 비해서 소폭 약화되었다. 〈그림 9〉를 보면, 개혁·개방이 시작된 제12기부터 바로 전 회기인 제16기의 어느 시기보다 그 남성 편향성이 낮음을 알 수 있다. 또 개혁·개방 시기 평균 92.6%보다도 낮은 수준이었다.

한족 중심성은 〈그림 10〉에서와 같이, 제16기보다는 소폭 하향되었다. 그러나 이 수치는 개혁·개방기 평균 89.7%보다는 아주 약간 상승한 것이다.

출신 지역의 측면에서, 제17기 중앙위원은 허베이성 출신이 급속하게 많아졌다는 특징이 있다. 〈그림 11〉에 따르면, 허베이성은 제13기 중앙위원회 시기에 정점을 나타냈다가 그 이후로 하락했으나 제16기부터 다시 상승했으며, 이번 제17기에서는 중앙위원을 두 번째로 많이 배출한 지역이 되었다. 반면 장쑤는 대폭, 산둥성은 소폭 하락 추세를 나타냈다.

평균 연령의 측면에서 〈그림 12〉에 따르면, 제17기 중앙위원은 제16기에 비해 약간 높아졌다. 그러나 이 수치, 즉 57세는 개혁·개방기 평균과 일치하는 것이다. 따라서 평균 연령의 측면에서 큰 변화는 없다고 판단된다.

학력 수준에 있어서, 제17기 중앙위원은 일을 시작하기 전은 제16기보다 낮은 수준을 보였으나, 최종 학력에서는 역대 중앙위원회 회기 중 가장 높은 수준을 보였다. 그러나 일을 시작하기 전 학력은 개혁·개방기 평균 3.91보다도 역시 약간 낮은 수준이다(〈그림 13〉 참조).

그림 9 | 역대 중앙위원 중 남성이 차지하는 비중 변화

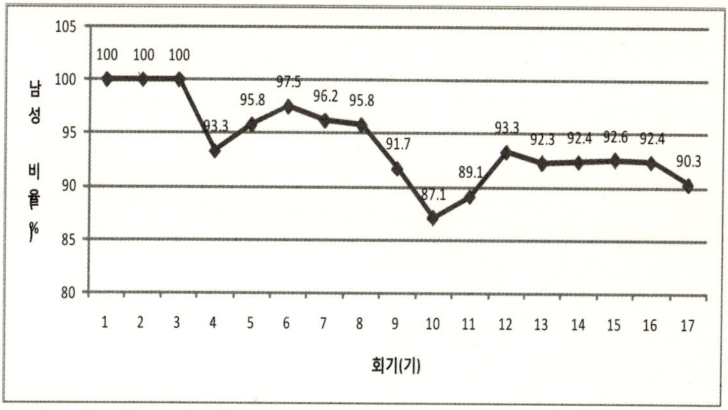

출처: 〈1921~2007, 중국 정치 엘리트 데이터베이스〉.

그림 10 | 역대 중앙위원 중 한족이 차지하는 비중 변화

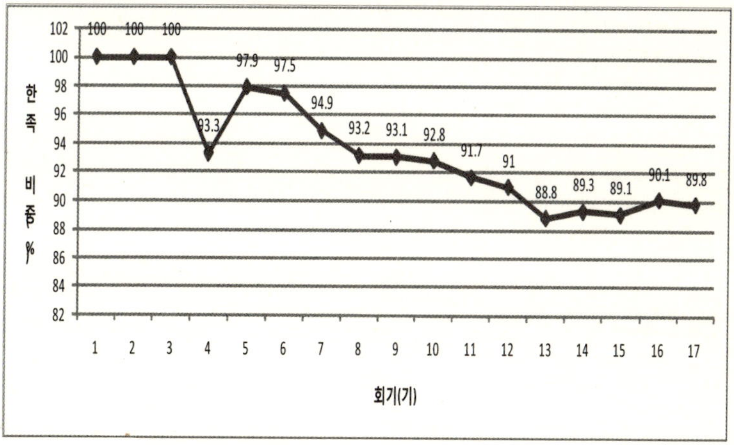

출처: 〈1921~2007, 중국 정치 엘리트 데이터베이스〉.

그림 11 | 역대 중앙위원 출신 지역 비중 1~2위 비율 변화

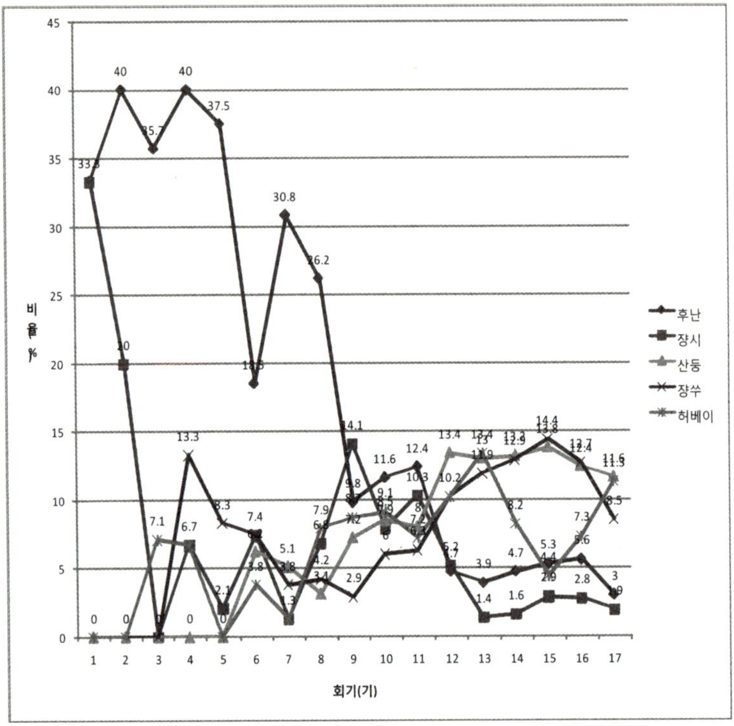

출처: 〈1921~2007, 중국 정치 엘리트 데이터베이스〉.

최종 학력을 기준으로 대학 및 전문대 중퇴 이상자들의 선택 전공의 측면에서, 제17기 중앙위원은 제16기와 비교했을 때 자연과학·응용과학·재정·경제와 인문과학 및 사회과학 전공자들은 소폭 상승, 군사 관련 전공자들은 소폭 하락을 보였다. 그러나 추이로 봤을 때 비교적 분명한 방향성을 나타내는 것은, 제15기를 기점으로 인문과학·사회과학 전공자들의 비율

그림 12 | 역대 중앙위원 평균 연령 변화

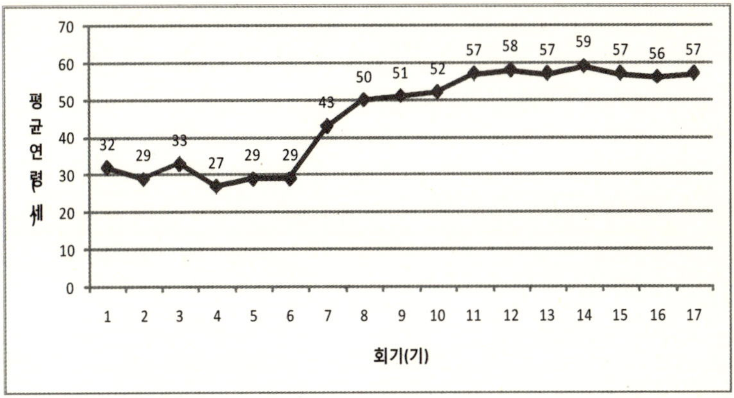

출처: 〈1921~2007, 중국 정치 엘리트 데이터베이스〉.

그림 13 | 역대 중앙위원 학력 수준 변화

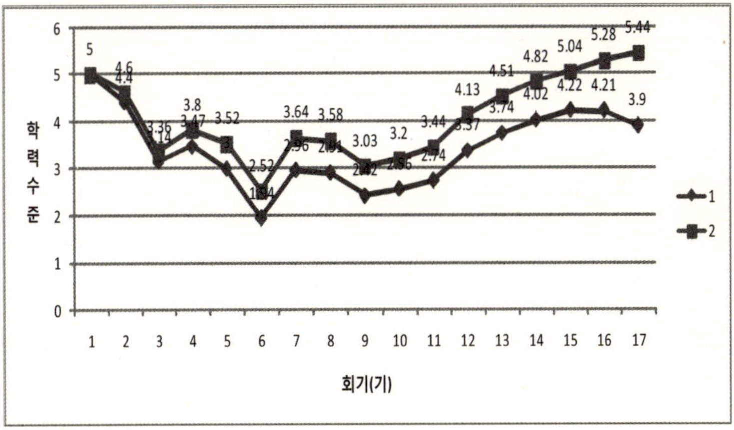

참조: 범례1은 일을 정식으로 시작하기 전, 범례2는 최종 학력을 의미.
출처: 〈1921~2007, 중국 정치 엘리트 데이터베이스〉.

그림 14 | 역대 중앙위원 선택 전공별 비중 변화

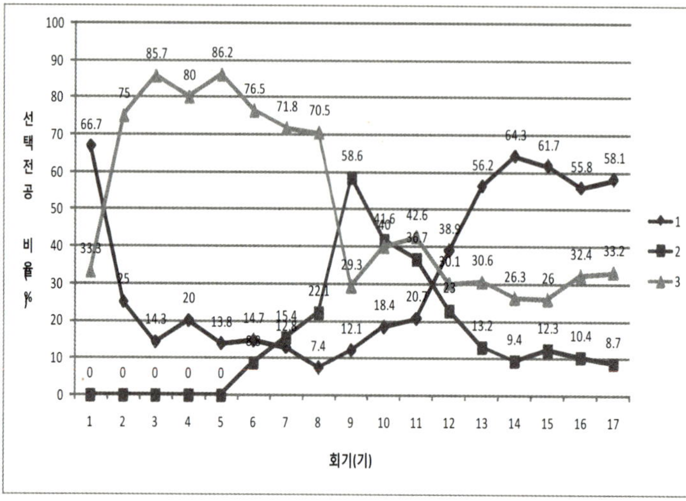

참조: 범례 1은 자연과학·응용과학·재정·경제, 범례2는 군사 관련, 범례 3은 인문과학·사회과학 전공을 의미.
출처: 〈1921~2007 중국 정치 엘리트 데이터베이스〉.

상승과, 역시 제15기를 기점으로 군사 관련 전공자들의 비율 하락이라는 특징이다(〈그림 14〉 참조).

주요 경력의 측면에서, 제17기 중앙위원은 역대 주요 경력 제1~3위를 차지한 당 조직, 엔지니어, 군대, 이 세 가지 영역의 비중을 비교했을 때, 군대는 소폭, 엔지니어는 대폭 감소했다. 그러나 당 조직은 대폭 상승했다. 추이를 보면, 엔지니어는 제15기를 정점으로 그 이후 하락, 군대는 개혁·개방기 들어 줄곧 하락, 당 조직은 14기를 기점으로 상승의 추세를 보이고 있다(〈그림 15〉 참조).

마지막으로 기술관료 비율 측면에서, 제17기 중앙위원은 제16기에 비

그림 15 | 역대 중앙위원 주요 경력 1~3위 분야 비율 변화

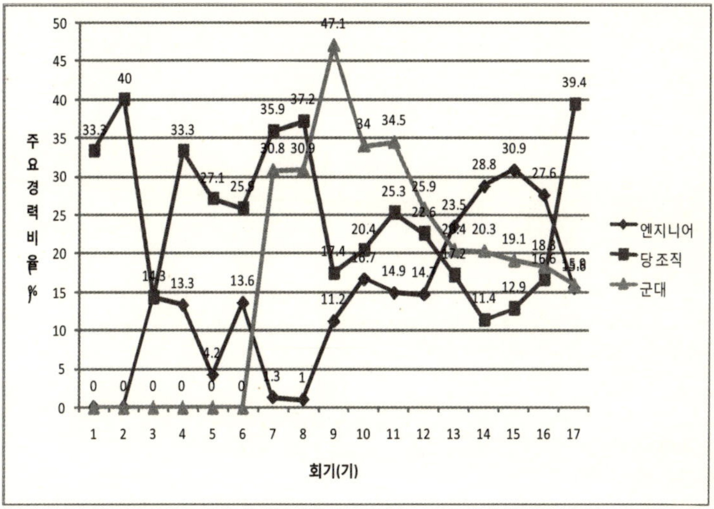

출처: 〈1921~2007 중국 정치 엘리트 데이터베이스〉.

해 소폭 하락했다. 그러나 제15기를 기점으로 전반적으로 하락하는 추세를 나타내고 있다(〈그림 16〉 참조).

이 결과는 본문의 주요 논지 중 하나인 중국 정치 엘리트 주도 유형의 변화 추이와 관련하여 중요한 의미를 가진다. 즉 중국 정치 엘리트의 성분 중 가장 컸던 기술관료의 비중이 계속 감소 추세를 나타내고 있는 것이다(〈그림 16〉 참조). 그렇다면 어떤 특성의 관료들이 중국 정치 엘리트 구성에서 증가세를 보이고 있는가를 살펴볼 필요가 있다. 이를 위해서 제2절에서 소개한 일반관료의 비율 변화 추이를 기술관료의 '쇠퇴' 시기와 비교하여 살펴보면, 〈그림 17〉과 같다.

그림 16 | 역대 중앙위원 중 기술관료 비율 변화

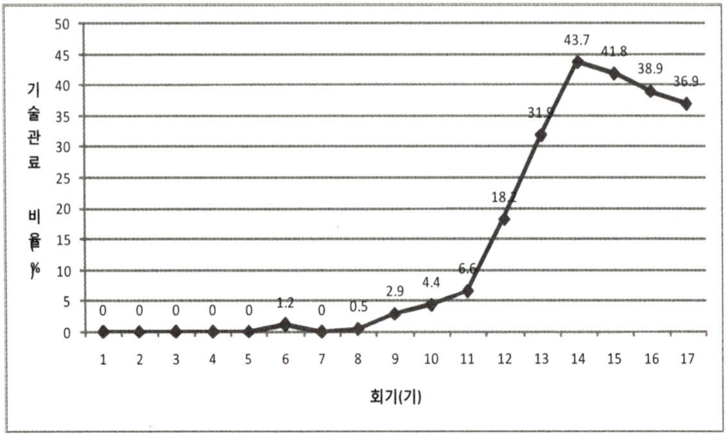

출처: 〈1921~2007, 중국 정치 엘리트 데이터베이스〉.

〈그림 17〉에 따르면, 기술관료는 제14기를 정점으로 하락 추세를 보이며, 일반관료는 역으로 제14기를 기점으로 상승하는 추세를 보이고 있다. 이 두 유형의 관료들이 상반되는 변화 추세를 보이는 현상의 원인과 관련해서는 다음과 같은 측면에서 접근해 볼 수 있다. 첫째, 중국공산당의 시대 인식과 발전 방식의 변화이다. 시기적으로 중국 정치 엘리트 중 기술관료의 비중이 급격하게 증가한 시기인 제12기, 즉 1982년은 중국공산당이 개혁·개방정책을 본격적으로 실시한 때이다. 이후 제13~15기, 즉 1987~2002년은 급속한 경제성장을 주요 특징으로 하는 '외형적 성장'의 시대라고 할 수 있다. 그런데 이러한 발전관은 결과적으로 사회 전체의 부는 확대시켰지만, 도농, 지역, 소득 격차를 심화시키고, 간부 부패 현상 역시 확대시켰다. 그리고 이런 현실에 대한 인식은 새로운 발전관에 대한 수요를 증

그림 17 | 제14~17기 기술관료와 일반관료의 비중 변화

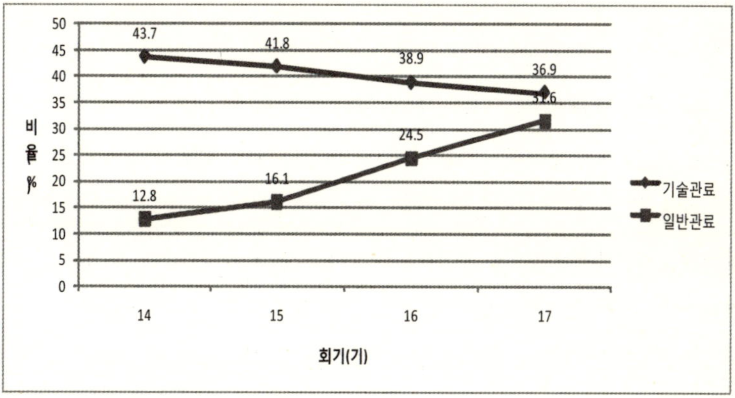

출처: 〈1921~2007, 중국 정치 엘리트 데이터베이스〉.

가시켰다(Fewsmith 2004a).

이런 수요의 반영이 2002년 제16차 당대회에서 제기된 '신형공업화' 노선이고(江澤民 2002), 이를 더욱 구체화한 것이 2003년 제16기 3중전회부터 선전된 '인본주의'(以人爲本) 사상과 '과학적 발전관'(科學發展觀)이라고 할 수 있다.[13] 전자는 향후 중국 경제의 발전을 "과학 기술의 함량이 높고, 경제적 효과와 이익이 높으며, 자원의 소비와 환경오염은 적으면서도, 인력 자원의 우위를 충분히 발휘할 수 있는" 방식으로 진행하겠다는 것이다. 후자는 향후 발전을 보다 "인간 중심적이고, 균형 잡힌, 종합적인 방식"으로 '조화로운 세계'의 건설을 추진하겠다는 것이다(Wu 2006, 220-221). 바로

13_'인본사상'과 '과학적 발전관'의 자세한 제출 배경과 내용은 Fewsmith(2004b) 참조.

이런 시대 인식에 입각한 발전관의 변화로, 그동안 개혁·개방 과정에서 발생한 각종 사회적·계층적 모순을 효과적으로 처리하며 새로운 노선을 실현할 수 있는, 즉 전문적인 지식보다는 일반적인 지식과 관리 능력이 뛰어난 간부를 선호하게 되었다고 할 수 있다.

둘째, 최고 지도자의 변화이다. 주지하다시피, 2002년 제16기 제1차 중앙위원회 전체회의에서 후진타오는 중국공산당 최고 지도자의 위치에 올랐다. 또 제17기에서도 그 위치를 지키고 있다. 이는 중국 정치가 장쩌민 체제에서 후진타오 체제로 변화되었다는 것을 의미한다. 동시에 후진타오가 본격적으로 자신의 집권 이념을 실현할 인사들을 대거 등용할 것 역시 예측 가능하다. 실제로 후진타오는 제16기 때부터 본격적으로 자신의 세력 확장에 노력을 기울여 왔다. 그 방식은 두 가지로 이뤄졌는데, 하나는 향후 중국공산당을 주도할 제5세대 지도자의 핵심 그룹에 자신의 인사를 발탁하는 것이고, 다른 하나는 지방 지도자들의 발탁 및 승진에서 자신의 인사를 선호하는 것이었다(Li 2003). 또한 이런 세력 확장 등의 이유로 인해 불거진 당시 최고 유력 파벌 '상하이방'과의 투쟁도 불사했다.[14] 종합하면, 후진타오의 등장이 가져온 변화된 집권 철학 및 노선과, 이를 추진할 세력 형성의 측면에서 '일반관료'의 부상이라는 현상에 대해 접근할 수 있다.

14_이런 '상하이방'과의 투쟁에 대해서는 Bo(2007, 203-348)를 참조.

4. 결론

본 연구는 제17기 중국공산당 중앙위원회의 특성을 규명하기 위해 진행되었다. 연구 결과, 후진타오 집권 2기인 이 시기의 중앙위원은 다음과 같은 일반적인 특성을 가진다. 첫째, 성별에서는 남성이 전체의 90.3%를 차지했다. 그러나 이는 제12기부터 시작된 중국 개혁·개방기의 어떤 중앙위원회보다 그 비율이 낮은 것이었다. 또 개혁·개방기 평균 92.6%보다도 낮은 수준이다. 둘째, 출신 민족은 한족이 89.8%를 차지하여, 제16기보다는 소폭 하향되었다. 그러나 개혁·개방기 평균 89.7%보다는 미세하게 높았다. 셋째, 출신 지역의 측면에서 허베이성 출신의 증가폭이 눈에 띄었으며, 산둥, 허베이, 장쑤성이 순서대로 가장 많은 정치 엘리트를 배출했다. 넷째, 평균 연령은 57세로 나타났다. 이는 개혁·개방기 평균과 같은 수준이다.

다섯째, 학력 측면에서 무학력을 1, 대학원 이상을 6으로 봤을 때 전체 학력은 5.44로 가장 높았으나, 일을 정식으로 시작하기 전 학력은 3.9로 제16기 4.21과 개혁·개방기 평균 3.91보다도 약간 낮은 수준이었다. 여섯째, 전공 영역의 특성은 자연과학·응용과학·재정·경제 영역과 인문·사회과학을 전공한 이들이 지난 16기에 비해 모두 소폭 상승했다. 그러나 전자는 제14기에 정점을 보인 뒤 하락하는 추세를, 후자는 동 시기에 모두 상승 추세를 보여 주고 있다. 군사 영역을 전공한 이들은 제15기 이래 계속 하락 추세를 보였다. 일곱째, 주요 경력의 측면에서 군대와 엔지니어는 소폭과 대폭 하락, 당 조직은 대폭 상승 추세를 나타냈다. 특히 군대는 개혁·개방기 들어 계속 소폭 하락하는 추세를 보였지만, 엔지니어의 경우 제15기를 정점으로 큰 폭으로 하락하는 추세를 보이는 것이 주목된다.

마지막으로 중국 정치 엘리트의 주도적 유형과 관련하여, 개혁·개방기 들어 줄곧 강세를 보이던 기술관료의 비중이 제14기를 기점으로 계속 하향 추세를 보였다. 이와 반대로 같은 시기 일반관료는 계속 상승 추세를 보여, 이번 제17기에서는 기술관료와 비슷한 수준을 기록했다. 이에 대해 본 연구자는 개혁·개방의 부작용 해결이라는 중국 지도부의 새로운 시대 인식에 기초한 발전관의 제출과, 후진타오 체제의 등장과 함께 자파 세력 확장의 필요성, 두 가지 측면에서 그 원인이 있다고 보고 있다. 결국 제17기는 중국 정치 엘리트의 측면에서 전반적으로 기술관료의 쇠퇴 추세가 분명해진 반면 일반관료의 부상이 확인되는 시기라고 규정할 수 있다.

이런 추세는 중국 정치 엘리트의 전환과 관련하여 매우 중요하다. 주지하다시피, 중국 정치 엘리트는 개혁·개방을 전후로 혁명관료에서 기술관료로의 전환을 한 차례 경험했다. 만약 이 추세라면 다가오는 2012년 제18기 중국공산당 중앙위원회에서는 일반관료가 다수를 차지하게 될 것이라고 예측할 수 있다. 또 이 시기는 중국의 제5세대 지도자들이 중국 정치 전면에 부각되는 시기이기도 하다. 따라서 이미 중국 정치 엘리트의 또 한 차례의 전환이 진행 중이라고 할 수 있다. 그것은 바로 기술관료에서 일반관료로의 전환이다.

이와 관련하여 2009년 3월 30일 '전국 젊은 간부 육성 및 선발에 관한 좌담회'(全國培養選拔年輕幹部工作座談會)에서 차세대 정치인 중 선두 주자인 시진핑 국가 부주석의 "덕재겸비는 견지해야 할 원칙이지만, 덕을 더욱 중요시하여 사람을 쓸 것이다"라는 말은 매우 의미심장하다(習近平 2009). 이는 향후 간부 선발 및 승진 과정에서 재능, 즉 전문성이나 전문 영역에서의 경험보다, '덕', 즉 친민(親民)적 태도와 관리 능력을 더욱 중요시하겠다는 의미로 해석된다. 물론 그 결과는 2012년 말 구성된 최신 중국 정치 엘리트인 第18기 중국공산당 중앙위원회에서 특히 새로이 진입하는 중앙위원 및 그 후보위원들의 특성에 대한 향후 연구에서 보다 자세히 검증될 것이다.

5장

중국 정치 엘리트의 유형 변화
: 분화, 통합 그리고 순환을 중심으로

1. 서론

엘리트는 가이타노 모스카(Gaetano Mosca)와 빌프레도 파레토(Vilfredo Pareto) 이후 사회과학에서 주요 변수로 각광받아 왔다. 보다 구체적으로 대부분의 사회적 변수와 마찬가지로, 엘리트는 학자의 관심과 연구 주제에 따라 한 국가와 사회의 특성을 규정짓는 '독립변수'로, 동시에 사회 변화에 영향을 받는 '종속변수'로 기능해 왔다.

중국 정치 연구 분야에서도 엘리트는 이와 유사한 위치를 차지하고 있다. 독립변수로 설정된 경우, 주로 정치 엘리트 집단의 교체 혹은 그 성격의 차이에 따른 정책의 차이에 대해 설명하고자 했다. 이런 유형의 연구들 대부분은 현대 중국 정치의 특성, 즉 다당제가 아닌 공산당 중심의 당-국가(party-state) 체제를 유지하고 있다는 특성 때문에 공산당 내부의 파벌,

조직 그리고 개인 간의 갈등에 그 분석의 초점을 맞추었다. 즉 이들 간의 노선 대립과, 그 결과로서 국내 및 대외 정책의 차이점과 대립을 주로 살핀 것이다(Bachman 1991; Howell 1993; Dittmer 1996; Huang 2000; Shih 2008). 한편 종속변수로 설정된 경우, 주로 각종 변수들을 매개로 하여 시기마다 중국 정치 엘리트의 특성을 분석해 왔다. 보다 구체적으로 이 연구들은 크게 대별되는 두 가지 흐름으로 나눌 수 있다. 하나는 개혁·개방기 중국의 정치 엘리트를 과거 개혁·개방 이전의 '혁명관료'(revolutionary cadre)와 비교하면서 '기술관료'(technocrat)화되었다고 보는 흐름이다(Lee 1991; Li and White 1998; 2003; Shambaugh 1998). 다른 하나는 이런 견해들에 비판적 태도를 유지하면서, 당-국가 체제를 유지하고 있는 중국의 특수성을 강조하는 경향이다. 이 연구들은 '당'(party), '정치'(political), '의존형'(依附性) 등의 수식 어구를 기술관료 앞에 붙이거나, 전체적인 측면에서 정치 엘리트의 기술관료화가 주도적이지 않다고 주장하고 있다(Zang 1993; 2001; Shi 1998; 徐湘林 2001, 12-21; Bo 2004a).

본 연구는 이상의 분류에 따르면 후자, 즉 정치 엘리트를 종속변수로 설정하는 경우에 속한다고 할 수 있다. 즉 중국 사회 변화의 산물로서의 정치 엘리트의 특성에 대해 살펴보고자 한다. 기존의 연구와 이 글의 차별성은 첫째, 중국 정치 엘리트의 실체, 즉 특성을 탐구하는 논의가 주로 '기술관료'화 주장과 그에 대한 비판으로 구성되었다면, 이런 논쟁 구도에서 탈피하여 새로운 분석틀로써 접근하고자 한다. 이 분석틀은 세계 각국 엘리트의 특성을 개념화하고 이에 따라 유형화를 시도한 기존 연구에 대한 비판적 검토를 통해 짜여졌다. 따라서 본 연구의 의의는 새로운 분석틀을 통해 중국 정치 엘리트의 특성을 탐구하고 이 분석틀의 적실성을 토론할 기회를 제공하는 것이다. 이런 시도로 중국 정치 엘리트가 특수적이기보다는 더 '보편'적 틀에서 설명될 것으로 예상된다.

둘째, 본 연구는 기존 중국 정치 엘리트 특성에 관한 연구들이 결여 내지 소홀히 하고 있는 다른 국가 및 사회 정치 엘리트와의 비교를 가능케 하고 있다. 특히 과거에 사회주의를 경험한 구소련 및 동구 국가들의 전환기 정치 엘리트와의 직접적인 비교가 가능하다.[1] 기실 그동안 계획경제 시기의 구소련과 중국의 정치 엘리트를 부분적이나마 비교하는 연구는 존재했다(Hangson 1985; Li 2001). 그러나 범위 면에서 구소련뿐 아니라 동구의 과거 사회주의국가들도 포함하거나, 그 분석 시기가 계획경제 시기뿐만 아니라 그 이후 전환기까지를 포함하는 연구는 매우 적었다. 따라서 정치 엘리트의 변화라는 측면에서 이들 현실 사회주의를 경험한 국가들의 전환을 본격적으로 상호 비교 분석할 수 있는 틀을 제시한다는 데 또 하나의 의의를 들 수 있다.

본 연구가 설정하고 있는 중국 정치 엘리트는 구체적으로 1921년부터 시작된 제1기에서 2007년부터 시작된 제17기 중국공산당 중앙위원회 위원과 그 후보위원을 가리킨다.[2] 그리고 실증 분석에 사용할 자료는 역대 중국공산당 중앙위원회 위원과 그 후보위원 1,788명의 개인 이력을 정리한

1_물론 연구자들에 따라서 전환 방식 및 유형의 차이로 인해 중국과 이들 국가와의 비교에 대해 회의적인 시각을 보일 수 있다. 그러나 여러 '변이'들이 존재하지만 체제적인 측면에서 과거 사회주의 체제에서 다른 체제로 전환되는 과정에 중국을 비롯한 이들 국가들이 놓여 있다고 본 연구는 보고 있다. 따라서 이 국가들을 '사회주의로부터 다른 체제로의 전환기'에 있는 공통점이 있다고 보는 데 무리가 없다고 판단된다. 이런 관점에서 진행된 연구로는 김채윤·장경섭(1996); 서재진 외(1999); Pei(1994); Csaba(1996) 등이 있다.

2_중국의 정치 엘리트를 공산당 중앙위원회 위원과 그 후보위원으로 본다는 데 대해서는, 아직도 당-국가 체제를 유지하고 있는 중국의 특성으로 인해 학계에서 별다른 이견이 없는 상황이다(조영남 2006, 140).

〈1921~2007, 중국 정치 엘리트 데이터베이스〉 이다.[3]

본 연구는 다음과 같이 구성되어 있다. 제2절에서는 분석틀에 대해 소개 및 정리한다. 구체적으로는 먼저 세계 정치 엘리트의 유형에 관한 연구 및 논의를 정리하고, 다음으로 그 최신 성과라고 할 수 있는 존 히글리(John Higley)와 기요르기 렌젤(Gyorgy Lengyel)의 모델을 비판적으로 검토하면서 본 연구의 분석틀을 도출한다. 제3절에서는 이상의 분석틀에 따라 중국 정치 엘리트의 유형화를 시도하고, 그 변화 추이를 탐색한다. 이를 보다 명확히 살펴보기 위해 개혁·개방 이전과 이후로 중국 정치 엘리트를 구분하여 분석한다. 결론에서는 본 연구의 요약과 중국 정치 엘리트 전환에 관한 전망 그리고 한계 등에 관해 논의한다.

2. 분석틀: 통합, 분화, 순환과 정치 엘리트의 유형

세계의 정치 엘리트에 대한 유형화는 여러 학자들에 의해 시도되었다. 대표적인 예로는 레이먼드 아론(Raymond Aron)의 '서구'(western)와 '소비에트'(soviet)형, 랠프 다렌도르프(Ralf Dahrendorf)의 '권위주의'(authoritarian), '전체주의'(totalitarian), '카르텔'(cartel), '자유주의'(liberal)형, 로버트 풋남

3_이 자료는 〈1921~2007, 중국 정치 엘리트 데이터베이스〉 이다. 여기에는 (1) 나이, 성별, 출신 민족, 출신 지역, 출생 연도 등 인구통계학적 자료, (2) 교육 수준과 전공, (3) 중국공산당 중앙위원이 되기까지의 주요 경력, (4) 엘리트 유형 등을 포함하고 있다. 또 이 자료는 여러 경로를 통해서 수집되었으며, 서로 비교 검토된 것들이다.

(Robert D. Putnam)의 '동의'(consensual), '경쟁'(competitive), '유착'(coalescent) 형 등이 있다(Aron 1950; Dahrendorf 1967; Putnam 1976). 그 이후 최근 일부 학자들은 기존 유형화의 핵심적 기준이 '통합'(unity)과 '분화'(differentiation)의 정도라고 보고 이를 중심으로 각국의 정치 엘리트를 유형화하는 작업을 진행해 왔다. 이들에 따르면 정치 엘리트의 '통합' 수준은 다시 두 차원으로 나눌 수 있다. 하나는 '규범'적인 차원으로 공유된 신념과 가치, 그리고 정치적 절차와 경쟁 등에 관련된 공식·비공식적 규범에의 동의 수준을 의미한다. 다른 하나는 '상호작용'의 차원으로 핵심적인 정책 결정 과정에 참여하는 개인 혹은 그룹에 도달할 수 있는 채널과 관계망의 크기를 의미한다. 이 두 차원이 모두 높고 클수록 통합의 수준은 높고, 반대는 낮다고 할 수 있다. 다음으로 '분화'는 정치 엘리트 그룹의 사회적 동질성, 조직적 분화, 국가로부터의 독립성 수준에 따라 판단된다. 즉 동질성이 낮고 조직적 분화의 정도가 높으며 독립성이 높을수록 분화의 정도는 높고, 역일 경우에는 낮다고 할 수 있다(Higley and Pakulski 1995; Higley and Burton 1997).

특히 이들은 세계의 정치 엘리트를 '통합'과 '분화'의 고저에 따라 '동의'(consensual), '분절'(fragmented), '이념'(ideocratic), '분화된'(divided) 엘리트 등 총 네 가지의 유형으로 나누었다. 더불어 각각의 정치 엘리트 유형에 정치체제를 대응시켰다. 즉 위의 네 가지 유형이 각각 '견고한 민주주의'(consolidated democracy), '불안정한 민주주의'(unconsolidated democracy) 혹은 '단기간 유지되는 권위주의'(a short-lived authoritarian), '전체주의'(totalitarian) 혹은 '후 전체주의'(post-totalitarian)와 '권위주의'(authoritarian) 정치체제에 존재하는 것이라고 주장했다. 더 나아가 개별 국가 정치 엘리트의 변화를 이 분석틀에 따라 분석했다(Burton and Higley 2001).

그림 18 | 통합, 분화, 순환에 따른 엘리트 유형

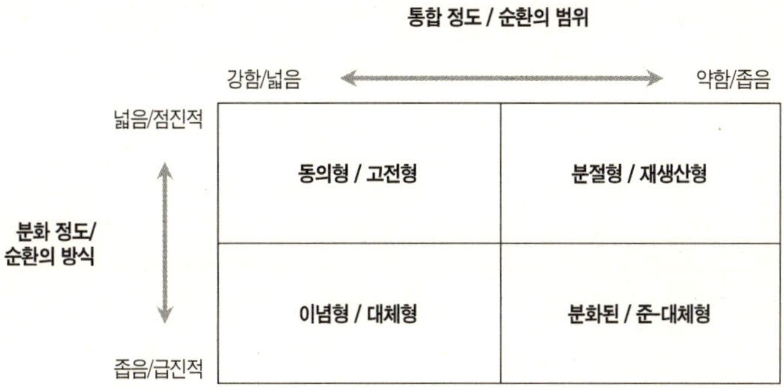

한편 정치 엘리트의 유형화를 더욱 세밀하게 진행하기 위해, 일부 학자들은 '분화'와 '통합' 수준을 기준으로 한 모델에 엘리트 '순환'(circulation)에 있어서의 차이를 변수로 삽입했다. 이들에 따르면 엘리트 순환은 '방식'(mode)과 '범위'(scope)로 세분화할 수 있는데, 다시 '방식'은 점진과 급진으로, '범위'는 넓고 좁은 것으로 나눌 수 있다. 이를 토대로 유형화를 진행하여 엘리트 순환을 점진적이고 넓은 '고전'(classical), 점진적이고 좁은 '재생산'(reproduction), 급진적이고 넓은 '대체'(replacement), 급진적이고 좁은 '준대체'(quasi-replacement)형으로 분류하고 있다. 또 이런 엘리트 순환의 유형을 위의 분화-통합 모델에 통합시켰다. 이를 정리하면 〈그림 18〉과 같다.

이를 풀어 보자면, 우선 엘리트 통합 정도가 강하고, 분화 정도 역시 넓으며, 순환의 방식이 점진적이고 그 범위 역시 넓을 경우에는 견고한 민주주의 체제에 나타나는 '동의형/고전형' 정치 엘리트라고 할 수 있다. 다음으로 엘리트 통합 정도는 약하고, 분화 정도는 넓으면서, 순화의 방식이 점진적이고, 그 범위는 좁을 경우 불안정한 민주주의 체제에서 나타나는 '분절형/재생산형' 유형에 속한다. 세 번째로, 통합 정도는 강하면서, 분화 정도는 좁고, 순환의 방식은 급진적이며, 그 범위는 넓은 경우에는 전체주의 체제에서 나타나는 '이념형/대체형'으로 분류된다. 마지막으로 통합의 정도와 분화의 정도가 모두 약하고 좁으며, 순환의 범위가 매우 좁으면서, 그 방식은 급진적인 경우에는 권위주의 체제에서 나타나는 '분화된/준대체형' 엘리트 유형으로 분류된다(Lengyel and Higley 2002, 2-7).

본 연구는 이상의 모델을 바탕으로 진행된다. 문제는 이 모델을 중국에 어떻게 적용하는가라는 것이다. 이 작업을 본 연구는 다음과 같은 기본적인 관점하에서 진행한다. 그리고 이를 요약하면 〈표 13〉과 같다.

첫째, 한 국가의 정치 엘리트 성격의 시기에 따른 변화는 상대적인 것이다. 따라서 각각의 범주들을 구성하는 규범, 상호작용, 사회 및 조직적 다양성, 순화의 방식과 범위 등 세부 독립변수와, 이를 측정할 기준의 마련이 매우 중요하다. 본 연구는 엘리트의 상대적 '통합' 정도를 현실적으로 측정하기 위해, 이를 구성하고 있는 규범과 상호작용의 두 측면 중, '규범'의 측면에서는 중국공산당 당 규약에 명시하고 있는 지도사상, 구체적으로는 그 수량을 분석한다. '지도사상'을 분석한 이유는 규범이라는 것이 정치적 행동과 경쟁의 준거 틀이라고 했을 때 중국의 경우는 당 규약에 명시되어 있는 지도사상이 바로 '규범'이라고 판단했고, 수량을 다룬 이유는 측정이 용이하기 때문이다. 예를 들어 이 수량이 증가했을 경우 통합의 정도가 낮아졌다고 볼 수 있다. 실제로 중국은 이런 규범의 문제에 있어 치열한 논쟁을 통해, 새로운 규범이 기존 규범을 대체하거나 수정하는 방식이 아니라 삽입되어 외연을 넓히는 방식을 채택해 왔다(이희옥 2004, 217-218). 따라서 규범의 외연이 넓어지는 만큼 엘리트의 통합 정도는 낮아진다고 볼 수 있

표 13 | 통합, 분화, 순환의 각 측정 기준과 방법

범주	독립변수	측정 기준	측정 방법
통합	규범	각 세대 시기 지도사상의 수량	정량
	상호작용	각 세대 시기 공산당 중앙위원회의 규모	
분화	사회 및 조직적 다양성	각 세대별 성별 다양성	
		각 세대별 출신 지역 다양성	
		각 세대별 출신 민족 다양성	
		각 세대별 선택 전공 다양성	
		각 세대별 주요 경력의 다양성	
		민족 다양성	
순환	방식	제도화 수준	정성
	범위	각 세대 시기 중앙위원회의 교체 비율	정량

는 것이다. 다음으로 '상호작용'의 측면에서는 중국공산당의 최고 정책 결정 과정에 참여할 수 있는 중앙위원회의 규모로 그 정도를 측정한다. 왜냐하면 중앙위원회는 중국공산당의 최고 의결기관이며, 따라서 최고 정책 결정 그룹 및 개인에게 접근할 수 있는 가장 권위 있고 실제적인 조직이기 때문이다. 이 역시 그 규모가 클수록 통합의 수준은 낮아진다고 볼 수 있다. 그만큼 최고 정책 결정자 혹은 기구에 도달할 수 있는 거리와 범위가 정치 엘리트 내에서 확대된다는 의미이다. 또 이는 1921년 중국공산당 창당 당시 중앙위원이 여섯 명이었던 경우와 2007년 371명인 경우를 비교했을 때, 상식적 수준에서 통합의 정도를 비교해 보면 그 의미가 분명해질 것으로 판단된다.

다음으로 '분화'의 정도를 측정하기 위해 본 연구에서는 주로 역대 중앙위원의 주요 경력과 민족 그리고 성별에 있어서의 다양성을 살펴볼 것이다. 다양성이 높을수록 분화의 정도가 높다고 볼 수 있다. 마지막으로 '순환'의 측면은 그 범위와 방식의 두 가지 차원으로 나누어 볼 수 있다. 본 연구에서는 '범위' 면에서 역대 중앙위원의 교체 범위, 즉 얼마나 새로운 인물

들이 교체되어 들어왔는가를 살펴본다. 즉 교체 범위가 클수록 순환의 범위는 크다고 할 수 있다. 또 '방식' 면에서는 엘리트 순환이 얼마나 '제도화'(institutionalization)되어 진행되었는가를 주로 분석한다. 즉 엘리트 순환의 방식은 이와 관련된 제도화가 진척될수록 급진적이기보다는 점진적으로 진행될 것이라고 판단하는 것이다(〈표 13〉 참조).

둘째, 한 국가의 정치 엘리트의 변화는 그 체제의 변화를 수반하지 않을 수 있다. 특히 이 점은 중국과 같은 국가의 정치 엘리트를 분석하는 데 있어서 매우 중요하다. 왜냐하면 대부분의 사회에서 정치 엘리트의 변화는 기존 정치체제의 붕괴(collapse)와 함께 분명하게 나타나지만, 반면 중국과 같이 체제의 붕괴 없이 기존 체제를 유지하면서 일정한 전환(transition)을 진행하고 있는 국가에서는, 기존 체제가 유지되는 것이 엘리트의 변화가 발생하지 않음을 의미하지는 않기 때문이다. 즉 정치체제의 급격한 변화와 정치 엘리트의 변화는 논리적으로 서로 필요충분조건이 될 수 없다는 것이다. 이는 실증적으로, 정치체제는 급격하게 바뀌지 않았지만 정치 엘리트의 특성에는 상당한 변화가 있었던 구소련의 고르바초프 시기인 1986~91년 정치 엘리트의 분석을 통해서도 일정하게 검증되었다(Lane 1998). 따라서 본 연구는 위의 모델에서 정치 엘리트와 체제의 변화를 직접적으로 대응시키는 부분은 제외한 상태로 진행한다.

3. 중국 정치 엘리트의 성격과 그 변화

본격적인 분석에 들어가기 전에, 우선 중국 정치 엘리트의 초기 유형에 대한 규정 작업이 필요하다. 왜냐하면, 본 연구의 분석틀에서 밝힌 각 범주들은 모두 상대적인 개념이기 때문이다. 즉 통합, 분화, 순환과 같은 범주들은 변화를 전제하고 있고, 지역 혹은 역사적 비교를 통해서만 그 의의가 있는 것이다. 따라서 본 연구에서는 중국 정치 엘리트의 유형화와 그 변화 추이를 살펴보기 위해, 중국 당대사에서 가장 큰 분기점으로 인식되고 있는 개혁·개방이라는 정책 노선의 전환을 기점으로 개혁·개방 이전(제1~11기)과 그 이후(제12~17기)로 분석 대상을 분할한다.

그렇다면 우리는 개혁·개방 이전의 중국 정치 엘리트의 유형을 어떻게 규정할 것인가? 대부분의 기존 연구들은 개혁·개방 이전의 중국 정치체제의 특성에 대해 단일한 정치적 신념, 권력이 고도로 집중된 당의 존재를 그 특징으로 하는 '전체주의'(totalitarian)라고 보는 데 별다른 이견이 없다. 실제로 이 시기 중국의 정치체제는 마르크스레닌주의와 마오쩌둥 사상이라는 독보적인 정치 이데올로기가 존재하고, 마오쩌둥(毛澤東)을 중심으로 철저히 계서적이고, 개인 숭배적이며, 당이 국가를 우선시하는 특징을 가졌다. 그러나 개혁·개방 이전을 보다 자세히 나누어, 문화대혁명의 시작과 더불어 노선투쟁, 파벌정치, 이익집단 등과 관련된 이론을 바탕으로 중국 정치체제를 '다원주의'(pluralism)적 시각으로 접근하는 경향 역시 존재했다.[4] 즉 전반적으로 이 시기 중국 정치체제를 전체주의로 보는 다수의 견해와, 이에 대해 시기별로 더욱 자세히 구분하여 각각 다른 모델을 적용한 접근이 일부에서 이뤄지고 있다고 할 수 있다.[5] 따라서 개혁·개방 이전 중국 정

4_전성홍, "중국의 국가-사회관계"(정재호 2000, 72-73).

5_실제로 문화대혁명 기간의 정치 현상들을 여전히 전체주의 모델을 가지고 분석하고 그 유용성을 주장하는 연구들도 있다(Guo 1998).

치체제의 '기본' 형태를 전체주의로 보는 것에는 무리가 없다고 판단된다.

상술한 분석틀에 따르면, 바로 이런 전체주의 정치체제와 대응하는 엘리트의 유형은 '이념형/대체형'이다. 즉 세계 각국 정치 엘리트에 대한 비교 분석에 따르면 전체주의 정치체제는 엘리트 통합의 강도는 강하며, 그 분화 수준은 좁고, 엘리트 순환의 범위는 넓으며, 그 방식은 급진적인 이념형/대체형 엘리트와 서로 강한 상관관계를 맺으면서 존재한다는 것이다. 따라서 본 연구는 중국의 개혁·개방 이전의 정치 엘리트는 이념형/대체형이라고 전제하면서 출발한다.

이하에서는 이 시기와 개혁·개방 이후의 정치 엘리트를 서로 분할하여 그 특성을 크게 통합, 분화, 순환의 측면에서 상호 비교하면서 그 변화 방향을 도출할 것이다.

1) 통합

중국 정치 엘리트의 성격을 본격적으로 알아보기 위해 우선, 통합의 측면에서 분석을 진행한다. 먼저, 엘리트의 통합이라는 범주하의 '규범'적 차원에서 볼 때, 개혁·개방 이전 당 규약에 명시된 지도사상의 수량은 〈표 14〉에 나타나듯 두 개이다. 즉 공식적으로 1945년 6월 11일 옌안(延安) 양자링(楪家嶺)에서 열린 제7차 중국공산당 전국대표대회에서 수정 및 채택한 당 규약에서 "마르크스레닌주의와 마오쩌둥 사상"을 지도사상으로 삽입했고, 이후 계속 유지되었다. 그러다가 개혁·개방 이후 각각 1997, 2002년 열린 제15, 16차 전국대표대회에서 덩샤오핑 이론과 '3개 대표 사상'을 지도사상으로 추가 삽입했다. 따라서 중국 정치 엘리트의 통합 정도를 측정

표 14 | 중국공산당 지도사상의 변화

지도사상의 명칭	수량	채택 일시	주도 정치 세대
마르크스레닌주의, 마오쩌둥 사상	2	1945.06.11.	1·2
마르크스레닌주의, 마오쩌둥 사상, 덩샤오핑 이론	3	1997.09.18.	3
마르크스레닌주의, 마오쩌둥 사상, 덩샤오핑 이론, 3개 대표 사상	4	2002.11.14.	4

참조: 물론 2007년 열린 중국공산당 제17차 전국대표대회에서 후진타오의 과학적 발전관이 당 규약에 삽입되었다. 그리고 과학적 발전관을 "중앙 영도 그룹이 마르크스레닌주의, 마오쩌둥 사상, 덩샤오핑 이론 그리고 3개 대표 사상을 계승하는 이론이자 중대한 전략 사상"이라고 규정했다(中國共產黨章程(2007년 10월 21일 통과), 총강. http://cpc.people.com.cn/GB/64162/64168/106155/106156/6439183.html (검색일: 2010.02.12)). 그러나 일반적으로 다른 사상들과 병기되지 않는 등, 아직까지 당의 지도사상의 반열에 올랐다고 하기에는 무리라고 본 연구는 판단했다.

출처: "中國共產黨黨章"(中國共產黨第七次全國代表大會, 1945年6月11日 通過);
"中國共產黨章程"(中國共產黨第十五次全國代表大會部分修改, 1997年9月18日 通過);
"中國共產黨章程"(中國共產黨第十六次全國代表大會部分修改, 2002年11月14日 通過).

하는 한 변수인 '규범'의 측면에서 보면, 개혁·개방 이전과 이후로 나누었을 때 상대적으로 후자가 그 정도가 낮아졌다고 할 수 있다. 또 시간의 변화에 따라 약화 추세라고 분석된다.

다음으로 통합 수준을 측정하기 위해 내부 '상호작용'의 측면을 알아본다. 개혁·개방 이전 각 회기 중앙위원회의 규모를 살펴보면 〈표 15〉와 같다. 전반적으로 공산당이 중국 전역을 장악하기 전인 제1~7기까지는 100명 이하의 규모를 나타낸 반면, 1956년 이후 회기에는 모두 100명 이상의 규모를 보이고, 더구나 회기를 거듭할수록 점차 증가하고 있다. 이는 제도적으로 '핵심적인 정책 결정 과정에 참여하는 개인 혹은 그룹에 도달할 수 있는 채널과 관계망의 크기'가 확대되어 역으로 점차 그 통합 수준이 약화되고 있다고 판단할 수 있다. 또 개혁·개방 이전과 이후로 나누어 보면 이후가 그 평균값이 더 크므로 통합 정도가 상대적으로 낮아졌다고 할 수 있다. 각 시기 내부로 보면 개혁·개방 이전에는 비교적 그 흐름이 약화의 추세를 보이고 있으나, 개혁·개방 이후에는 별다른 특징적인 변화 추이를 찾

표 15 | 제1~17기 중국공산당 중앙위원회의 규모

<table>
<tr><th>중앙위원회 회기 (기)</th><th>시작 시기 (년)</th><th>중앙위원회 규모 (명)</th><th>중앙위원회 규모 평균 (명)</th><th>중앙위원회 정치국의 규모 (1기부터 4기까지는 중앙국)* (명)</th><th>중앙위원회 정치국의 규모 (명)</th></tr>
<tr><td>1</td><td>1921</td><td>6</td><td rowspan="11">118.4</td><td>3</td><td rowspan="11">13.8</td></tr>
<tr><td>2</td><td>1922</td><td>8</td><td>3</td></tr>
<tr><td>3</td><td>1923</td><td>16</td><td>5</td></tr>
<tr><td>4</td><td>1925</td><td>14</td><td>5</td></tr>
<tr><td>5</td><td>1927</td><td>44</td><td>10</td></tr>
<tr><td>6</td><td>1928</td><td>36</td><td>14</td></tr>
<tr><td>7</td><td>1945</td><td>77</td><td>13</td></tr>
<tr><td>8</td><td>1956</td><td>170</td><td>23</td></tr>
<tr><td>9</td><td>1969</td><td>279</td><td>25</td></tr>
<tr><td>10</td><td>1973</td><td>319</td><td>25</td></tr>
<tr><td>11</td><td>1977</td><td>333</td><td>26</td></tr>
<tr><td>12</td><td>1982</td><td>338</td><td rowspan="6">333.5</td><td>28</td><td rowspan="6">23.7</td></tr>
<tr><td>13</td><td>1987</td><td>275</td><td>18</td></tr>
<tr><td>14</td><td>1992</td><td>317</td><td>22</td></tr>
<tr><td>15</td><td>1997</td><td>344</td><td>24</td></tr>
<tr><td>16</td><td>2002</td><td>356</td><td>25</td></tr>
<tr><td>17</td><td>2007</td><td>371</td><td>25</td></tr>
</table>

참조: 제1기부터 제4기 시기에는 중국공산당의 중앙국이 중앙위원회의 기능을 담당했고, 정치국이 존재하지 않았다.
출처: 〈中国共产党历次全国代表大会数据库〉.

아내기 힘들다. 따라서 '규범'과 '상호작용'의 관점에서 중국 정치 엘리트를 개혁·개방 이전과 이후로 나누어 보았을 때, 모두 후자가 상대적으로 그 강도가 약해지고 있다는 것을 알 수 있다.

2) 분화

개혁·개방 이전과 이후 중국 정치 엘리트의 '분화' 정도를 알아보기 위해 성, 주요 경력, 민족별 다양성을 살펴본다. 이를 위해 이들 세 범주 중성의 경우 남성의 비율을, 민족과 직업에 대해서는 피터 블라우(Peter Blau)의 '이질성(heterogeneity) 지표'를 이용했다.[6] 참고로, 본 연구에서는 중국 정치 엘리트의 출신 민족을 〈1921-2007, 중국 정치 엘리트 데이터베이스〉의 모든 표본을 포괄하는 21개 민족으로 분류했다. 그 21개 민족은 한(漢), 후이(回), 웨이우얼(維吾爾), 하사커(哈薩克), 다이(傣), 이(彝), 먀오(苗), 만(滿), 짱(藏), 멍구(蒙古), 투자(土家), 부이(布衣), 챠오셴(朝鮮), 둥(侗), 야오(瑤), 리(黎), 서(佘), 나시(納西), 투(土), 좡(壯)족이다.[7] 또 중국 정치 엘리트의 주요 경력을, 최초로 중앙위원이 되기 전까지 주로 일했던 영역을 기준으로 하여, 엔지니어, 정부의 산업·경제·기타 관련 각 부문, 당 조직, 교육, 연구, 군대, 공산주의청년단(共青團) 혹은 부녀연합(婦聯)과 같은 군중 조직, 기타 등 모두 10개로 분류했다.

먼저 성별에서는 〈그림 19〉와 같이 개혁·개방 이전, 즉 제1기에서 11기까지 전체적으로 회기가 높아질수록 점차 남성의 비율이 하락하는 추세를 보인다. 이는 역으로 보면 여성의 비율이 상승하고 따라서 성별의 측면에서 분화의 정도가 제고되었다고 판단할 수 있다. 특히 그 평균 수치가 개혁·개방 이전은 95.1%, 개혁·개방 이후는 92.6%로 전자가 후자에 비해 모두 남성 비율이 높고 분화의 정도가 약하다고 할 수 있다. 개혁·개방 이후에는 변화가 그리 크게 나타나지 않고 있다는 것을 위의 그림을 통해서 알 수 있다.

6_블라우는 사회 하부구조에 침투하는 관계가 다양할수록 사회의 다양한 분야에 통합적인 관계를 형성할 가능성이 높다는 것을 경험적으로 보여 주기 위해 '이질성 지표'를 개발했으며, 그 계산 방식은 다음과 같다: $1 - [\sum_{x}{}^{2}{}_{i} / (\sum_{xi})^{2}]$(Blau 1977).

7_참고로, 2000년 인구센서스 결과에 따르면 모두 55개의 소수민족이 있다(中華人民共和國國家統計局 2006, 50).

그림 19 | 제1~17기 중국공산당 중앙위원회의 남성 비율 변화

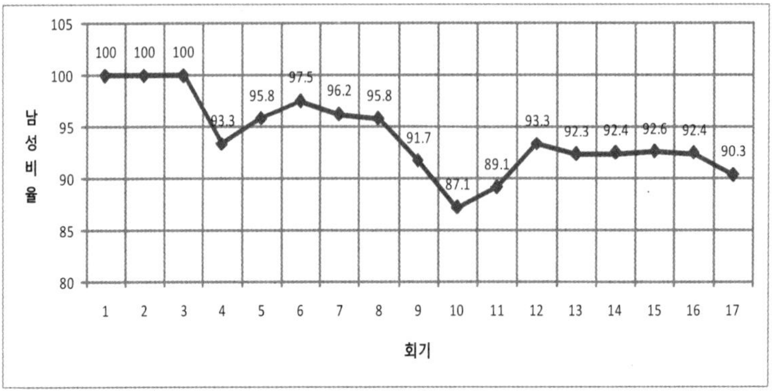

출처: 〈1921~2007, 중국 정치 엘리트 데이터베이스〉.

또 민족 구성의 측면에서, 〈그림 20〉과 같이 개혁·개방 이전 민족 구성의 이질성 수치는 전반적으로 점차 상승하는 추이를 나타낸다. 이는 역으로 민족 구성의 측면에서 이 시기 중국 정치 엘리트의 분화 정도가 넓어지고 있다고 볼 수 있다. 또 개혁·개방 이전과 이후를 비교했을 때, 전자가 후자보다 이질성 수치가 낮아 분화 정도는 상대적으로 좁다고 판단할 수 있다.

마지막으로 〈그림 21〉에 따르면, 주요 경력의 측면에서 개혁·개방 이전은 전반적으로 그 이질성 수치가 다소 불규칙하게 변화하고 있어 일정한 추이를 규정하기에는 무리가 있다고 판단된다. 그러나 개혁·개방 이후와 비교하면 전반적으로 이질성 수치가 낮아서, 상대적으로 개혁·개방 이전의 중국 정치 엘리트는 주요 경력 면에서 분화 정도가 좁다고 할 수 있다.

따라서 성별, 주요 경력, 출신 민족의 다양성 측면에서 전반적으로 개

그림 20 | 제1~17기 중국공산당 중앙위원회의 민족 이질성 수치 변화

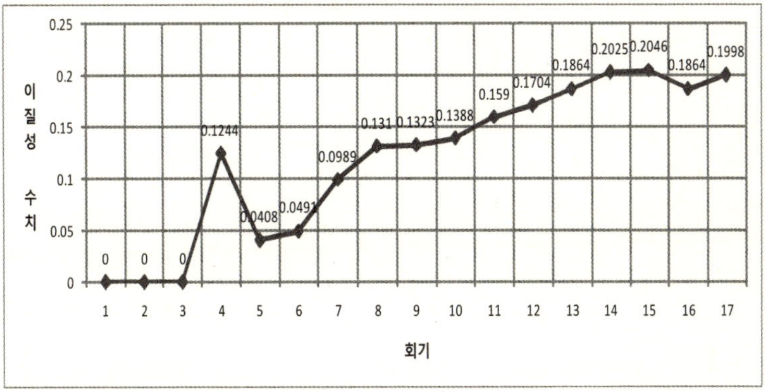

출처: 〈1921~2007, 중국 정치 엘리트 데이터베이스〉.

그림 21 | 제1~16기 중국공산당 중앙위원회의 주요 경력 이질성 수치 변화

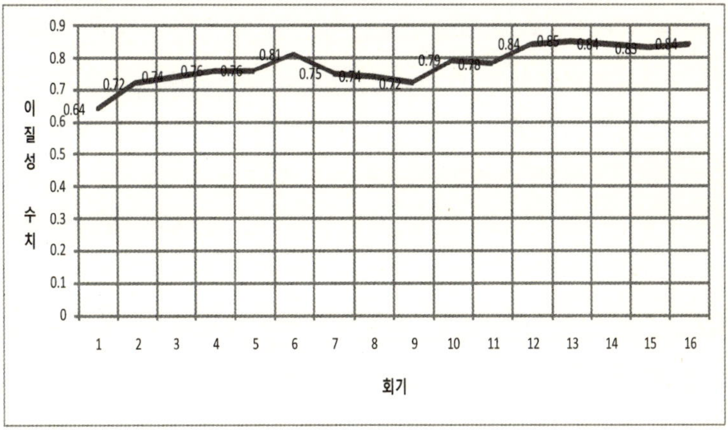

출처: 〈1921~2007, 중국 정치 엘리트 데이터베이스〉.

혁·개방 이전보다 그 이후에 높게 나타나고 있어, 사회 및 조직적 다양성의 측면에서 분화의 정도는 넓어지고 있는 추세로 판단할 수 있다.

3) 순환

다음으로 개혁·개방 이전과 이후 중국 정치 엘리트의 순환의 특성을 파악하기 위해, 상술한 것과 같이, '제도화'와 역대 중앙위원회의 '중앙위원 교체 비율' 면에서 접근한다. 먼저 제도화 면에서, 정치 엘리트의 순환을 포함하는 중국 엘리트 정치의 모델에 대한 논쟁의 흐름에 주목할 필요가 있다. 현재까지 중국 엘리트 정치를 개괄하는 주요 모델은 '승자 독식'(winner-takes-all), '편승'(bandwagon), '권력균형'(balance-of-power), '권력균형 잡기'(power balancing) 등이 있다(Bo 2007, 2-8). 이들 중 뒤의 세 모델은 '승자 독식' 모델에 대한 일정한 비판을 기반으로 하고 있고, 또 각각 새로운 시기를 그 주요 분석 대상으로 삼고 있다는 점에서 흥미롭다.

'승자 독식' 모델은 저우탕(Tang Tsou)에 의해 주창된 것으로, 마오와 왕밍(王明), 펑더화이(彭德懷), 류샤오치(劉少奇), 린뱌오(劉少奇) 간의 권력 투쟁을 주로 예로 들었다(Tsou 2002, 98-159). 그는 20세기 특히 마오 시기의 중국 엘리트 정치는 제로섬게임과, 절대적인 권력은 하나이자 개인적이라는 인식에 의해 지배되었다고 분석했다. 따라서 마오 시기의 중국 엘리트 정치의 제도화 수준은 매우 낮았다고 판단할 수 있다.

다음으로 에이버리 골드슈타인(Avery Goldstein)은 체계 이론에 근거하여 1949~66년의 중국 엘리트 정치를 '편승'으로, 1966~78년 시기를 '권력균형' 모델로 분석했다. 그에 따르면 계서적으로 구조화되어 있고, 기능적으로 분화가 미약하고, 권한의 비대칭적 분산이 존재하는 정치체제에서는 최고 권력에 대한 편승 현상이 빈번하게 발생한다. 또 이런 정치체제에서 일반적으로 제도보다는 개인의 권위가 게임의 중요한 규칙이 된다. 그러나 그는 마오가 사망하고 이전보다 상대적으로 무정부적으로 배열된 권력 구조하에서는, 기능적 분화 정도는 여전히 낮지만 권한의 분산 정도가 상대적으로 높아지기 때문에 정치적 생존은 항상 존재하는 문제가 되고, 이런 상황에서 전형적인 행위는 균형이라고 주장했다(Goldstein 1991). 이런 주장은 개혁·개방 이전 중국 정치의 제도화 수준을 판단하는 데 매우 유용하다. 즉 만약 '편승'에서 '권력균형' 모델로 개혁·개방 이전에 변화되었다면, 절대적 지도자의 부재 상황에서 정치적 생존을 위해 권력 승계와 순환과 관련된 제도화가 높아졌다고 할 수 있기 때문이다.

마지막으로 보즈웨(Zhiyue Bo)는 주로 21세기 중국 엘리트 정치를 분석할 모델로서 '권력균형 잡기'를 주장하고 있다. 그에 따르면 이전에 비해 이 시기의 중국 엘리트 정치는 근본적으로 제도화가 진전되었다. 제도화는 권위적 지위가 정치적 정확함에 의해, 그리고 이념적 권위가 전문가적 권위에 의해 대체되는 과정을 의미한다. 이 과정을 통해 정치체제에서 공식적 제도가 비공식적 네트워크보다 더욱 중요해졌고, 따라서 엘리트의 순환을 비롯한 전체 엘리트 정치의 과정이 더욱 제도화되었다는 것이다. 보에 따르면 엘리트 순환과 관련하여 결정적인 전환점은 1992년 덩샤오핑(邓小平)의 공식적인 정계 은퇴 결정이었다. 이를 통해 비공식적인 네트워크는 여전히 일정한 역할을 하나, 공식적 제도가 제일 중요한 위치를 차지하게 되었다. 또 이런 정치의 제도화를 통해 중국 정치에서 각각의 직위(position)가 정치적으로 매우 유의미해졌기 때문에 지도자들의 직위 이동이 매우 중요하게 인식되기 시작했고, 제도화와 더불어 기능적 분화 정도가 제고되었기 때문에 정치 주체들 간의 권력의 균형 잡기가 가능해졌다. 구체적으로, 직위가 직접적으로 권력을 의미하게 되었고, 제도에 대한 충성이 개인에 대한 충성보다 중요해졌으며, 권력투쟁에 의하기보다는 은퇴를 통해 정치적 퇴장이 가능해졌다는 것이다(Bo 2007, 5-7, 427). 이런 제도화의 진전은 또 2007년 10월 15~20일 열린 중국공산당 제17차 전국대표대회에서도 확인되었는데, 구체적인 증거로는 공산당 정치국 상무위원회 위원의 68세 은퇴 기준의 확립, 공산당 정치국 인사에 '민주추천회'[8] 도입 등이다.

종합하면, 중국 엘리트 정치를 바라보는 주요 모델들이 주장하는 순환과 관련해, 제도화의 수준은 진전되는 방향으로 변하고 있고, 이로 인해 엘리트 순환은 급진적이기보다 점진적인 방식으로 진행되고 있다고 할 수 있다. 그럼에도 불구하고 중국 정치에는 이런 제도적 요소, 즉 공식적 부분과 함께, 파벌 등과 같은 비공식적 요소들 역시 핵심적으로 작동하고 있다. 그런데 최근 들어 이런 파벌들이 격렬한 대립과 갈등을 빚기보다는 '균형'(banlancing)을 추구하고 있다는 분석이 존재한다(Bo 2007, 139-199). 따라서 중국 정치 내에서 심각한 변화가 발생되지 않는 한 당분간 공식적 요소의 중요성이 더욱 높아질 전망이다.

다음으로 정치 엘리트 '순환'과 관련된 정성적 분석을 위해 각 회기 '중앙위원의 교체 비율'을 알아보면 〈표 16〉과 같다. 이에 따르면, 중국 정치 엘리트의 역대 순환율은 각 시기마다 매우 큰 편차를 보인다. 특이한 점은 제10기의 순환율이 가장 낮았는데, 이때는 넓게 보아 문화대혁명 시기에

8_이 제도는 일정 직급 이상의 공산당 간부들이 상급 조직 부서가 사전에 제시한 고위직 예비후보에 대해 투표하는 것이다. 지금까지 지방 공산당 및 국가기관 지도부 인선에 적용되어 왔지만, 이번에는 정치국 위원으로 확대 실시되었다.

표 16 | 제1~17기 중국공산당 중앙위원의 순환율

중앙위원회 회기 (기)	신규 위원/전체 위원 (명)	순환율 (%)	순환율 평균 (%)
1	3/3	100.0	
2	3/5	60.0	
3	7/9	77.8	
4	5/10	50.0	
5	26/33	78.8	
6	32/47	68.1	61.9
7	28/44	63.6	
8	54/96	56.3	
9	127/166	75.9	
10	74/194	38.1	
11	108/216	50.0	
12	136/231	58.9	
13	80/175	45.7	
14	83/187	44.4	52.5
15	108/190	56.8	
16	107/197	54.3	
17	112/204	54.9	

출처: 〈中国共产党历次全国代表大会数据库〉(http://cpc.people.com.cn/GB/64162/64168/index.html).

속한다. 이 시기에 전 중국은 건국 이래 최대의 혼란 상태였지만 정치적으로 매우 안정된 시기였다는 역설적인 현상을 관찰할 수 있다. 또 개혁·개방 이전과 이후를 비교하면 이전이 순환율의 측면에서 더 높았다. 특이한 것은 개혁·개방 이후 시작된 첫 회기인 제12기의 순환율이 이 시기에서 가장 높아서, 상당한 수준의 인적 쇄신이 진행되었다는 것을 확인할 수 있다. 따라서 순환의 범위와 관련하여 개혁·개방 이전이 그 이후보다 상대적으로 더 컸으며, 개혁·개방 이후에는 그 변동의 폭이 그리 크지 않은 것을 확인할 수 있다.

이상과 같이 정치 엘리트 순환의 방식과 범위를 제도화와 중앙위원 교체 비율의 측면에서 살펴본 것을 종합하면, 중국 정치 엘리트는 개혁·개방 이전에 비해 그 이후 갈수록 제도화는 진전되고, 순환의 범위는 작아진 것을 알 수 있다.

4. 결론: 이념형/대체형에서 분절형/재생산형 엘리트로의 전환

이상에서 본 연구는 엘리트의 통합, 분화, 순환에 따른 유형화 분석틀을 활용하여, 개혁·개방 이전과 이후 중국 정치 엘리트를 유형화하고 그 변화 추이를 살펴봤다. 분석 결과 '통합'의 측면에서 개혁·개방 이전에 비해 이후에 그 정도가 약화되는 것으로 밝혀졌다. 또 '분화'의 측면에서는 개혁·개방 이전에 비해 이후 그 정도가 강화되는 것으로 확인되었다. 마지막으로 순환의 측면에서 개혁·개방 이전에 비해 이후가 방식은 점진적으로, 그러나 범위는 좁아진 것으로 밝혀졌다. 또 상술했다시피, 개혁·개방 이전 중국 정치 엘리트를 이념형/대체형으로 규정했다는 것을 포함시켜 결론을 내리면 다음과 같다. 중국 정치 엘리트는 강한 통합 정도와 좁은 분화 정도 그리고 급진적 방식과 넓은 범위의 순환을 그 특징으로 하는 이념형/대체형에서, 약한 통합 정도와 넓은 분화 정도 그리고 점진적 방식과 좁은 범위의 순환을 그 특징으로 하는 분절형/재생산형으로 변화한 것으로 볼 수 있다. 즉 개혁·개방 시기의 중국 정치 엘리트는 물론 상대적이기는 하지만, 신념의 공유 정도가 약하고, 상호 간의 불신임과 의심이 존재하며, 밀도는 매우 높지만 서로 분리된 네트워크가 공존하며 분절되어 있고, 방식은 점진적이고 평화적이나 그 범위는 매우 좁은 재생산적인 순환이 이뤄지는 엘리트 유형이라고 할 수 있다(〈그림 22〉).

그림 22 | 중국 정치 엘리트 유형 변화: 제1~17기 공산당 중앙위원회

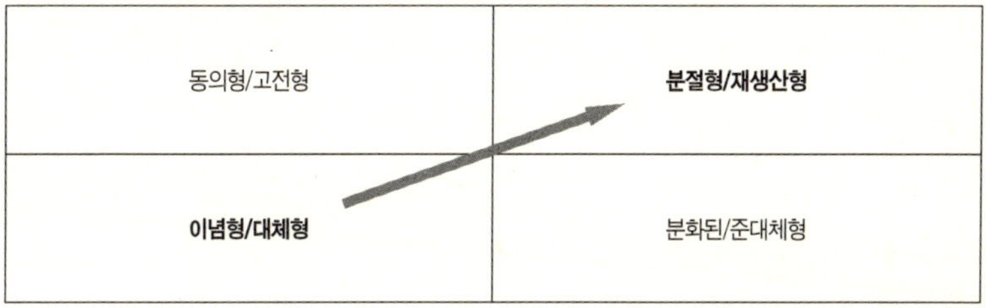

중국 정치 엘리트 전환의 향후 전망과 관련해서는 본 연구 결과에서 나타난 다음과 같은 몇 가지 추이를 참조할 수 있겠다. 우선, '통합' 범주하의 '규범' 측면에서 지도사상의 수량은 갈수록 확대될 가능성이 높다. 왜냐하면 덩샤오핑 이래 장쩌민까지 자신의 주요 이론 내지 주장을 당장에 삽입시켜 중국공산당의 지도사상으로 내세운 전례에 비추면, 현재의 최고 지도자인 후진타오가 내세우고 있는 '과학적 발전관'(科學發展觀) 혹은 '조화사회(和諧社會)론' 역시 지도사상으로 승격될 가능성이 높기 때문이다. 실제로 2012년 하반기 열린 제18차 중국공산당 전국대표대회에서 이 가능성은 현실화되었다. 따라서 이런 관례가 계속 유지된다면 '규범'의 측면에서 봤을 때 통합의 수준은 약화될 것이라고 할 수 있다. 다음으로 역시 '통합' 범주의 '상호작용' 측면에서 중앙위원회의 규모는, 개혁·개방 이후에 그 변화가 뚜렷하지 않고 2007년 구성된 제17기 중국공산당 중앙위원회가 371명인 것을 감안하면 소폭 증가하는 추세를 보인다. 따라서 이 측면에서의 통합 정도 역시 갈수록 약화될 것이라고 전망할 수 있다.

다음으로 '분화'의 각 측면을 살펴보면, 사회 및 조직적 다양성을 나타

내는 각 지표들 중 민족 이질성이 소폭 감소된 것을 제외하면, 다른 성별과 주요 경력은 그 변화가 거의 나타나고 있지 않다. 따라서 '분화'의 측면에서는 그리 큰 변화를 예상할 수 없다고 판단된다. 마지막으로 '순환'의 측면에서, 그 방식을 결정하는 제도화의 수준은 갈수록 제고되어 갈 것이고, 교체 비율은 제17기가 52.5%인 것을 포함시켜 보면 그 변화 폭은 그리 크게 변화되지 않을 것으로 예상된다.

따라서 전반적으로 통합의 정도는 약화 추세를, 분화의 정도는 소폭 감소 내지 현재 수준의 유지를, 순환 면에서 제도화는 제고되나 그 범위는 별다른 변화가 없는 추세를 보일 것으로 전망된다. 문제는 다른 유형으로의 전환, 즉 동의형/고전형 내지 분리된/준대체형으로의 전환 가능성이다. 먼저, 분리된/준대체형으로의 전환 가능성은 매우 희박하다. 왜냐하면, 제일 주요한 원인으로 현재 중국은 엘리트 순환의 방식이 갈수록 제도화되어 가고 있는 상황이고, 통합의 정도가 약화되어 가고 있다고는 하나 공유하는 신념의 수가 증가하는 수준의 문제이지, 분리된 엘리트 유형에서 나타나는 것처럼 정치 엘리트들이 제각기 극도로 대립되는 신념을 신봉하는 수준이 아니기 때문이다. 더구나 중국공산당이라는 전일적인 정치체가 정국을 안정적으로 주도하는 상황이 유지되고 있고, 분화의 수준도 물론 개혁·개방 이후에 그리 급격한 변화를 나타내고 있지 않지만, 그렇다고 그 수준이 대폭 약화될 조짐 역시 보이고 있지 않다.

다음으로 동의형/고전형으로의 전환 가능성이다. 이 문제에서 가장 심각하게 대두되는 문제는 바로 '대의제'이다. 중국은 현재 그들 나름대로의 인민민주주의 독재를 중심으로, 정치 협상 제도를 통한 민주당파의 참정 보장 그리고 의행합일(議行合一) 제도 등 '중국 특색의' 대의제를 완비하고 있다고 하나, 아직도 당-국가 체제가 유지되고 있고 다원주의적 민주정치

체제를 받아들이지 않고 있다. 더구나 현재 중국 학자들 대다수는 서구식 민주가 아닌 중국식 민주제도를 수립해야 한다고 역설하고 있는 실정이다.[9] 또 엘리트 순환이 공산당 내에서만 이뤄지므로 상대적으로 순환의 범위가 좁을 수밖에 없으며, 또 권력 재분배와 관련된 개혁, 즉 선거제도 개혁 등 약해지는 통합 추세를 역전시킬 정치개혁의 의지가 여전히 높지 않다. 더욱이 중국 정부는 현재 민주화보다는 제도화를 우선시하고 있어, 분화를 가속화하면서도 통합 정도는 제고시킬 획기적인 대의제 내지 다원주의 모델을 수용할 가능성은 낮다고 판단된다(조영남 2008, 11-29). 따라서 중국 정치 엘리트의 변화 전망과 관련하여 결론적으로, 그 정도의 차이는 보이겠지만 상당 기간 '분화된/대체형' 엘리트 유형에 속할 것으로 보인다. 물론 향후 2012년 말 구성된 제18기 중국공산당 중앙위원과 그 후보위원에 관한 분석을 통해 이런 가설의 검증을 진행해야 할 것이다.

본 연구의 목적은 중국 정치 엘리트가 과연 어떤 특성을 가졌는지를 비교가 가능한 객관적 지표와 분석틀로써 규정해 보는 것이다. 연구 과정 및 결론을 맺는 과정에서 향후 연구 과제 역시 다음과 같이 도출되었다. 첫째, 보다 실재적이고 효과적인 객관적 지표의 개발과 논의가 필요하다. 이는 본 연구에서 제출한 중국 정치 엘리트의 특성 규정을 위한 각 범주의 지표들이 과연 그 목적에 부합하는가와 관련되어 있다. 둘째, 구체적 시기별 정치 엘리트 유형의 변화에 대한 추이 및 그 원인 분석 등이 필요하다. 본 연구는 서론에서 밝혔듯이 엘리트의 특성 및 그 변화를 종속변수로 두는 연

9_이런 중국 특색적 민주와 관련한 중국 측 학자들의 대표적인 주장은 '사회주의적 민주', '자문형 법치'(咨詢型法治), '협력주의 국가'(合作主義國家) 등이 있다(高放 2002; 王貴秀 2004; 潘維 2003; 康紹光 2004).

구 범주에 속한다. 따라서 중국 정치 엘리트의 유형화와 그 변화에 그 분석의 초점을 두었기 때문에 각 시기별 변화의 추이 및 그 원인에 대한 분석은 매우 제한적으로 이뤄졌다. 따라서 이에 대한 보완은 반드시 필요하다고 생각된다. 이와 관련해, 다음의 두 가지 측면의 접근이 가능하다. 먼저, 매 시기의 정책과 같은 공식적 요소의 측면이다. 다음으로는 파벌 투쟁과 같은 비공식적 요소의 측면이다. 전자와 후자는 중국 정치의 주요한 두 요소이므로 이 두 측면에서의 접근은 중국 엘리트 특성 변화의 원인 분석에서 매우 유용할 것으로 예상된다.

6장

중국 정치 엘리트의 세대별 특성과 그 변화
: 제1세대~5세대

1. 서론

본 연구는 제5장과 그 문제의식이 동일하다. 즉 중국 정치 엘리트의 특성과 그 변화를 탐구하는 것이다. 그러나 본 연구는 다음과 같은 점에서 기존 연구와 차별성을 가진다. 첫째, 기존 연구들은 대부분 중국의 대표적 정치 엘리트라고 할 수 있는 공산당 중앙위원회의 위원과 그 후보위원을 대상으로 각 회기별로 이들의 특성을 분석하고 있다(Li and White 1988; 1998; Bo 2004b). 이런 회기별 분석은 중국 정치 엘리트에 대한 정기적인 관찰을 통해 그 변화의 내용을 구체적으로 규명할 수 있다는 점에서 매우 효과적이다. 그러나 통시적인 분석의 미비로 인해 중국 정치 엘리트 변화의 추세를 파악하고 이를 이론화하는 측면에서 그 한계가 분명하다.

둘째, 특히 중국 엘리트의 주도 유형 변화와 관련하여, 기존 연구들은 이른바 개혁·개방 이전의 '혁명관료'(revolutionary cadre)에서 '기술관료'(technocrats)로의 전환에 대한 찬반양론 두 입장으로 양분되어 있다(Zang 1993; Shi 1998; 徐湘林 2001; Bo 2004a). 기실 이 논쟁은 중국 정치 엘리트의 실체 파악에 매우 효과적으로 작용했으나 평행선적 논쟁으로 인한 피로감 역시 존재한다. 더구나 이들 논쟁이 주로 제3과 4세대를 중심으로 진행되었는데, 2012년 말 제18차 중국 공산당 전국 대표대회를 기점으로 중국 정치 엘리트 제5세대의 부상이 현실화되었다. 따라서 이들까지도 포괄하여 분석할 수 있는 틀의 고안과 적용이 요구된다. 즉 두 번째 엘리트 유형의 전환을 맞이하는 시점에서 특정 개념 제시보다, 통시적 분석틀을 고안하고 적용하는 것이 더욱 정치 엘리트 특성의 변화의 추세를 분석하는 데 유리하다는 것이다.

본 연구는 바로 기존 연구의 이러한 한계를 극복하고자 기획되었으며, 목적은 구체적으로 두 가지이다. 먼저, 엘리트의 전환과 관련된 기존 연구 성과들을 비판적으로 검토하여, 이와 관련된 새로운 분석틀을 제시한다. 이 분석틀은 제5장에서의 그것과 동일하다. 다음으로 이 분석틀을 사용하여 중국 정치 엘리트의 전환을 통시적으로 살펴보기 위해 세대별 특성과 그 변화를 고찰한다. 이를 통해 중국 정치 엘리트는 각 세대별로 어떤 특성을 지녔으며, 그 변화의 추세는 어떠한지를 규명할 것이다. 이런 시도는 보편적 분석틀을 제시함으로써 중국과 다른 국가의 엘리트에 대한 비교를 가능하게 한다. 또 중국 정치 엘리트에 대한 통시적 분석으로 인해 그 변화의 내용과 추세에 대한 종합적인 이해를 가능하게 한다는 점에서 의의가 있다고 판단된다.

본 연구는 다음과 같이 구성된다. 제2절에서는 본 연구에서 사용되는 주요 개념과 분석 자료에 대해 설명한다. 3절에서는 제5장에서의 분석틀을 활용하여 중국 정치 엘리트의 제1~5세대의 특성과 그 변화에 대해 분석한다. 결론에서는 논의의 요약과 시사점 그리고 향후 연구 과제에 대해 밝힌다.

2. 주요 개념과 분석 자료

분석에 앞서 몇 가지 개념이 매우 중요하다. 먼저 정치 엘리트이다. 본 연구는 정치 엘리트를 "국가의 전략적 정책 결정 과정에 참여할 수 있는 가능성을 부여받은 인사들이거나, 혹은 특정한 국가정책의 추진을 차단해 낼 수 있는 능력을 보유한 사람들"이라고 정의한다(Burton and Higley 1987, 296). 그러나 특정 국가에 따라 이런 일반적인 정의는 보다 구체화될 수 있다. 이런 측면에서 중국 정치 엘리트는 '주요 당·정·군 지도자'로 규정될 수 있고(김태호 2000, 33), 이들 중에서도 핵심은 중국공산당의 '중앙위원회 위원과 그 후보위원'이라고 할 수 있다(조영남 2006, 140). 그 이유는 첫째, 중국 체제의 특성상 공산당이 주요 권력을 독점하고 있기 때문에 정부와 군대의 지도자라 할지라도 그들이 주요 지도자라면 공산당과 관련이 있지 않을 수 없기 때문이다. 둘째, 중국공산당 중앙위원회는 5년마다 열리는 중국공산당 전국대표대회와는 달리 매년 열리고, 전국대표대회의 권한을 위임받아 전체적인 공작을 영도하며, 대외적으로 중국공산당을 대표한다는 의미에서 중국 사회의 실제적인 최고 정책 결정 기관이라고 할 수 있기 때문이다.[1] 따라서 본 연구에서는 과거와 현재의 중국 정치 엘리트, 즉 제1~4세대는 중앙위원회 위원과 그 후보위원을, 미래의 엘리트, 즉 제5세대는 이들을 중심으로 하되 '차세대'임을 감안하여 약간 넓은 수준에서 그 범위

를 설정한다.[2]

다음으로 정치 세대(political generation)이다. 중국 연구에서 사용되는 이 '정치 세대'라는 용어는 기실 학술적으로 엄밀하지 못하다는 지적이 있다. 그 이유는 이 '세대' 개념을 중국의 관방이 먼저 '정치적 필요'에 의해서 제기했기 때문이다. 이 개념은 공식적으로 1989년 덩샤오핑(鄧小平)이 최초로 제출했다. 그는 당시 톈안먼(天安門)사건 이후 당의 최고 지도자로, 중앙 무대에 정치적 기반이 별로 없었던 장쩌민(江泽民)을 발탁했다. 동시에 당 내외의 의혹과 불안을 잠재우고 그에게 정치적 무게를 실어 주기 위해 마오쩌둥(毛澤東)을 제1세대, 자신을 제2세대, 그리고 장쩌민을 제3세대의 핵심 지도자로 규정하면서 그를 중심으로 단결할 것을 촉구했다.[3] 이렇게 현실적 필요에서 사용된 중국의 정치 세대 개념은 그 이후 최고 지도자를 중심으로 구분되기 시작했다(Cavey 1997). 예를 들면, 장쩌민 이후의 최고 지도자인 후진타오(胡錦濤)는 제4세대의 대표 인물이 된 것이다.

이런 연유 때문에 중국에서 통용되는 정치 세대 개념을 학술적으로 정확하게 정립해 내기는 상당한 어려움이 따른다. "성장 과정에서 비슷한 시기에 특수한 인생 경험을 공유한 연령 그룹"인 '정치 세대' 개념은 인구통계와 정치사회적 요소를 그 주요 구성 요소로 삼고 있다(Bialer 1980, 100). 인구통계적 요소의 기준은 출생 연도이므로, 대략 10~25년 단위를 한 세대로 묶는 등 다양한 방법이 기존 연구에서 사용되고 있다(Strauss and Howe

---

1_中國共産黨章程(2002년 11월 14일 통과), 제3장 제21조.

2_참고로 본 연구의 제5세대 정치 엘리트 표본 중 전체의 48.3%인 228명이 중앙위원 혹은 후보위원이다.

3_鄧小平, "第三代領導集體的當務之急"(中共中央文獻編輯委員會 1993b, 309-314).

1992, 60-61; Li 2001, 6-7). 다음 요소인 공통의 정치사회적 경험이란, 같은 세대는 공통의 정치사회적 경험을 가지고 있으며 이를 토대로 다른 세대와 구분되는 정치사회적 태도를 가지고 있다는 것이다(Pilcher 1994).

그렇다면 본 연구의 주요 대상인 중국의 제5세대 정치 엘리트는 인구통계와 정치사회적 측면에서 어떤 기준을 가지고 구분할 것인가? 인구통계적 측면에서 중국 정치 엘리트의 세대 구분에는 상당한 이견이 존재한다. 특히 정치사회적 혼란기를 겪은 제1과 2세대에 대한 인구통계적 기준은 아직까지 명확히 제시된 바가 없다. 실제로 대표적인 제2세대 정치 엘리트로 손꼽을 수 있는 덩샤오핑, 후야오방(胡耀邦), 자오쯔양(胡耀邦)은 그 출생 연도가 각각 1904년, 1915년, 1919년이다. 일반적인 기준으로 봤을 때 같은 세대라고 구분하기에는 무리이며, 이는 상술했듯이 정치적 필요에 의한 세대 구분이라고 할 수 있다. 반면 동일 정치 세대가 가지는 공통의 정치사회적 경험에 대한 기준은 비교적 명확하다. 제1세대는 1934~35년의 대장정, 제2세대는 1937~45년의 항일전쟁, 제3세대는 1949~58년의 사회주의 개조, 제4세대와 제5세대는 1966~76년의 문화대혁명으로 구분할 수 있고, 이 가운데 구체적으로 제4세대는 문화대혁명 발생 직전과 과정에 학업을 마친 이들인 반면, 제5세대는 문화대혁명으로 공식 교육 체계가 파괴되어 교육의 기회를 잃어버린 이들이다(Cherrington 1997; Li 2008, 100-101).

이런 상황을 고려하여 본 연구에서는 다음과 같이 중국의 각 정치 세대를 구분한다. 먼저 제1세대는 대장정을 경험한 이들 중 출생 연도가 제2세대 중 가장 연장자로 구분되는 후야오방 전 중앙위원회 총서기보다 한 살 아래의 이들로 설정한다.[4] 즉 1871년부터 1914년까지 출생자들이다. 참고로 1871년 출생자는 제5기 중앙위원을 역임한 양치산(杨其珊)이다. 제2세대는 후야오방의 출생 연도인 1915년부터 제3세대 엘리트 중 최연장자로 평가되는 차오스(喬石) 제8기 전국인민대표대회 상무위원회 위원장보다 한 해 빠른 1923년까지 출생자이다. 제3세대는 1924년 출생자로부터 제4세대 엘리트 중 최연장자로 알려진 쩡칭훙(曾庆红) 전 국가 부주석의 출생 연도보다 한 해 빠른 1938년 출생자까지이다. 제4세대는 1939년 출생자부터 제5세대 엘리트 중 최연장자로 구분되는 보시라이(薄熙来) 전 충칭(重庆)시 당위원회 서기보다 한 해 빠른 1948년 출생자이다. 제5세대는 1949년부터 제6세대 엘리트로 평가받는 이들 중 최연장자인 저우창(周强) 현 후난(湖南)성 당위원회 서기보다 한 해 빠른 1959년 출생자까지로 설정한다.[5]

한편 정량분석을 위해 본 연구는 두 세트의 데이터베이스를 활용한다. 첫째는 1921년 중국공산당 제1기 중앙위원회부터 2007년 제17기 중앙위원회 위원과 후보위원 1,788명의 신상 자료를 정리한 〈1921~2007, 중국 정치 엘리트 데이터베이스〉이다.[6] 둘째는 2011년 8월 현재 제17기 중앙위원회의 중앙위원과 그 후보위원을 기본으로, 선전부와 조직부와 같은 공산당 중앙위원회의 직속 기구, 중앙정부인 국무원의 29개 부처 및 직속 기구 정·부책임자, 31개 성급 당·행정·군대 단위의 정·부책임자, 전국적 군중조직의 정·부책임자 등의 직위를 차지하고 있는 이들 중 상술한 인구통계적 기준에 부합하는 472명의 신상 자료를 담은 〈중국 제5세대 정치 엘리트 데이터베이스(2011)〉이다.[7] 따라서 본 연구의 구체적인 대상인 제1~5

4_물론 덩샤오핑은 그 자신을 제2세대라고 분류했으나, 이미 대장정 시기부터 공산당의 중견 간부로 활동했으므로 본 연구에서는 제1세대로 포함시킨다.

5_각 기준 인물에 대한 보다 자세한 근거는 鄧小平, "第三代領導集體的當務之急"(中共中央文獻編輯委員會 1993b, 309-314); 宗海仁(2002); 邱平(2005); 晨風(2011) 등을 참조.

6_이 데이터베이스에 대한 보다 자세한 사항은 주장환(2009)을 참조.

7_물론 이렇게 제5세대를 설정하는 가장 큰 이유는 이 글이 쓰여질 당시 아직 제18기 중국 공

세대별 정치 엘리트는 각각 387, 249, 589, 387, 472명이다.

또 본 연구의 분석틀은 제5장의 그것을 동일하다. 즉 '통합', '분화', '순환'에 따른 엘리트 유형 분석틀을 사용한다(〈그림 18〉 참조). 그러나 문제는 이 분석틀을 중국에 어떻게 적용하느냐는 것이다. 이 작업은 제5장과 마찬가지로 다음과 같은 기본적인 관점하에서 구체적인 적용을 시도한다. 한 국가 내 정치 엘리트 성격의 시기에 따른 변화는 상대적인 것이다. 따라서 각각의 범주들을 구성하는 세부 독립변수와 이를 측정할 기준 마련이 매우 중요하다. 이런 문제의식을 해결하기 위해서 본 연구는 제5장과 동일한 변수들과 평가 기준들을 적용한다. 그러나 각 변수를 측정함에 있어, '통합'의 측면과 '순환' 면에서 각 정치 세대가 속한 구체적인 시기를 규정하기 어려운 상황을 감안하여, 중국공산당의 전반적인 변화를 살펴본다.[8] 분화와 관련해서는 각 세대별로 그 특성을 직접적으로 고찰한다.

3. 중국 정치 엘리트의 세대별 특성과 그 변화

본격적인 분석에 들어가기 전에 먼저 중국 정치 엘리트의 초기 유형에

산당 중앙위원회가 구성되지 않았기 때문이다. 따라서 샘플 추출을 다른 기수와는 다른 기준으로 진행했다. 이 데이터베이스에 대한 보다 자세한 사항은 주장환(2011b, 155-161)을 참조.

8_특히 제1과 2세대의 집권기별 구분이 힘들다. 그 이유는 개혁·개방 이후에 들어서야 세대별 지도부의 규칙적인 순환이 제도화되었기 때문이다. 이와 관련한 보다 자세한 사항은 Miller(2008) 참조.

대한 규정 작업이 필요하다. 본 연구의 분석틀에서 밝힌 각 범주들은 모두 상대적인 개념이기 때문이다. 즉 통합, 분화, 순환과 같은 범주들은 변화를 전제하고 있고, 따라서 지역 혹은 역사적 비교를 통해서만 그 의의가 있는 것이다.

그렇다면 중국의 제1세대 정치 엘리트 유형을 어떻게 규정할 것인가? 대부분의 기존 연구들은 이 시기를 비롯해 1978년 개혁·개방 이전의 중국 정치체제의 특성에 대해 단일한 정치적 신념, 권력이 고도로 집중된 당의 존재를 그 특징으로 하는 '전체주의'(totalitarianism)라고 보는 데 별다른 이견이 없다. 실제로 이 시기 중국 정치체제는 마르크스레닌주의와 마오쩌둥 사상이라는 독보적인 정치 이데올로기와, 마오쩌둥을 중심으로 철저히 계서적이고 개인 숭배적이며, 당이 국가를 우선시하는 특징을 가졌다고 할 수 있다. 그러나 개혁·개방 이전을 보다 자세히 나누어, 문화대혁명의 시작과 더불어 노선투쟁, 파벌정치, 이익집단 등과 관련된 이론을 바탕으로 중국 정치체제를 '다원주의'(pluralism)적 시각으로 접근하는 경향 역시 존재했다.[9] 전반적으로 이 시기 중국 정치체제를 전체주의로 보는 다수의 견해와, 이 시기를 더욱 세분화하여 소시기별로 구분하고 그에 따라 다른 분석 모델을 적용해야 한다는 견해가 존재한다.[10] 따라서 중국 제1세대 정치 엘리트는, 전체주의의 전형적인 유형인 강한 통합 정도, 좁은 분화 수준, 넓은 순환 범위와 급격한 순환 방식을 가진 이념형/대체형 엘리트라고 할 수 있다. 이하에서는 이런 초기 유형을 전제로 분석과 논의를 진행한다.

9_전성흥, "중국의 국가 – 사회관계"(정재호 2000, 72-73).

10_실제로 문화대혁명 기간의 정치 현상들을 여전히 전체주의 모델을 가지고 분석하고 그 유용성을 주장하는 연구들도 있다(Guo 1998).

1) 통합

중국 정치 엘리트의 세대별 특성을 본격적으로 알아보기 위해 우선 '통합'의 측면에서 분석을 진행한다. 중국 정치에서 지도사상의 변화는 〈표 17〉과 같다.

엘리트 통합 범주에서, 규범적 차원에서 제1세대와 2세대가 주도적으로 활동했던 시기에는 그 지도사상이 〈표 17〉에서와 같이 두 개이다. 즉 공식적으로 1945년 6월 11일 옌안(延安) 양쟈링(様家嶺)에서 열린 제7차 중국공산당 전국대표대회에서 수정 및 채택한 당 규약에서 "마르크스레닌주의와 마오쩌둥 사상"을 지도사상으로 삽입했다. 이후 계속 이 상태가 유지되다가 개혁·개방 이후인 1997년 제15차 전국대표대회에서 덩샤오핑 이론이 삽입되었다. 제3세대가 주도한 시기의 지도사상이 세 개가 된 것이다. 또 2002년 열린 16차 전국대표대회에서 장쩌민의 '3개 대표 사상'이 지도사상으로 추가 삽입됐다. 이때부터는 제4세대가 주도했던 시기이다. 따라서 중국 정치 엘리트의 통합 정도를 측정하는 한 변수인 규범의 측면에서 보면, 세대가 높아질수록 상대적으로 통합의 정도가 낮아졌다고 할 수 있다. 또 시간의 변화에 따라 약화 추세라고 분석된다.

다음으로, 통합 수준을 측정하기 위해 내부 상호작용의 측면에서 알아본다. 〈그림 23〉에는 각 세대별 정치 엘리트가 주도하는 시기의 중앙위원회 규모가 정리되어 있다.

〈그림 23〉을 보면, 1/2/3/4세대가 주도했던 시기의 중앙위원회 규모는 각각 118.4/306.5/330.5/363.5명으로 나타났다. 이에 따라, 제도적으로 '핵심적인 정책 결정 과정에 참여하는 개인 혹은 그룹에 도달할 수 있는 채널과 관계망의 크기'가 확대되어 역으로 점차 그 통합 수준이 약화되고

표 17 | 세대별 중국공산당 지도사상의 변화

지도사상의 명칭	수량	채택 일시	주도 세대
마르크스·레닌주의, 마오쩌둥 사상	2	1945.06.11.	1
마르크스·레닌주의, 마오쩌둥 사상, 덩샤오핑 이론	3	1997.09.18.	2
마르크스·레닌주의, 마오쩌둥 사상, 덩샤오핑 이론, 3개 대표 사상	4	2002.11.14.	3

참조: 물론 2007년 열린 중국공산당 제17차 전국대표대회에서 후진타오의 과학적 발전관이 당 규약에 삽입되었다. 그리고 과학적 발전관을 "당의 제3세대 중앙 영도 그룹이 마르크스레닌주의, 마오쩌둥 사상, 덩샤오핑 이론 그리고 3개의 대표사상을 계승하는 이론이자 중대한 전략 사상"이라고 규정했다(中國共產黨章程(2007년 10월 21일 통과), 총강. http://cpc.people.com.cn/GB/64162/64168/106155/106156/6439183.html (검색일: 2010.02.12)). 그러나 일반적으로 당의 지도사상이라고 할 수 있는 총강(總綱)에는 기재되지 않았기 때문에 지도사상의 반열에 올랐다고 하기에는 무리라고 본 연구는 판단한다.

출처: "中國共產黨黨章"(中國共產黨第七次全國代表大會, 1945年6月11日 通過);
"中國共產黨章程"(中國共產黨第十五次全國代表大會部分修改, 1997年9月18日 通過);
"中國共產黨章程"(中國共產黨第十六次全國代表大會部分修改, 2002年11月14日 通過).

그림 23 | 제1~4세대 주도 시기 중국공산당 중앙위원회 규모 변화

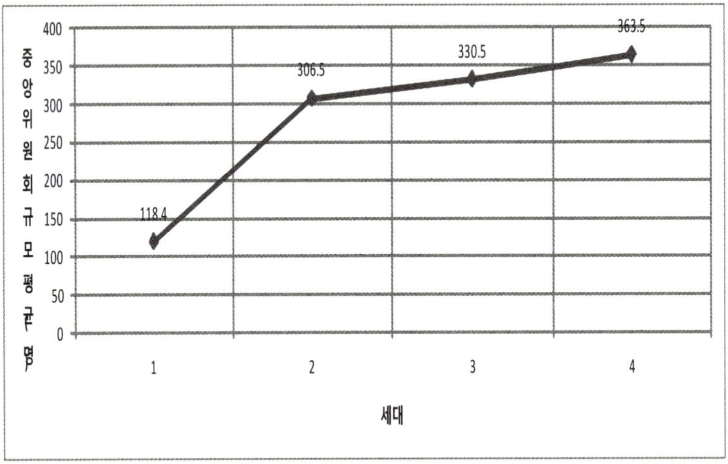

출처: 주장환(2009, 180)을 필자가 수정 보완.

있다고 판단할 수 있다. 따라서 통합의 측면에서 중국 정치 엘리트는 세대가 높아질수록 규범과 상호작용의 관점에서 모두 상대적으로 그 강도가 약해지고 있다는 것을 알 수 있다.

2) 분화

다음으로 각 세대별 정치 엘리트의 분화 정도를 알아보기 위해 성별, 출신 민족, 출신 지역, 선택 전공, 주요 경력 면에서의 다양성을 살펴본다. 이를 위해 본 연구에서는 이들 다섯 개 범주 중 성별의 경우 남성의 비율을, 나머지는 5장의 분석에서와 같이 피터 블라우(Peter M. Blau)의 '이질성(heterogeneity) 지표'[11]를 이용한다. 참고로, 본 연구에서는 중국 정치 엘리트의 출신 민족을 〈1921~2007, 중국 정치 엘리트 데이터베이스〉와 〈중국 제5세대 정치 엘리트 데이터베이스(2011)〉의 모든 표본을 포괄하는 21개 민족으로 분류했다. 또 출신 지역은 31개로, 선택 전공은 법 혹은 사회과학, 경제 혹은 관리, 자연과학 혹은 공학 그리고 인문학 등 네 가지로 분류했다. 주요 경력은 엔지니어, 당정 간부, 군중 조직과 군대 등 네 가지로 구분했다. 특히 이 다양성 측면의 변화는 매우 중요하다. 왜냐하면 엘리트 집단 내의 다양성의 증가는 정책 분화와 갈등의 주요 원인으로 자리 잡고 있기 때문이다(Teiwesk 1984).

먼저 성별에서는 〈그림 24〉와 같이, 세대를 거듭할수록 점차 남성의 비율이 하락하는 추세를 보인다. 이는 역으로 여성의 비율이 상승한 것이고

11_블라우는 사회 하부구조에 침투하는 관계가 다양할수록 사회의 다양한 분야에 통합적인 관계를 형성할 가능성이 높다는 것을 경험적으로 보여 주기 위해 '이질성 지표'를 개발했으며, 그 계산 방식은 다음과 같다: 1 - [∑χ2i / (∑χi)2]. 보다 상세한 사항은 Blau(1977) 참조.

그림 24 | 제1~5세대 엘리트 중 남성 비중 변화

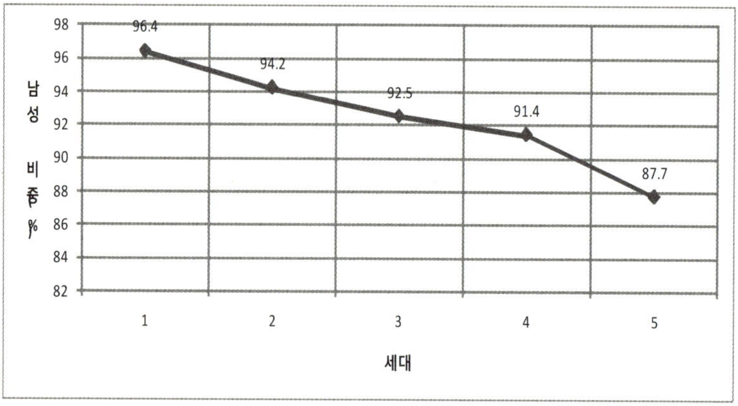

출처: 〈1921~2007, 중국 정치 엘리트 데이터베이스〉; 〈중국 제5세대 정치 엘리트 데이터베이스(2011)〉의 수치를 필자가 분석, 정리.

따라서 성별의 측면에서 분화의 정도는 제고되고 있다고 판단할 수 있다.

또 민족 구성의 측면은 〈그림 25〉와 같이, 세대를 거듭할수록 민족 구성의 이질성 수치가 전반적으로 상승하는 추이를 나타내고 있다. 민족 구성의 측면에서 이 시기 중국 정치 엘리트의 분화 정도는 넓어지고 있다고 할 수 있다.

출신 지역 분포에 있어서는 〈그림 26〉과 같이, 세대의 변화에 따라 이질성이 높아지는 것을 알 수 있다. 각 세대 엘리트의 출신 지역이 보다 다양해졌다고 해석할 수 있다.

전문대 이상의 학력자를 대상으로 한 선택 전공의 측면에서, 역시 세대가 거듭할수록 이질성 지표가 커지고 있어(〈그림 27〉 참조), 다양성이 강화되고 있다는 것을 보여 준다.

그림 25 | 제1~5세대 엘리트 출신 민족 이질성 지표 변화

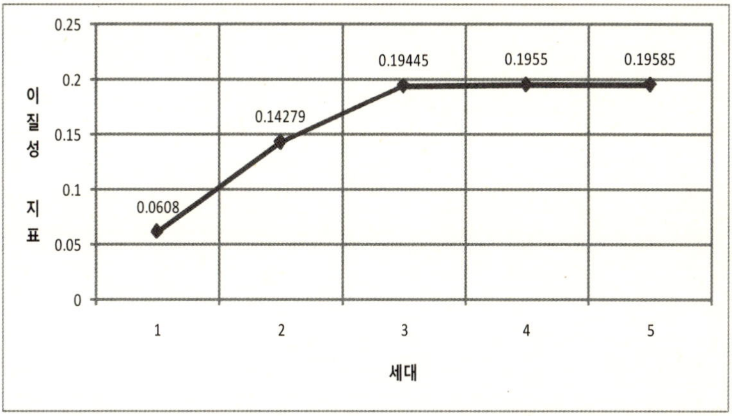

출처: 〈1921~2007, 중국 정치 엘리트 데이터베이스〉, 〈중국 제5세대 정치 엘리트 데이터베이스(2011)〉의 수치를 필자가 분석, 정리.

그림 26 | 제1~5세대 엘리트 출신 지역 이질성 지표 변화

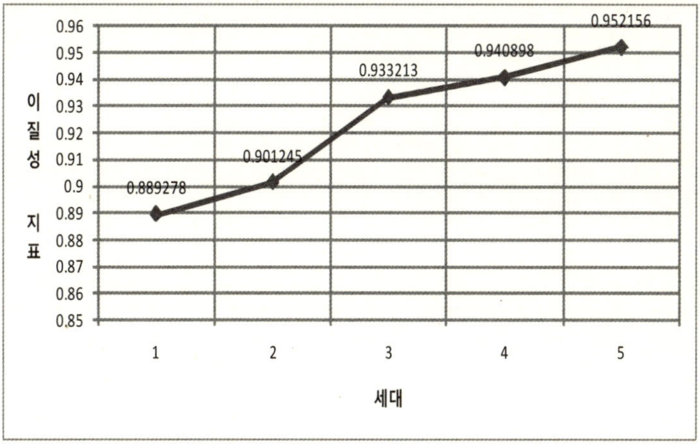

출처: 〈중국 정치 엘리트 데이터베이스(1921-2007)〉, 〈중국 제5세대 정치 엘리트 데이터베이스(2011)〉의 수치를 필자가 분석, 정리.

그림 27 | 제1~5세대 엘리트 선택 전공 이질성 지표 변화

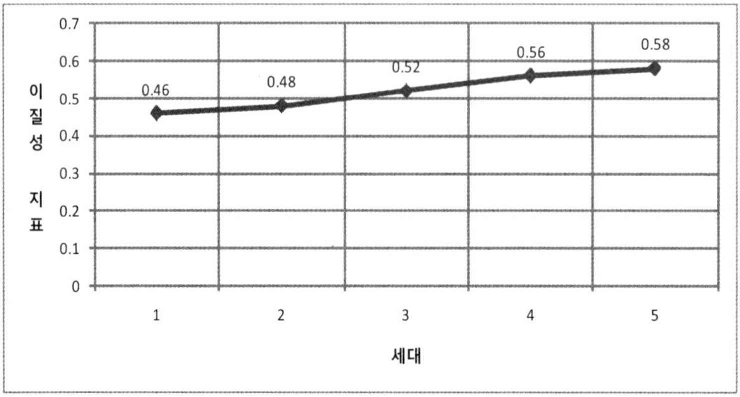

출처: 〈1921~2007, 중국 정치 엘리트 데이터베이스〉, 〈중국 제5세대 정치 엘리트 데이터베이스(2011)〉의 수치를 필자가 분석, 정리

그림 28 | 제1~5세대 엘리트 주요 경력 이질성 지표 변화

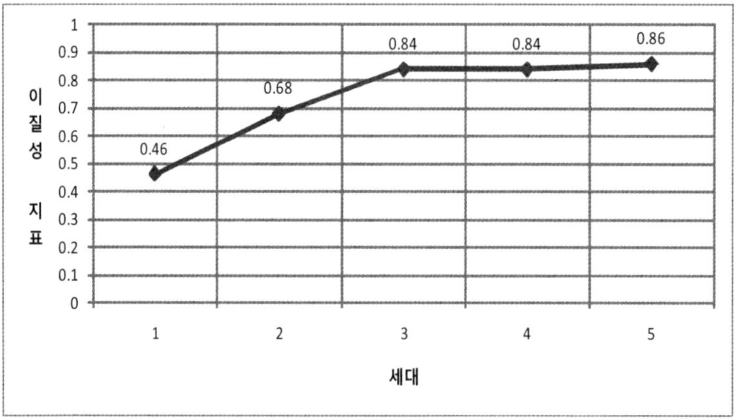

출처: 〈중국 정치 엘리트 데이터베이스(1921-2007)〉, 〈중국 제5세대 정치 엘리트 데이터베이스(2011)〉의 수치를 필자가 분석, 정리.

〈그림 28〉에 따르면 주요 경력의 측면에서, 제1~2세대에 비해 제3~5세대는 그 이질성 수치에 그리 큰 변화가 없다. 이는 제1~2세대가 대부분 혁명 과정에서 성장하여 주요 경력이 군대와 당정 간부인 점 등을 반영한다 하겠다. 그러나 전반적인 추세는 제고되고 있어 다양성 정도도 강화되고 있다고 분석할 수 있다.

3) 순환

다음으로 각 세대별 중국 정치 엘리트의 순환의 특성을 파악하기 위해 상술한 것과 같이, '제도화'와 역대 중앙위원회의 중앙위원 '교체 비율' 측면에서 접근한다. 먼저, 제도화의 측면에서 정치 엘리트의 순환을 포함하는 중국 엘리트 정치의 모델에 대한 논쟁의 흐름에 주목할 필요가 있다. 현재까지 중국 엘리트 정치를 개괄하는 주요 모델은 '승자 독식'(winner-takes-all), '편승'(bandwagon), '권력균형'(balance-of-power), '권력균형 잡기'(power balancing) 등이 있다(Bo 2007, 2-8). 이들 중 뒤의 세 모델은 승자독식 모델에 대한 일정한 비판을 기반으로 하고 있고, 또 각각 새로운 시기를 그 주요 분석 대상으로 삼고 있다는 점에서 흥미롭다.

'승자 독식' 모델은 저우탕(Tang Tsou)에 의해 주창된 것으로, 마오와 왕밍(王明), 펑더화이(彭德懷), 류샤오치(劉少奇), 린뱌오(林彪) 간의 권력투쟁을 주로 예로 들었다(Tang 2002, 98-159). 그는 20세기 특히 마오 시기의 중국 엘리트 정치는 제로섬게임과, 절대적인 권력은 하나이자 개인적이라는 인식에 의해 지배되었다고 분석했다. 따라서 마오 시기, 즉 제1세대의 중국 엘리트 정치의 제도화 수준은 매우 낮았다고 판단할 수 있다.

다음으로 에이버리 골드슈타인(Avery Goldstein)은 체계 이론에 근거하여 1949~66년의 중국 엘리트 정치를 '편승'으로, 1966~78년을 '권력균형' 모델로 분석했다. 그에 따르면 계서적으로 구조화되어 있고, 기능적으로 분화가 미약하고, 비대칭적 권한의 분산이 존재하는 정치체제에서 최고 권력에 대한 편승 현상이 빈번하게 발생한다. 또 이런 정치체제에서 일반적으로 제도보다는 개인의 권위가 게임의 중요한 규칙이 된다. 그러나 그는 마오가 사망한 이후, 이전보다 상대적으로 무정부적으로 배열된 권력 구조 하에서는 기능적 분화 정도는 여전히 낮지만, 권한의 분산 정도가 상대적으로 높아지기 때문에 정치적 생존은 항상 존재하는 문제가 되고 이런 상황에서 전형적인 행위는 균형이라고 주장했다(Goldstein 1991). 이런 주장은 개혁·개방 이전 중국 정치의 제도화 수준을 판단하는 데 매우 유용하다. 즉 만약 '편승'에서 '권력균형' 모델로 개혁·개방 이전에 변화되었다면, 절대적 지도자의 부재 상황에서 정치적 생존을 위해 권력 승계, 순환과 관련된 제도화가 높아졌다고 할 수 있기 때문이다.

마지막으로 보즈웨(Zhiyue Bo)는 주로 21세기 중국 엘리트 정치를 분석할 모델로 '권력균형 잡기'를 주장하고 있다. 그에 따르면 이전에 비해 이 시기의 중국 엘리트 정치는 근본적으로 제도화가 진전되었다. 제도화는 권위적 지위가 정치적 정확함에 의해, 그리고 이념적 권위가 전문가적 권위에 의해 대체되는 과정을 의미한다. 이 과정을 통해 정치체제에서 공식적 제도가 비공식적 네트워크보다 더욱 중요해지고, 따라서 엘리트의 순환을 비롯한 전체 엘리트 정치의 과정이 더욱 제도화되었다는 것이다. 보에 따르면 엘리트 순환과 관련해, 결정적인 전환점은 1992년 덩샤오핑이 공식적인 정계 은퇴를 결정한 때이다. 이를 통해 비공식적인 네트워크는 여전히 일정한 역할을 하지만, 공식적 제도가 제일 중요한 위치를 차지하게 되었다. 또 이런 제도화를 통해 중국 정치에서 이제는 각각의 직위(position)가 정치적으로 매우 유의미해졌기 때문에 지도자들의 직위 이동이 매우 중요하게 인식되기 시작했고, 제도화와 더불어 기능적 분화 정도가 제고되었기 때문에 정치 주체들 간의 권력의 균형 잡기가 가능해졌다. 구체적으로 우선 직위가 직접적으로 권력을 의미하게 되었고, 제도에 대한 충성이 개인에 대한 충성보다 중요해졌으며, 권력투쟁에 의하기보다는 은퇴를 통해 정치적 퇴장이 가능해진 것을 알 수 있다(Bo 2007, 5-7, 427). 이런 제도화의 진전은 또 2007년 10월 15~20일 열린 중국공산당 제17차 전국대표대회에서도 확인되었는데, 이때 나타난 제도화의 구체적인 증거는 공산당 정치국 상무위원회 위원의 68세 은퇴 기준의 확립, 공산당 정치국 인사에서의 '민주추천제도'(民主推薦會)[12] 도입 등이다.

종합하면, 중국 엘리트 정치를 바라보는 주요 모델들이 주장하는 순환과 관련된 제도화의 수준은 제고되는 방향으로 변화하고 있고, 이런 제도화의 진전으로 인해 엘리트 순환의 방식은 급진적이기보다는 점진적으로 진행되고 있다고 할 수 있다. 그럼에도 불구하고, 중국 정치에는 이런 제도적 요소, 즉 공식적 부분과 함께 파벌 등과 같은 비공식적 요소들 역시 핵심적으로 작동하고 있다. 그런데 최근 들어 이런 파벌들이 격렬한 대립과 갈등을 빚고 있다기보다는 '균형'(banlancing)을 추구하고 있다는 분석이 존재한다(주장환 2011a, 38-39). 따라서 중국 정치 내에서 심각한 변화가 발생

12_이 제도는 일정 직급 이상의 공산당 간부들이 상급 조직 부서가 사전에 제시한 고위직 예비 후보에 대해 투표하는 것이다. 지금까지 지방 공산당 및 국가기관 지도부 인선에 적용되어 왔지만, 이번에는 정치국 위원으로 확대 실시되었다. 보다 자세한 사항은 劉思揚·孫承斌·劉剛(2007)을 참조.

그림 29 | 제1~4세대 정치 엘리트의 순환율 변화

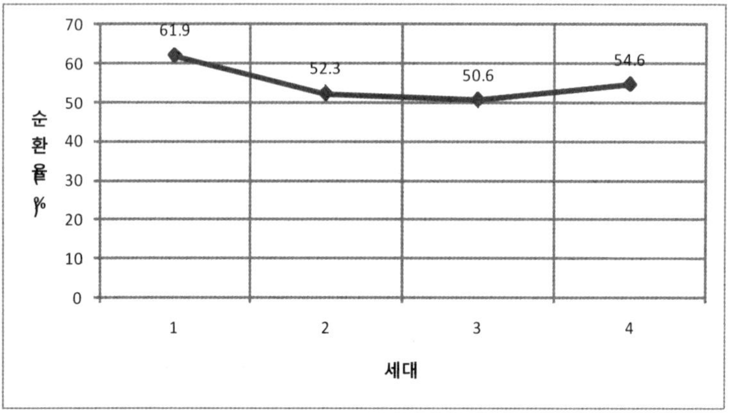

참조: 순환율은 새로 구성된 중앙위원회 위원 중 신규 진입 인원이 전체 인원 중에서 차지하는 비율을 의미. 분석에서 후보위원을 제외한 것은 전 회기에서 후보위원으로 있다가 중앙위원으로 승진한 이들이 다수 있기 때문에 바로 중앙위원으로 선출된 이들과 혼란이 생길 수 있고, 또 제1~2기에는 후보위원이 없기 때문에 분석의 통일성을 기하기 위해서이다.
출처: 주장환(2008, 186)의 내용을 필자가 수정 보완.

되지 않는 한 당분간 공식적 요소의 중요성이 더욱 높아질 전망이다. 또 이미 제3세대부터 세대별로 중국 최고 지도부가 교체되는 이른바 '세대 정치'가 정착된 점도 중국 엘리트 정치의 순환의 방식이 점진적으로 진행되고 있음을 방증하고 있다(寇健文 2010, 32-33).

다음으로 정치 엘리트 순환과 관련된 정성적 분석을 위해 각 세대별 주도 시기 중앙위원의 교체 비율을 알아보면 〈그림 29〉와 같다. 이에 따르면, 중국 정치 엘리트의 역대 순환율은 다소 불규칙하게 나타나고 있다. 제1세대에서 제3세대까지는 감소하다가, 제4세대가 주도한 시기인 제16기와 제17기의 순환율 평균은 다소 증가하였다. 그러나 전반적인 추이로 보면, 제4세대와 제5세대의 변화폭이 그리 크지 않아서 순환의 범위는 세대가 거듭할수록 그 폭이 작아지고 있다는 것을 확인할 수 있다.

이상과 같이 정치 엘리트 순환의 방식과 범위를 제도화와 교체 비율의 측면에서 살펴본 것을 종합하면, 중국 정치 엘리트는 세대가 높아질수록 제도화는 제고되고, 순환의 범위는 작아진 것을 알 수 있다. 특히 순환율의 감소 범위가 축소된 것은 논리적으로 중국 정치에서의 순환의 방식이 급진적이지 않고 점진적으로 제도화되고 있다는 것으로 해석할 수 있다. 특이한 것은 개혁·개방 이후 시작된 첫 회기인 제12기의 순환율이 가장 높아서, 이 시기에 상당한 수준의 인적 쇄신이 진행된 것을 확인할 수 있다. 그러나 그 이후 순환의 범위는 세대가 거듭될수록 그 폭이 작아지고 있다.

4. 결론

이상에서 본 연구는 엘리트 통합, 분화, 순환에 따른 유형화 분석틀을 활용하여, 제1~5세대 중국 정치 엘리트에 대한 유형화와 그 변화 추이를 살펴보았다. 분석 결과, 통합의 측면은 세대가 거듭할수록 그 정도가 약화되는 것으로 밝혀졌다. 또 분화의 측면은 세대가 높아질수록 그 정도가 강화되는 것으로 확인되었다. 마지막으로 순환의 측면에서 세대가 거듭할수록 그 방식은 점진적이었고, 범위는 좁아진 것으로 밝혀졌다. 여기에 덧붙여, 상술했다시피 제1세대 중국 정치 엘리트를 '이념형/대체형'으로 규정했다는 것을 포함시켜 결론을 내리면 다음과 같다. 중국 정치 엘리트는 강한 통합 정도, 좁은 분화 정도, 급진적 방식과 넓은 범위의 순환을 그 특징으로 하는 '이념형/대체형'에서, 약한 통합 정도, 넓은 분화 정도, 점진적 방식

그림 30 | 중국 정치 엘리트의 유형 변화: 제1세대~제5세대

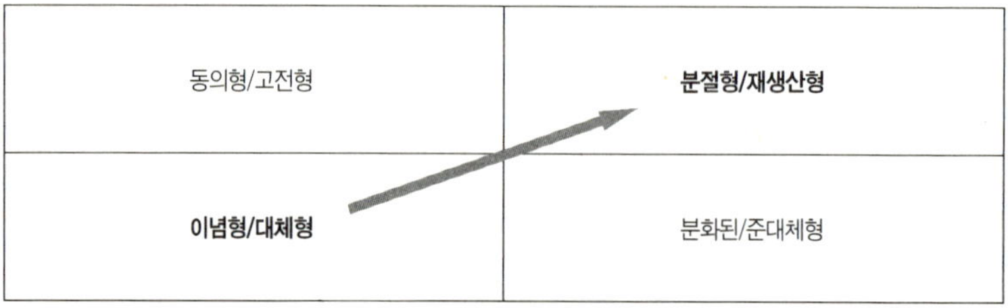

과 좁은 범위의 순환을 그 특징으로 하는 '분절형/재생산형'으로 변화한 것으로 볼 수 있다(〈그림 30〉 참조). 즉 중국 정치 엘리트는 물론 상대적이기는 하지만, 세대가 거듭할수록 신념의 공유 정도가 약하고, 상호 간의 불신임과 의심이 존재하고, 밀도는 매우 높지만 서로 분리된 네트워크가 공존하며 분절되어 있고, 방식은 점진적이고 평화적이나 그 범위는 매우 좁은 재생산적인 순환이 이뤄지는 엘리트 유형으로 변화하고 있다고 할 수 있다. 참고로 이런 결과는 그 추이의 측면에서 제5장의 그것, 즉 중국공산당의 각 회기별 엘리트 유형의 변화의 흐름과 대동소이하다.

중국 정치 엘리트 전환의 향후 전망과 관련해서는 본 연구 결과에서 나타난 다음과 같은 몇 가지 추이를 참조할 수 있겠다. 우선 통합 범주의 규범 측면에서 지도사상의 수량은 갈수록 확대될 가능성이 높다. 왜냐하면 덩샤오핑 이래 장쩌민까지 자신의 주요 이론 내지 주장을 당장에 삽입시켜 중국공산당의 지도사상으로 내세운 전례에 따라 2012년 11월 열린 중국공산당 제18차 전국대표대회에서 제4세대 최고 지도자인 후진타오가 주창한 '과학적 발전관'(科學發展觀) 혹은 '조화사회'(和諧社會)론' 역시 지도사상으로

승격되었기 때문이다. 따라서 이런 추세가 유지된다면 규범의 측면에서 봤을 때 통합의 수준은 약화될 것이라고 할 수 있다. 다음으로 역시 통합 범주의 상호작용 측면에서 중앙위원회의 규모는 개혁·개방 이후에 그 변화가 뚜렷하지 않고 2007년 구성된 제17기 중국공산당 중앙위원회가 371명인 것을 감안하면 소폭 증가하는 추세를 보인다. 따라서 이 측면에서의 통합 정도 역시 갈수록 약화될 것이라고 전망할 수 있다.

다음으로 분화의 각 측면을 살펴보면, 사회 및 조직적 다양성을 나타내는 각 지표들 중 민족 이질성이 소폭 감소된 것을 제외하면, 성별과 주요 경력은 그 변화가 거의 나타나지 않는다. 따라서 분화의 측면에서는 그리 큰 변화를 예상할 수 없다고 판단된다. 마지막으로 순환의 측면에서 그 방식을 결정하는 제도화의 수준은 갈수록 제고될 것이고, 교체 비율은 제17기가 52.5%인 것을 포함시켜 보면 그 변화 폭은 크지 않을 것으로 예상된다.

따라서 전반적으로 통합의 정도는 약화 추세를, 분화의 정도는 소폭 감소 내지 현재 수준의 유지를, 순환에서 제도화는 제고되나 그 범위는 별다른 변화가 없는 추세일 것으로 전망된다. 문제는 다른 유형으로의 전환 가능성, 즉 '동의형/고전형' 내지 '분화된/준대체형'으로의 전환 가능성이다. 이 점 역시 제5장의 결론과 대동소이하다. 즉 이 두 유형으로의 전환 가능성은 현재로서는 매우 희박하다는 것이다. 한편 제5장과 약간 다른 방식으로 그 근거를 제시한다면 다음과 같다. 먼저, '분화된/준대체형'으로의 전환 가능성이다. 이 측면의 가장 현실적인 예가 바로 2012년 발생한 최신 권력투쟁인 보시라이 사건이라고 할 수 있다. 주지하다시피 이 사건은 노선투쟁과 결부된 권력투쟁이었다. 이 사건을 통해 공식적 차원이 아니라 비공식적 차원에서 중국 정치 엘리트 내에 여러 신념이 공존하는 것이 확인되었다. 또 이 '신념'에 의해 촉발된 권력투쟁으로 한때 중국 정계에 불안정

현상이 포착되기도 했다. 그러나 이 사건의 결과로 인해 확인할 수 있는 것은 중국 정계의 여러 정치 세력들이, 물론 자신들의 생존을 위해서이겠지만, '분리'보다는 '단결'을 우선시하고 동시에 사건의 전 과정에서 공산당이라는 중국 사회의 유일무이한 정치조직의 논리가 전일적으로 관철되었다는 것이다(Fewsmith 2012). 이는 중국 엘리트 정치의 상황이 '분화된/준대체형' 엘리트 유형이 나타난 대표적인 예인 20세기 중·후반기 식민지 국가의 독립 붐 시기의 각 국가의 상황과는 매우 다르다고 할 수 있다(Burton and Higley 2001, 192).

다음으로 '동의형/고전형'으로의 전환 가능성이다. 이 부분은 중국이 헌법상에 규정된 '인민민주주의 독재' 원칙을 폐기하지 않는 한 논리적으로 불가능하다. 문제는 변화의 방향인데, 이 측면에서도 중국공산당이 대의제와 경쟁 선거를 정치체제에 도입하기보다는 자체의 집권 능력과 효율성을 제고하는 방식으로 정치개혁의 방향을 잡고 있기 때문에 현실적으로 전환 가능성은 낮다고 할 수 있다. 더구나 최근 진행된 권력 교체 과정에서 제도화의 수준이 오히려 하락한 것으로 평가되고 있어서 중단기적으로 현 상태에서 '동의형/고전형'으로 전환될 가능성은 낮다고 할 수 있다(Fewsmith 2013).

따라서 중국 정치 엘리트의 변화를 전망해 보면, 정도의 차이는 보이겠지만 상당 기간 '분화된/대체형' 엘리트 유형에 속할 것으로 보인다. 물론 향후 연구를 통해 제18기 중국공산당 중앙위원과 그 후보위원에 관한 자료에 대한 분석과 2012년 진행된 권력 교체 과정에 대한 분석을 통해 이런 가설의 검증을 진행해야 할 것이다.

본 연구의 목적은 중국 정치 엘리트가 과연 어떤 특성을 가졌는지 비교가 가능한 객관적 지표와 분석틀로써 규정해 보는 것이었다. 물론 유사한 분석틀을 사용하고 있기 때문에 제5장에서 제시한 지표 개발, 보다 세분화된 시기의 추세에 대한 분석, 엘리트 유형 변화의 원인에 대한 규명 등의 측면이 보완되어야 할 것이나, 향후 연구 과제 역시 연구 과정 및 결론에서 다음과 같이 정리할 수 있다. 첫째, 이 분석틀의 발전을 위해 공시적 비교분석을 적극 시도해야 할 것이다. 즉 중국뿐만 아니라 다른 국가와의 엘리트 유형 변화 측면에 대한 비교 분석을 진행하여, 통시적뿐만 아니라 공시적 분석의 유용한 도구로 자리매김할 수 있도록 그 적실성과 현실성을 검증하고 더욱 정교화해야 할 것이다.

둘째, 특히 순환의 방식에 대한 분석에서, 전체 분석의 통일성을 제고하기 위해 정량분석이 가능한 지표를 개발하거나, 아니면 정성분석이라도 보다 더 비교 가능한 분석의 논리와 틀을 고안 및 개발하는 것이 필요하다. 이런 측면에서 주로 권력 승계와 교체 등과 관련해서 기존 연구에 대한 더욱 엄밀한 비판적 검토가 필요할 것이다. 제5장에서 지적했던 본 연구상의 보완점과 더불어 이 두 측면의 보완 과정은 무엇보다도 정치 엘리트라는 보편적인 개념 틀 속에서 중국이라는 특수성을 감안하는 작업이 될 것이다.

제3부

중국 엘리트 정치의 '동학'

7장

중국 세대별 정치 엘리트의 민주주의에 대한 인식 변화

: 제3·4세대를 중심으로

1. 서론

최근 중국에서는 정치개혁 논쟁이 뜨겁다. 지난 2010년 9월 선전(深圳)을 방문한 원자바오(溫家寶) 총리가 정치개혁의 필요성을 강하게 주장한 것에 대해 『광밍일보』(光明日报)와 『난팡일보』(南方日报)가 각각 찬반 논쟁을 벌였고, 이에 대해 여러 학자들 역시 각기 입장을 표명하고 있다. 이런 상황은 흡사 개혁·개방 초기인 1980년대의 상황을 보는 듯하다(咼中校 2010). 제4세대 최고 지도자인 후진타오(胡錦濤) 역시 인민의 알 권리, 참정권 그리고 표현의 자유 등을 보장해야 한다고 언급하여 중국에서 본격적인 민주화가 진행되는 것이 아니냐는 관측을 자아내고 있다.[1] 특히 후진타오의 발언은, 물론 현실적인 정책으로 외화되어야 하겠지만, 마오쩌둥(毛澤東) 이후 형성된 중국의 권위주의 정치체제 내에서 의미 있는 변화를 측정할 수 있는 중요 지표로 작용할 수 있다. 권위주의를 '경성'(hard)과 '연성'(soft)으로 나누었을 때, 연성 권위주의는 사회경제적 자유뿐만 아니라 국민의 정치 참여와 관련된 권리를 일부 보장하는 체제라고 볼 수 있기 때문이다.[2]

후진타오를 중심으로 하는 중국 제4세대 지도부의 정치개혁 및 민주주의에 대한 관심은 이들이 집권한 2003년 이후 꾸준히 그리고 매우 활발히 존재했고 표출되어 왔는데(Lee 2010, 75-76), 이런 중국 현 지도부의 움직임은 장쩌민(江泽民)을 중심으로 하는 이전 지도부와는 사뭇 다른 것이다. 장쩌민의 이전 지도부는 정치개혁과 민주화에 관한 논의가 정치적 안정을 해칠 수 있다고 간주하고 이를 철저하게 봉쇄하는 태도로 일관했다. 따라서 민주화 내지 민주주의에 대한 논의는 극히 제한적이었고, 그 입장 역시 매우 보수적이었다(조영남 2006, 44-45).

그러면 후진타오를 중심으로 한 현 지도부가, 이전 세대 지도부와는 달리 민주주의나 정치개혁에 대해 인식을 전환하게 된 배경은 무엇인가? 이에 대해서는 여러 가지 요인이 제시될 수 있겠지만, 본 연구는 그중에서도 중국 정치 엘리트 집단의 '속성'(traits)의 영향에 주목하고자 한다. 즉 세대별 중국 정치 엘리트들의 민주주의에 대한 인식에 어떠한 차이가 있는지 살펴보고, 이런 인식의 변화와 정치 엘리트의 속성의 변화가 어떤 연관이 있는지 탐색해 보고자 한다. 이는 구조의 변화에 대해 행위자를 중심으로 파악하고자 하는, 사회과학의 주요 접근법 중의 하나인 미시적 접근과 그

1_이와 관련된 보다 구체적인 사항은 후진타오의 선전 특구 지정 30주년 기념식 연설문(胡錦濤 2010) 참조.

2_중국 권위주의의 경성/연성에 대한 분류의 도입과 적용에 관해서는 Scalapino(1998, 35-40); Pei(2000, 74-98) 등을 참조.

궤를 같이한다고 할 수 있다.[3] 기실 이 접근은 인간을 본격적인 분석 대상으로 설정한다는 측면에서, 그 선호와 속성을 완벽하게 추출해 내고 또 행위와의 연관성을 입증하는 데 일정한 한계가 있다. 따라서 본 연구는 제2절에서 상세히 설명하겠지만, 이전 시기 국정 운영의 인식과 정책의 소산이자 엘리트의 속성과 상호작용하는 요소로 시대 상황을 설정함으로써 이런 한계를 극복하려고 시도한다.

이 글은 구체적으로 세대별 정치 엘리트의 속성과 이들의 집권기에 표방된 민주주의의 개념, 형식에 대한 인식과 입장을 비교한다. 비교 대상은 장쩌민을 중심으로 하는 제3세대와 후진타오를 중심으로 하는 제4세대 중국 정치 엘리트이며, 이들이 각각 집권했던 중국공산당 제14, 15기 중앙위원회 시기(1992~2002년)와 제16, 17기 중앙위원회 시기(2003~2012년)를 비교할 것이다. 이 두 시기를 택한 이유는 중국 정치에서 이 시기에 들어 비로소 세대 간 전환이 정상적·규칙적으로 이뤄졌고, 따라서 구조 변화에 대한 행위자 측면의 기초를 파악하는 데 적합하다고 판단했기 때문이다. 한편, 제5세대는 2012년 말 제18차 중국공산당 전국대표대회를 기점으로 중국 정치의 전면에 등장했다. 아직 이들에 대한 구체적인 분석이 충분하게 이뤄지지 않은 상황이다. 따라서 이들이 민주주의에 대해 어떤 인식을 가지고 있는지가 불명확하기 때문에 본 연구의 분석에서는 제외한다.

본 연구는 중국 정치의 변화를 야기하는 여러 요인 중 행위자를 중심으로 분석한다. 이는 건국 이래 레닌주의적 당-국가(party-state) 체제를 유지하고 있는 중국 체제의 특성을 고려할 때 상당히 유의미하다고 판단된다.

3_중국 정치 연구에서 이런 접근법을 채택한 최신 연구로는 Shih(2008); Li(2008a) 등을 들 수 있다.

또 거시적 변화의 미시적 기초를 규명하려는 시도는 중국 정치 변화의 메커니즘에 대한 이해와 함께 이에 대한 예측력을 제고해 줄 것으로 사료된다. 제2절에서는 본 연구의 주요 개념과 연구 대상에 대해 설명하고 분석틀을 제시한다. 제3절에서는 세대별로 정치 엘리트가 민주주의의 개념·형식에 대해 가지는 인식과 입장을 비교하며, 제4절에서는 각 세대별로 민주주의에 대한 상이한 인식의 배경을 엘리트 속성과 시대 상황의 측면에 초점을 맞추어 규명한다. 결론에서는 연구 결과에 대한 정리와 더불어 본 연구의 분석틀을 바탕으로 제5세대 정치 엘리트 시기의 중국 민주주의에 대해 전망한다.

2. 연구 대상 및 분석틀

본 연구에서 '정치 세대'(political generation)의 개념은 매우 중요하다. '정치 세대'는 단순히 출생 연도만을 기준으로 나눈 동년배(kinship) 세대와는 달리 공통된 정치·사회적 경험을 가지기 때문에, 특정한 정치·사회적 사건이나 경험이 그 구분에 있어 매우 중요하다. 또 이 개념은 공통된 정치·사회적 경험이 유사한 정치·사회적 태도를 형성시킨다는 가정에 기초하고 있는데(Pilcher 1994, 483-484), 이는 실증적으로도 증명된 사실이다(Russell 1987). 이런 측면에서 봤을 때, 정치 세대의 구분은 특정한 정치·사회적 사건에 대한 공통의 경험이 연령대의 동일성보다 상대적으로 더욱 중요하다. 이런 점을 바탕으로 당대 중국의 정치 세대를 다섯으로 분류하면,[4] 제1세대에서 가장 중요한 사건은 1934~35년 지속된 중국공산당의 '대장정'이다. 당시 연령대는 다양했지만 이 사건을 공통적으로 경험한 이들 중 생존한 이들은 1949년 중화인민공화국 건국 이후 곧바로 최고 정치 엘리트가 되었다. 마오쩌둥과 저우언라이(周恩來) 등이 대표적 인물이다. 제2세대는 1937~45년 계속된 '항일 투쟁' 시기에 본격적으로 중국공산당 활동을 한 이들로 덩샤오핑(鄧小平), 후야오방(胡耀邦), 자오쯔양(趙紫陽) 등을 들 수 있다.[5] 당시 중국 사회가 급변기였기 때문에 이런 측면에서 제1세대와 2세대는 동일 연령대보다는 동일 경험 소지 여부를 중심으로 분류된다.

제3~5세대는 제1·2세대에 비해 상대적으로 안정된 사회에서 성장했기 때문에 약 15년을 한 세대로 보는 동일 연령대의 특성이 부각되고 있다. 제3세대는 1949~58년 진행된 '사회주의 개조' 시기에 본격적인 정치 활동을 시작한 이들로,[6] 핵심 인물로는 장쩌민, 리펑(李鵬), 주룽지(朱鎔基) 등을 들 수 있다. 3세대의 연령대별 특성은 출생 연도가 1920년대 중반 이후부

4_이 분류법은 중국 관방과 일부 학자들의 견해를 종합한 것이다. 이런 견해의 대표적 연구 성과는 Li(2001)를 들 수 있다. 물론 학자들마다 이런 정치 세대의 구분법과 종류는 상이하다. 참고로 루스 체링턴은 당대 중국 정치 세대를 넷(장정, 사회주의 개조, 문화대혁명, 개혁 세대)으로 구분한다(Cherrington 1997, 306-308).

5_덩샤오핑과 후야오방은 대장정에도 참가했었다. 그러나 덩샤오핑은 스스로를 제2세대라고 분류했으며, 후야오방의 경우 대장정 생존자 중 18세로 가장 어린 나이였기 때문에 '본격적'으로 활동했다고 보기 어렵고, 문화대혁명 종결 이후 구성된 지도부에서 핵심적인 역할을 했으므로 제2세대 정치 엘리트로 볼 수 있다(鄧小平, "第三代領導集體的當務之急"(中共中央文獻編輯委員會 1993b, 309-314); 주장환 2008, 56).

6_'본격적인' 정치 활동이란 최종 학력을 이수한 이후의 활동을 가리키며, 물론 일부 엘리트들은 1949년 이전에 학생운동이나 공산당 청년 조직에서 활동했거나 입당한 경우도 있으나 이 경우는 본격적인 정치 활동이라 보기 힘들다고 판단한다. 또 전체 중복 인사를 빼더라도 제14~15기의 정치국원 모두를 제3세대라고 보기 힘든데, 그 이유는 정치국의 구성이 이전 세대/주도 세대/차세대로 이뤄지기 때문이다. 예를 들면 이 시기에는 제2세대/제3세대/제4세대가 정치국을 구성했다.

터 1930년대까지라고 할 수 있는데, 이 같은 기준에 의해 구체적인 제3세대 엘리트의 분석 대상은 모두 13명이다. 여기에서 제14, 15기 중국공산당 중앙위원회 정치국원 각각 20명과 22명 가운데 중복된 인물은 제외되었다.

제4세대는 대부분 1940년대에 출생하여 1966~76년 지속된 '문화대혁명' 시기에 본격적으로 정치 활동을 시작한 이들이며, 대표적 인물로는 후진타오, 원자바오, 쩡칭훙(曾慶紅) 등을 들 수 있다. 이런 기준에 따라 추출한 본 연구의 제4세대 정치 엘리트 분석 대상은 모두 14명이다. 제16, 17기의 정치국원 각각 24명과 25명 중 중복 인사를 제외했다. 한편 제5세대는 1950년대에 출생하여 '문화대혁명' 시기에 '홍위병' '지식 청년' 등으로 활동했던 경험이 있는 이들로 시진핑(習近平), 리커창(李克強) 등이 대표적 인물이다.

각 세대의 정치 엘리트 전체가 아니라 이들을 대표할 것으로 사료되는 해당 시기 중국공산당 중앙위원회 정치국 위원들을 연구 대상으로 선정한 이유는, 본 연구의 초점이 엘리트와 민주주의의 관계를 살펴보는 것이기 때문에, 중국의 특수성상 이런 문제를 언급 내지 다룰 만한 최고위급 정치 지도자들에 대한 분석이 매우 중요하다고 판단되기 때문이다. 또한 중국 정치체제에서 중국공산당 중앙위원회 정치국은 정상적인 경우 1년에 한 차례 열리는 중앙위원회 전체회의 기간의 모든 업무를 책임지는 최고 권력 기구이기 때문에, 이 기구의 구성원은 사실상 중국 정치에서 일상적인 국정 운영을 관할하고 책임지는 중국 최고의 정치 엘리트로 보기에 손색이 없기 때문이다.[7]

7_중국공산당 중앙위원회 정치국의 위상에 대해서는 최신 중국공산당 규약 中國共産黨章程(2007년 10월 21일 통과), 당의 조직 제3장 제22조를 참조.

그렇다면 이렇게 분류한 중국의 세대별, 특히 제3세대와 4세대 정치 엘리트의 각 시기별 민주주의에 대한 인식의 변화를 어떤 틀로 바라볼 것인가? 본 연구는 엘리트의 속성과 함께 시대 상황이 매우 중요한 역할을 한다고 보고 있다. 즉 시대 상황은 구조와 행위자 간의 순환 고리이자 칼 포퍼(Karl Popper)가 말한, 행위를 제약하는 '상황의 논리', 즉 구조적 상황이라고 할 수 있다(김용학 1996, 44-45).[8] 이런 측면에서 시대 상황과 엘리트 속성은 연구 주제에 따라 그 우선순위는 달라질 수 있겠지만, 모두 행위를 설명하는 주요 독립변수로 기능한다 하겠다.

이를 중국 정치 엘리트의 전환과 관련하여 설명하면 다음과 같다. 주지하는 바와 같이 중국은 건국 이후 단 한 번도 정권 교체를 경험한 바 없이 공산당이 집권해 왔다. 따라서 중국에서는 공산당의 목적의식적 의도가 전일적으로 엘리트 순환과 충원 과정에 반영되어 왔다고 할 수 있다. 실례로, 1978년 개혁·개방을 기점으로 주도 엘리트 유형이 당시 '혁명관료'(revolutionary cadre)에서 '기술관료'(technocrats)로 변화했으며, 2008년부터의 제17기 중국공산당 중앙위원회에서는 '일반관료'(generalist cadre)의 부상이 시작되었다. 공산당의 간부 정책의 변화가 이런 전환의 가장 중요한 요인으로 지목된다(주장환·박정호 2010, 113-116). 이런 변화를 야기하는 중요한 요인으로, 해당 시기 정치 엘리트의 속성과 함께 작용하는 것이 시대 상황인 것이다. 즉 각각의 엘리트 유형의 전환은, 모두 해당 시대 상황과 해당 시기 엘리트의 속성이 상호작용한 결과인 엘리트에 대한 인식과 정책으로 인해 진행된 것이다.

8_또한 중국의 정치 변화가 거시적 환경으로부터 제약받았음에 대해서는 김재철(2002, 263-264)을 참조.

그림 31 | 엘리트 속성·시대 상황·민주주의 관련 인식·정책

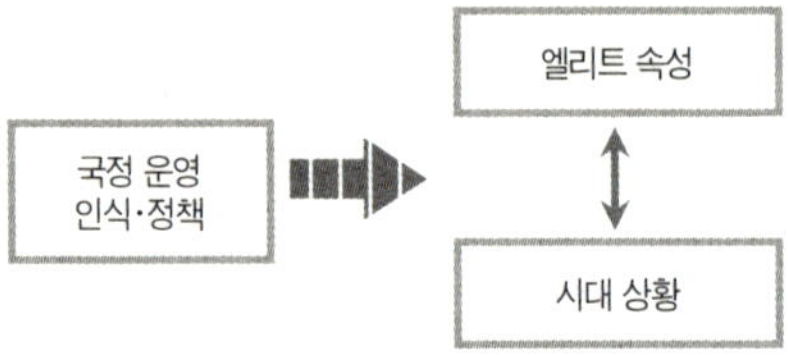

이상을 정리한 본 연구의 분석틀은 다음과 같다. 중국의 정치 엘리트는 자신들의 집단적인 속성을 바탕으로 집권기의 시대 상황에 조응하여 중국의 주요 현안과 문제에 대한 인식을 정립하고, 관련 정책을 생산 및 집행한다. 민주주의와 관련해서도 마찬가지이다. 주의할 점은, 이 과정이 기본적으로 반복 및 순환된다는 것이다. 즉 이전 시기 정치 엘리트의 각종 현안 및 문제의 총합으로서의 전반적인 국정 운영 인식과 정책(〈그림 31〉에서 '국정 운영 인식·정책')은 이 순환의 초기 조건으로, 해당 시기 정치 엘리트의 속성과 시대 상황에 공히 영향을 준다. 이 해당 시기의 속성과 시대 상황은 상호작용하면서 해당 시기 특정 문제(본 연구에서는 민주주의)에 대한 인식과 정책(〈그림 31〉에서 '민주주의 관련 인식·정책')에 영향을 준다.

3. 세대별 정치 엘리트의 민주주의에 대한 인식

이하에서는 3·4세대 정치 엘리트들이 민주주의에 대해 어떠한 인식을

가지고 있는지 민주주의의 개념과 형식의 측면에서 살펴보기로 한다.

1) 민주주의 개념에 대한 인식

3세대 정치 엘리트들은 앞의 세대와 마찬가지로 민주주의를 계급 지배의 통치 형식으로 간주했고, 체제와 계급을 초월한 인류 역사의 보편적 가치로는 인정하지 않았다. 3세대의 지도자들은 민주, 자유, 인권 같은 개념은 절대적인 것이 아닌 상대적인 것이라고 했다. 즉 세계의 민주주의는 추상적·절대적이 아닌 구체적이고 상대적인 것으로 모든 민주주의의 본질, 내용 및 형식은 모두 그 국가의 사회제도로부터 결정되며, 국가의 경제와 문화가 발전함에 따라 발전하는 것이라고 보고 있다. 중국이 택한 사회주의 민주는 공산당이 집권하여 인민이 국가권력을 장악하고 행사하는 것을 지도하는 것으로 인민이 법에 의한 광범한 권리와 자유를 누리는 것을 보장한다는 것이다.[9]

또한 국가에서 사회의 형식은 그 나라의 여러 가지 조건에 맞게 스스로 선택하는 것인데, 일부 서방국가들은 자신의 민주, 자유, 인권이라는 관념과 정치체제 모델을 가지고 타국에 영향을 행사하려 한다고 비난했다. 인권 문제를 예로 들면, 중국의 경우 최대의 인권은 생존권과 발전권으로 가장 중요한 것이 거대한 인구의 의식(衣食) 문제를 해결하는 것이라고 하면서, 향후 중국이 심화시킬 정치체제 개혁은 중국의 국정에 맞는 민주적 사

9_江澤民, 1998년 12월 당의 11기 3중전회 개최 20주년 기념회에서의 연설. http://cpc.people.cpm.cn/GB/64184/64186/66688/4494408.html (검색일: 2010.08.22).

법제도를 강화하는 것이지 서방의 정치제도를 들여오는 일은 절대 없을 것이라고 단정했다.[10]

또한 사회주의에서는 인민이 주인이기 때문에 인민민주주의(人民民主)는 사회주의의 본질적 요구이자 내재된 속성이며, 이런 민주주의가 전체 인민의 이익을 실현하는 길이라고 주창했다. 따라서 사회주의 민주가 가장 폭넓은 인민 민주이며, 소수만이 향유하는 자본주의 민주와는 본질적 차이가 있다고 보았다.[11] 이에 사회주의 민주정치를 발전시키는 것은 당의 일관된 목표로서 중국공산당 80년 투쟁의 역사에서 인민민주주의를 쟁취, 보호, 발전시키는 것은 매우 중요한 목표이며,[12] 때문에 중국 정치체제 개혁의 목표는 절대 서구의 삼권분립이나 다당제, 의회 제도 등의 도입이 아니라 중국 특색의 사회주의 민주정치를 건설하는 것이라고 강조했다.[13]

그러나 제4세대 정치 엘리트들은 민주주의의 기본 개념에 대해 일부 인식의 전환을 보이는데, 이들은 3세대와는 달리 민주주의의 보편성을 부정하지 않고 있다. 2005년에 중국 국무원에서 처음으로 『중국민주정치건설백서』("中國民主政治建設"白皮書, 이하 『백서』로 명칭)가 발간되었는데 이는 민주주의에 대한 중국 최고위 지도층의 인식이 반영, 정리된 것으로, 2000년대 이후 중국 학계에서 활발히 진행되고 있는 민주주의 관련 논의에 대

10_江澤民, 1993년 11월 쿠바 방문 시 쿠바 공산당 서기, 쿠바 국무위원회 주석과의 회담 중 발언. http://cpc.people.com.cn/GB/64184/64185/180137/10818707.html (검색일: 2010.08.26).

11_江澤民, 1993년 12월 마오쩌둥 탄생 100주년 기념회에서의 연설. http://cpc.people.com.cn/GB/64184/64185/180137/10819222.html(검색일 2010.08.26).

12_江澤民, 2001년 4월 전국사회치안공작회의에서의 연설. http://cpc.people.com.cn/GB/64184/64185/180139/10818615.html (검색일: 2010.08.23).

13_江澤民, 1992년 10월 중국공산당 제14차 전국대표대회 보고문. http://cpc.people.com.cn/GB/64162/64168/64657/65446/4526308.html (검색일: 2010.08.23).

해 중국 정부가 공식적인 입장을 피력하고 적극적으로 논의를 주도해 나가겠다는 의지도 반영된 것으로 볼 수 있다. 『백서』 첫 문장에 "민주주의는 인류 정치 문명 발전의 성과이며, 세계 각국 인민의 보편적 요구이다"라고 규정하고 있어, 민주주의를 인류의 보편적 가치로 인정하고 있음을 보여준다(徐連欣 2005). 즉 민주주의, 자유, 인권 등은 자본주의만이 갖고 있는 고유의 개념이 아니라 전체 세계가 오랜 역사 과정에서 공동으로 형성한 문명 성과이자 인류가 공동으로 추구해 온 가치관이라는 시각을 드러내고 있는 것이다.

다만 각국이 사회와 역사의 발전 과정과 수준이 다르기 때문에 민주주의의 형식과 경로가 서로 다를 뿐이라고 간주하고 있다. 중국의 사회주의 민주는 인민이 주인이 되는 것으로, 이를 실현하기 위해서는 인민의 민주적 선거, 민주적 정책 결정, 민주적 관리, 민주적 감독의 권리가 보장되어 인민이 정부를 감독하고 비판할 수 있도록 하는 여건이 조성되어야 한다고 보고 있다. 아울러 중국의 민주주의 경험이 아직 부족하기 때문에 다른 선진문명의 성과들을 학습하되 이를 중국의 실정과 결합시켜 중국식 민주주의의 길을 모색할 것이라고 했다.[14]

그리고 인민민주주의를 사회주의의 생명이라고 언급하면서도 중국 특색의 사회주의 정치발전, 즉 사회주의 민주정치를 발전시킬 것을 강조하고 있다. 이들이 내세우는 중국 특색의 사회주의 민주정치는 당의 영도(共産黨的領導), 인민주권(人民當家作主), 법에 의거한 통치(依法治國)가 유기적으로 통합된 것으로 인민대표대회, 공산당 영도하의 다당합작제 및 정치 협상 제

14_溫家寶, 2007년 3월 제10기 전국인대 5차 회의 폐막 후 내외신 기자회견에서의 발언. http://npc.people.com.cn/GB/28320/78072/78081/5480042.html (검색일: 2010.08.29).

도, 민족 구역 자치제도와 기층 군중 자치제도가 그 주요 형식을 이룬다.[15]

요컨대 3세대 정치 엘리트들은 계급을 초월한 절대적·추상적 측면에서의 민주주의를 부정했다. 서구 국가들이 민주주의와 인권 같은 개념들을 앞세워 중국의 체제를 위협한다고 여기고 있으며, 서구가 전 세계에 보편화시키려는 정치체제—민주주의—를 역사와 여건이 다른 국가들에 똑같이 적용할 수는 없다고 보고 있다. 이들은 중국에 가장 적합한, 중국인들의 이익을 실현할 수 있는 통치 형식은 인민민주주의이며, 앞으로 이를 계속 공고히 발전시켜야 한다고 주창했다. 이에 반해 4세대 정치 엘리트들은 계급과 체제를 초월한 민주주의가 인류의 보편적 가치임을 인정하기 시작했다. 그러나 서구의 민주정치체제를 도입하는 것은 여전히 부정적인 가운데 당의 영도 하에 각 분야의 민주적 제도를 완비하는 중국 특색의 사회주의 민주정치의 개념을 강조하고 있다.

2) 민주주의 형식에 대한 인식

민주주의의 형식, 즉 제도적 장치나 민주주의의 발전 방향 및 과정 등에 대해서도 3·4세대가 다소 차이를 보인다. 3세대 정치 엘리트들은 인민민주주의의 실천을 위한 법률 제정(민주법제, 民主法制)과 법률에 의거한 통치, 대중노선 등을 강조한다. 먼저 민주주의는 법률제도와 불가분의 관계에 있기 때문에 법제의 형태에 따라 민주주의의 형식이 형성된다고 본다.

15_胡錦濤, 2007년 10월 중국공산당 제17차 전국대표대회 보고문. http://cpc.people.com.cn/GB/64162/64168/106155/106156/6430009.html (검색일: 2010.08.29).

사회주의 민주는 사회주의 법제와 결합되므로 사회주의 민주의 제도화 및 법률화를 공고히 하여 국가 지도자의 교체나 지도자 견해의 변화에 따라 제도와 법률이 변하지 않도록 해야 한다고 강조했다.[16] 예를 들면 법 앞의 평등을 실현하여 어떤 개인이나 조직도 초법적 특권을 누리지 않도록 하며, 사법 개혁을 추진하여 사법 기구의 심판권과 검찰권을 제도적으로 보장해야 한다는 것이다. 또한 민주적 선거, 민주적 정책 결정, 민주적 관리 및 민주적 감독 제도를 실행하는 등 사회주의 민주를 발전시키기 위해서는 근본적·전국적·안정적·장기적인 제도들을 안착시키는 것이 필수적이라고 보고 있다.[17]

한편 사회주의 민주의 본질적 내용은 인민 군중이 주인이 되는 것이기 때문에 이들이 여러 형식과 경로를 통해 국가 대사에 참여하고 집권당과 정부 인사들을 감독하면서 사회주의 건설 과정에서 적극성과 능동성을 발휘할 수 있도록 해야 한다고 보았다. 이런 군중 중심의 관점은 중국의 민주정치와 밀접한 관계가 있는 것으로, 군중 노선의 기치 아래 민주정치를 구현하는 것과 민주정치 구현 과정에서 군중 관점을 구체화하는 것이 중국 민주정치의 뚜렷한 특징이자 고유한 장점이며, 중국 민주정치 발전에 있어 필연적 경로이자 기본 방식이라 하였다.[18]

16_江澤民, 1998년 12월 당의 11기 3중전회 개최 20주년 기념회에서의 연설. http://cpc. people. cpm.cn/GB/64184/64186/66688/4494408.html (검색일: 2010.08.22).

17_江澤民, 1997년 9월 중국공산당 제15차 전국대표대회 보고문. http://cpc.people.com. cn/GB/64162/64168/64568/65445/4526285.html (검색일: 2010.08.23).

18_李瑞還, 1994년 3월 政協 제8기 2차 회의 폐막식에서의 연설. http://www.people.com. cn/item/lianghui/zlhb/zx/8jie/newfiles/b1060.html (검색일: 2010.08.27); 江澤民, 1997년 2월 제8기 전국인대 5차 회의, 제8기 전국정협 5차 회의 책임자회의에서의 발언. http:// cpc.people.cpm.cn/GB/64184/64185/180137/10818743.html (검색일: 2010.08.27).

한편, 4세대 정치 엘리트들은 앞 세대가 강조한 민주법제와 의법치국(依法治國)의 기초 위에서 기층(基層) 민주와 당내(黨內) 민주의 확대 및 민주적 제도 확립 등을 보다 강조하고 있다. 먼저 16차 당대회에서 처음으로 기층 민주주의의 발전을 사회주의 민주정치 발전의 기초로 간주하고 중점적으로 추진할 것을 천명했다. 즉 기층의 당 조직이 영도하는 기층 자치 메커니즘을 확충하여 자치 범위를 확대하고, 직공대표대회를 기본 형식으로 하는 기업·사업 단위의 민주적 관리 제도를 완비하며, 향진 기구 개혁을 심화하여 기층 정권 건설을 강화함으로써 '정부 행정관리'와 '기층 군중 자치' 간의 양성(良性) 상호작용을 도모할 것을 주문했다. 또한 당내 민주주의 실현을 통하여 사회 전체의 민주주의를 발전시킨다는 민주주의 확대 경로를 상정하고, 이를 실현하기 위해 당원의 주체적 지위 존중과 민주적 권리 보장, 당무 공개, 당 대표대회 대표의 임기제, 당내 선거제도 개혁, 당내 기층 민주주의의 다양한 형식 확대 등을 제기하고 있다.[19]

민주정치 실현을 위한 발전 방향에 관해 구체적 내용도 제시했는데, 민주적 제도의 확충, 민주주의 형식의 다양화, 민주주의 경로의 확대와 함께 인민의 알 권리, 참여권, 표현권, 감독권을 보장해야 한다고 했다. 아울러 점차 도시와 농촌의 인구 비례에 근거한 인민대표대회 선거제도를 실행하고, 정책 결정의 투명도와 대중의 참여도를 제고하여 주민 이익과 밀접한 관계가 있는 법률·법규 및 공공정책을 제정할 때는 원칙상 공청회를 열어 의견 수렴을 하도록 하는 한편, 사회주의 민주정치, 자유와 평등, 정의 등에 대한 주민 의식 교육을 강화할 것을 요구하고 있다.[20]

19_胡錦濤, 2007년 10월 중국공산당 제17차 전국대표대회 보고문. http://cpc.people.com.cn/GB/64162/64168/106155/106156/6430009.html (검색일: 2010.08.27).

한편『백서』에서는 인류의 정치 문명 발전 역사를 볼 때 어디에나 보편적으로 적용할 수 있는 유일하고 절대적인 민주주의 모델은 없다고 단정하고 중국 민주정치 건설의 네 가지 원칙을 제시하였다. 첫째, 중국공산당의 영도, 인민주권, 법에 의거한 통치가 유기적으로 통일되어야 한다. 이는 중국의 사회주의 민주정치 발전에 있어 가장 중요하고도 근본적인 원칙이다. 둘째, 사회 안정, 경제 발전, 주민 생활수준 향상에 유리해야 한다. 셋째, 국가주권과 영토 보전과 존엄을 지키는 데 유리해야 한다. 넷째, 점진적이고 질서 있는 발전 규율에 부합해야 한다고 명기하고 있다(徐連欣 2005).

요약해 보면 3세대 정치 엘리트들은 군중 노선을 최대한 활용하면서 인민(계급) 민주주의의 실현을 위한 사항들의 법률화 및 제도화를 통하여 통치자 개인이나 정치적 상황에 흔들리지 않도록 인민 민주의 기조를 공고히 다지고자 한 것으로 보인다. 4세대 정치 엘리트들은 민주주의의 보편적 가치를 인정하면서도 민주주의의 발전 방향이나 형식적 측면에서는 중국 특색의 사회주의 민주정치를 주창하면서 사회주의 범위 안에서의 민주적 제도 완비와 기층 민주 및 당내 민주의 확대 등을 통하여 이른바 중국식 민주주의의 길을 모색하고 있는 것으로 판단된다.

따라서 전반적으로 이들 제3·4세대 중국 정치 엘리트들은 '민주화가 아닌 제도화'라는 새뮤얼 헌팅턴(Samuel Huntington)의 정치발전 모델을 수용하고 있는 것으로 판단할 수 있다(Huntington 1969, 4-5). 그러나 제4세대

20_溫家寶, 2007년 3월 제10기 전국인대 5차 회의 정부공작 보고문. http://npc.people.com.cn/GB/28320/78072/78092/5482298.html (검색일: 2010.09.01); 胡錦濤, 2007년 10월 중국공산당 제17차 전국대표대회 보고문. http://cpc.people.com.cn/GB/64162/64168/106155/106156/6430009.html (검색일 2010.08.27).

는 제3세대에 비해 민주주의의 개념과 형식에 대해 공세적이고 적극적으로 접근하고 있다고 보인다. 그 대표적인 예는 이른바 2004년 조슈아 쿠퍼 라모(Joshua Cooper Ramo)의 『베이징 컨센서스』(*The Beijing Consensus*) 출간 이후 활기를 띤 중국 발전 모델과 더불어 진행되고 있는 중국식 민주주의 정립 시도를 들 수 있다(조영남 2009). 이런 시도는 중국의 특수성을 보편화시키고 그의 저변을 넓히려는 것으로 이해할 수 있다.

4. 세대별 정치 엘리트의 속성과 시대 상황, 그리고 민주주의

1) 세대별 정치 엘리트의 속성과 시대 상황[21]

먼저 제3세대 정치 엘리트는 연령별로 봤을 때 출생 연도가 1926년(장쩌민)에서 36년(리톄잉, 李鐵映)까지 분포되어 있고, 모두 한(漢)족이며 남성이다. 입당 연도는 1945년(리펑)에서 60년(뤄간, 羅幹)까지 분포되어 있다. 이들 중 10명의 학력(정식 활동 이전)이 대학 졸업, 즉 학사이고, 리루이환(李瑞環), 장춘윈(薑春雲) 등 2명은 정식 활동 이후 전문대를 졸업했으며, 1명(셰페이, 謝非)은 고등학교 졸업이다. 대졸 이상인 자들의 전공은 2명(리란칭(李嵐清)은 기업관리, 천시퉁(陳稀同)은 중문학)을 제외하고는 모두 이공 계열

21_이 부분의 개별 엘리트 관련 자료는 中共中央組織部 中共中央黨史硏究室(2004)의 관련 부분을 참조했다.

이다. 또한 6명이 유학 경험을 가지고 있었는데, 리톄잉은 체코슬로바키아에서, 뤄간은 동독에서 유학했고, 나머지 4명은 소련에서 공부했다.

이들의 주요 경력을 보면 중앙정부(소속 국유 기업 포함)가 가장 많은 8명이고, 지방정부 4명, 전국총공회 등 군중 조직이 1명(리루이환)이다. 특기할 만한 사항은 지방정부에서 주요 경력을 쌓은 천시퉁, 탄샤오원(譚紹文), 셰페이, 장춘윈 등 4명은 각각 베이징(北京), 톈진(天津), 광둥(廣東), 산둥(山東)등 모두 연해 지역에서 활동했다는 점이다. 제3세대 정치 엘리트 중 '기술관료'라고 할 수 있는 이들은 모두 8명이며,[22] 장쩌민, 리펑, 셰페이, 탄샤오원을 제외한 9명은 문화대혁명 시기 노동 개조 혹은 하방을 당했다.

제4세대 정치 엘리트는 1938년(우관정, 吳官正)에서 47년(류윈산, 劉雲山) 사이에 출생했다. 1명(후이량위, 回良玉)을 제외하고 모두 한족이며, 입당 연도는 1962년(우관정)부터 75년(류치, 劉淇)까지 분포되어 있다. 이들 중 11명의 학력(정식 활동 이전)은 대학 졸업 이상이며, 류치, 우관정, 원자바오 등 3명은 석사 학위를 취득했고, 후이량위는 전문대 졸업, 왕러취안(王樂泉)과 류윈산은 고등학교 졸업이다. 대졸 이상의 학력 소유자들 중 1명(왕강(王剛)은 철학)을 제외하고는 모두 이공계를 전공했으며, 4세대 정치 엘리트는 전부 유학 경험이 없다.

이들의 주요 경력은 중앙정부(소속 국유 기업 포함)가 왕자오궈(王兆國), 류치, 왕강, 저우융캉(周永康) 등 4명, 지방정부(소속 국유 기업 포함)가 10명이다. 눈에 띄는 점은 이들의 활동 지역이 다양하다는 것인데, 물론 베이징,

---

22_본 연구는 대학에서 자연과학, 응용과학, 재정과 경제 등 전문 기술 교육을 받고, 관련 분야에서 종사한 경험이 있는 이들을 '기술관료'라고 규정하고 있으며, 이 같은 정의는 Li and White(1990)를 참조했다.

상하이(上海), 산둥 등도 있지만 다수가 지린(吉林), 후베이(湖北), 안후이(安徽), 랴오닝(遼寧), 장시(江西), 신장(新疆), 구이저우(貴州), 간쑤(甘肅) 등 중서부 지역에서 경력을 쌓았다. 이들 제4세대는 이런 점 이외에 후진타오, 왕자오궈, 왕러취안, 류윈산 등이 중앙과 지방의 공산주의청년단 활동을 했다는 것도 특징적이다. 또 이들 중 6명이 대학 졸업 후 곧바로 직장에 배치되지 못하고 학교에서 일정 기간 대기한 경험이 있고, 왕러취안, 후이량위, 류윈산, 왕강 등 4명은 기술관료라고 할 수 없다.

이상의 내용을 바탕으로 3·4세대 정치 엘리트 속성을 비교해 보면 다음과 같다. 먼저 민족 구성면은 4세대에 와서 소수민족 출신(후이량위)이 포함되었고, 학력 수준은 4세대가 약간 더 높은 수준이다.[23] 각 세대 중 '기술관료'의 비율은 3세대(61.5%)에 비해 4세대(71.4%)가 다소 높은 편이다. 이 같은 학력 수준과 기술관료 비중의 변화는 덩샤오핑의 간부의 혁명화, 연소화, 지식화, 전문화를 의미하는 '간부사화'(幹部四化) 정책의 효과로 볼 수 있을 것이다. 실제로 제4세대 엘리트들은 대부분 1982년 '간부사화'가 당규약에 삽입된 이후 지방 간부에서 공산당 중앙위원회 위원(후보위원 포함) 등 중앙 간부로 발탁되었다.[24] 그리고 전체 수준에서 중국 정치 엘리트의 학력 수준은 계속 높아지고 있는 추세이다(주장환 2009, 89).

다음으로 이들 두 세대 간에 가장 차별성을 보이는 속성은 해외 유학 경험의 유무이다. 3세대는 절반에 가까운 46.2%가 구 사회주의권 국가에서의 유학 경험을 가지고 있는 반면 4세대는 유학 경험이 전무하다. 그리

23_참고로 학력 수준은 고졸 1, 전문대졸 2, 대졸 3, 석사 이상 4로 점수를 주어 전체 인원수를 나누어 평균을 구했다. 그 결과는 제3세대가 2.54, 제4세대가 2.86으로 나왔다.

24_이 같은 과정에 대해서는 Li(2001, ch. 2)를 참조.

고 주요 경력의 측면에서 보면 3세대의 61.5%가 중앙정부(소속 국유 기업 포함)에서 활동한 반면 4세대는 71.4%가 지방정부(소속 국유 기업 포함)에서 활동하여 3세대에 비해 제4세대는 내륙 지역을 중심으로 경력을 쌓았다고 볼 수 있다.

이상을 토대로 이들 두 세대의 속성을 다음과 같이 정리할 수 있다. 중국의 제3세대와 4세대 정치 엘리트는 기본적으로 기술관료가 그 주도 유형이라고 할 수 있으며, 따라서 일반적으로 기술관료는 자신들의 전공의 배경상 경제성장과 기술 발전을 중시하는 경향을 가진다고 할 수 있다. 그러나 동일한 기술관료라 하더라도 3세대와 4세대는 집단적 속성 측면에서 대별되는 차이점을 가진다. 해외 유학 경험에서 볼 수 있듯이 건국 초기인 사회주의 개조 시기에 해외 유학을 간다는 것은 일반인에게는 불가능했던 일이라고 볼 수 있으므로 다수가 유학 경험이 있는 3세대는 보다 '엘리트주의자'(elitist)적 경향이 강한 반면 4세대는 상대적으로 '대중주의자'(populist)적 경향이 강하다고 할 수 있다. 또 주요 경력의 측면에서 볼 때도 4세대가 주로 낙후된 지방 내륙 지역을 중심으로 활동한 반면 3세대는 중앙정부 혹은 개혁·개방의 수혜를 가장 많이 받은 지역을 중심으로 활동했다는 점도 이런 경향을 강화시킨다고 할 수 있겠다.

마지막으로 이 두 세대는 모두 문화대혁명으로 인해 피해를 입었다. 그러나 그 정도는 본격적인 정치 활동 도중에 박해를 받은 3세대가 더욱 심한 것으로 여겨진다. 4세대는 대부분 대학 졸업 이후 다른 동급생들과 같이 직장 분배를 받지 못한 정도였다. 따라서 문화대혁명이라는 사건, 즉 마오쩌둥식의 평균적 사회주의에 대한 반감은 3세대가 더욱 컸을 것이라고 추정해 볼 수 있으며, 같은 맥락에서 개혁·개방 노선, 즉 불균형 발전의 당위성에 대한 긍정과 지지도는 3세대 정치 엘리트들이 더 높았을 것으로 판단된다. 따라서 제3세대는 상대적으로 '엘리트주의자' 경향의, 제4세대는 '대중주의자' 경향의 기술관료라고 규정할 수 있을 것이다.[25]

이들 제3·4세대 중국 정치 엘리트들이 직면한 시대 상황을 살펴보면 다음과 같은 차이가 있다. 우선 제3세대에게는 1989년 톈안먼(天安門)사건 등 개혁·개방 노선 초기의 시행착오 속에서 자칫하면 자신뿐만 아니라 공산당의 집권 기반까지 빼앗길 수 있다는 절박한 상황이 존재했고, 이런 상황은 제3세대 정치 엘리트들이 지속적인 경제 발전을 추진하기 위해서 정치 안정이 필요하다는 논리를 받아들이게 만들었다(서진영 2002, 460-461). 한편 제4세대가 직면한 상황은 제3세대 엘리트들이 집권한 제13~15기, 즉 1987~2002년 기간으로 급속한 경제성장을 주요 특징으로 하는 '외형적 성장'의 시대라고 할 수 있다. 이런 발전관은 결과적으로 사회 전체의 부는 확대시켰지만, 도농 및 지역 간 소득 격차를 심화시키고 간부의 부패 현상 역시 확대시켰다. 4세대가 직면한 이런 시대 상황은 새로운 발전관 수립에 대한 필요성을 강하게 요구했다(Fewsmith 2004a).

2) 세대별 정치 엘리트와 민주주의

그렇다면 제6장에서 살펴보았듯이, 각 세대별로 민주주의 개념과 형식에 대한 인식의 차이는 어떻게 형성된 것인가? 이를 본 연구의 분석틀에 비

25_이런 의미에서 제3세대 정치 엘리트가 기술관료의 원래 개념, 즉 '전문'(specialist) 관료에 더욱 가깝다고 할 수 있고, 제4세대 지도자는 그 반대 개념인 '일반'(generalist) 관료에 가깝다고 할 수 있다.

추어 설명하면 다음과 같다. 먼저, 제3세대 집권기의 시대 상황은 '중국 사회주의의 위기와 이에 대한 보수적 대응의 필요성 제고'로 규정할 수 있다. 즉 이들이 집권하기 시작한 1989년은 국내적으로 1978년 이후 10여 년 동안 추진해 왔던 개혁·개방정책의 부작용에 대한 불만이 누적되어 톈안먼 사건이라는 대대적인 체제 변혁적 사건이 발생한 직후였다. 또한 국제적으로는 구소련과 동구권 사회주의의 붕괴가 현실화되고 있었다. 이에 대해 중국 지도부는 당내의 급진 개혁파인 자오쯔양 등을 실각시키고 사회주의 체제의 고수를 최대 목표로 삼았다.

이런 시대 상황과 상호작용하는 제3세대 정치 엘리트는 세대적으로 정치적 혼란에 대한 거부감을 공유하고 있었고, 중앙 단위에 집중된 주요 경력과 해외 유학 경험에서 영향을 받은 것으로 보이는, 엘리트주의적 경향이 강한 기술관료라는 속성을 가졌다. 따라서 이 시기 동안 전반적으로 정치개혁이나 민주주의에 대한 논의는 극도로 제한된 가운데 경제적인 발전과 성장에만 역점을 두었다.[26] 즉 엘리트주의적인 속성이 기존의 기득권에 대한 보존적인 경향을, 기술관료로서의 속성이 경제와 기술의 발전이라는 측면을 강조하는 경향을 갖게 해 이런 인식을 가지고 정책을 집행하게 된 것이다. 결국 3세대 정치 엘리트는 민주주의 개념과 형식에 대해서는 기존 사회주의 체제를 굳건히 한다는 차원에서 기존의 인민민주주의, 즉 계급 민주주의를 강하게 옹호하고 군중 노선을 중시했으며, 다른 한편으로는 국가 체제의 안정적 작동을 위해서 법률화와 제도화를 강조하는 입장을 나타냈다고 분석된다.

26_이런 체제적 특성은 '신권위주의'라고 규정할 수 있다. 중국의 신권주의주의에 관한 보다 자세한 내용은 王浦劬·謝慶奎(2003, 207-219); 何增科(2004) 등을 참조.

이에 반해 제4세대가 직면하고 있는 시대 상황은 '개혁·개방 노선 성공의 이면에 대한 적극적 대응의 필요성 제고'로 요약할 수 있다. 대내적으로 중국은 제3세대 집권기를 거치면서 외형적 성장을 거듭해 왔지만, 지역·도농·계층 간 격차는 매우 심각한 상황이었다. 대외적으로는 2001년 세계무역기구(WTO) 가입을 필두로 현재 제2위의 세계 경제대국으로 발돋움했으나 끊임없는 '중국 위협론'에 시달리고 있다. 이에 제4세대 정치 엘리트는 제3세대에 비해 상대적으로 다양한 지방 단위에서의 활동 경험과, 마오쩌둥 노선에 대한 상대적으로 덜한 거부감 등을 바탕으로 대중주의자적 기술관료의 속성을 가지고 국정을 운영하고 있다. 즉 이들은 기술관료이기는 하나 내륙 등 낙후 지역과 지방 단위에서의 활동 경험으로 인해 중국의 불균형 발전의 부작용에 대한 보다 현실적인 이해를 할 수 있었다. 또 제3세대와는 달리 평균주의적인 마오쩌둥류의 노선에 대해서도 그 거부감이 덜하기 때문에 '균형'과 '조화'와 같은 정치적 수사에 대해 친화력을 가질 수 있었다고 분석된다.

결국 이들은 대내적으로는 과학적 발전관이라는 지속가능한 발전 전략을 내세우면서, 전체 사회 측면에서의 균형 발전을 강조하는 조화사회 건설을 최우선 국정 과제로 설정하고 있다. 또한 대외적으로는 이전의 소극적 대응에서 벗어나 '화평발전'(和平發展) 등을 주창하면서 국제적 사안에 대해 적극적으로 자기 목소리를 내고 있다. 같은 맥락에서 4세대는 민주주의에 대해서도 인류 보편의 가치 차원에서 접근하기 시작했다고 볼 수 있을 것이다. 다만 중국 발전의 현 단계와 상황에 맞는 민주주의의 길을 적극적으로 모색하고 있는 것으로 보인다.[27]

5. 결론

본 연구는 민주화와 정치개혁에 대한 중국 정치 엘리트들의 인식 변화의 요인에 대한 분석을 진행하면서, 특히 세대별 정치 엘리트 속성의 차이에 초점을 맞추었다. 연구 결과 3세대는 중국 사회주의의 위기와 이에 대한 보수적 대응의 필요성 제고라는 시대 상황에, 엘리트주의 기술관료라는 속성이 상호작용하면서 계급 민주주의로서의 인민민주주의를 강조했다. 또한 국가 체제의 안정적 작동과 운영에 주안점을 두면서 민주주의와 정치개혁에 대해서는 상대적으로 소극적·방어적이었다고 볼 수 있다. 문화대혁명 시기에 인치(人治)로 인한 폐해를 뼈저리게 겪은 3세대는 법치(法治)의 중요성과 필요성을 절감하고 이의 안착을 위한 일환으로 민주법제와 의법치국 등을 강조한 것으로 판단된다.

반면 제4세대는 개혁·개방 노선 성공의 부작용에 대한 적극적 대응의 필요성 제고라는 시대 상황에 더해 대중주의자적 기술관료라는 속성이 상호작용하면서 민주주의의 보편성은 인정하면서도 이에 중국의 특수성을 결합시키려는, 상대적으로 적극적인 정책과 인식을 표현하고 있다. 또한 4세대 시기에는 '인민'의 범위가 더욱 확대되면서 이전보다 계급의식이 더 약화되었고, 중국의 국제적 위상과 영향력이 커지면서 특히 서구를 중심으로 중국의 정치적 민주화에 대한 관심과 요구가 증대된 환경에 노출되었다. 이에 대해 4세대 엘리트는 이전 세대에 비해 보다 자신감 있게 적극적으로 대처하면서 관련 논의도 주도하고 있다. 여기에는 중국이 경제성장을

27_실제로 중국 학계에서도 제4세대 집권기에는 중국적 민주주의와 관련된 다양한 논의들이 진행되고 있다. 주요한 것들로는 高放(2006); 俞可平(2004); 潘維(2003) 등을 들 수 있다.

바탕으로 국력이 크게 증강된 상황과 함께, 해외 유학 경험 없이 중앙뿐만 아니라 지방, 연해뿐 아니라 내륙에서도 주요 경력을 쌓아 중국 내의 특수한 상황에 정통하다고 인식하는 4세대의 속성 또한 반영된 것으로 보인다. 그리고 이런 대중주의자적 속성은 민주주의의 발전 과정에 있어서도 중국적 맥락에서 당내 민주나 기층 민주의 확대를 중요시하는 것에도 일정 정도 영향을 미친 것으로 판단된다.

물론 제4세대에서도 민주화나 정치개혁에 대한 명시적이고 실질적인 변화는 나타나고 있지 않다. 2010년 노벨 평화상을 수상한 반체제 인사 류샤오보(劉曉波) 사건이 그 대표적인 예이다. 또 국제적인 수준에서 중국의 민주화 수준에 대한 평가 역시 변화가 없다.[28] 그러나 중국 정치 내부에 아무런 변화가 없다고 평가하는 것은 정치체제 내부의 역동성을 인정하지 않는 편향이라고 할 수 있다.[29] 즉 다당제의 도입과 직접선거제도의 확대 등이 이뤄지지 않았다고 해서 중국 내 민주주의와 정치개혁 면에서 변화가 없는 것은 아니라는 의미이다.

그렇다면 제3·4세대 정치 엘리트 이후 중국을 이끌어 나갈 제5세대 정치 엘리트 집권 시기의 민주주의는 어떻게 전망할 수 있을까? 개혁·개방 이래 확립된 중국 정치의 순환 규칙에 따르면, 제5세대 정치 엘리트는 2012년 제18차 공산당 전국대표회의 직후부터 향후 10년간 중국을 이끌

28_국제적인 민주주의 평가 기관 프리덤하우스에 따르면, 2003년부터 2010년 현재까지 중국의 민주화 수준은 여전히 최하위로 구체적인 수치에서도 변화가 없다. 자세한 상황은 프리덤하우스 홈페이지(http://www.freedomhouse.org)를 참조.

29_이와 같은 관점에서 중국 정치의 변화를 일부 학자들은 '권위주의적 탄력성'(authoritarian resilience), '탈전체주의적'(post-totalitarian), '협상적'(consultative), '연성적'(soft) 권위주의 등의 개념을 사용함으로써 인정하고 있다(Nathan 2008; Shambaugh 2008, 178).

어 나간다. 또 이들 중 최고 지도자급 인물은 이미 제17기에서부터 중국 정치의 각 영역에서 그 활동의 비중을 높여 나가고 있다.

최근의 한 연구에 따르면, 이들 5세대 정치 엘리트는 우선 99%가 대졸 이상의 학력을 가졌으며, 사회과학 분야를 전공한 이들이 가장 많았다. 또 전체의 48.5%가 공청단(共靑團) 경험을 가지고 있는데, 특히 공청단 경험을 가진 이들은 대부분 중앙과 기층에서 당과 정부의 선전부나 조직부와 같은 분야에서 주로 활동했다. 따라서 전반적으로 제5세대는 기술관료의 쇠락과 일반관료의 부상이 눈에 띈다고 할 수 있다. 또 이 세대 정치 엘리트의 54%가 문화대혁명 시기 농촌이나 산간 오지로 하방을 경험했고, 16.5%는 서구 국가에서의 유학 경험을 가지고 있다(Li 2008, 100-107). 이렇게 봤을 때 속성의 측면에서 제4세대가 기술관료이지만 대중주의자적 경향을 가졌다면, 제5세대는 일반관료가 주도 유형으로 자리 잡으면서 그 대중주의자적 경향은 더욱 강화될 것으로 예상할 수 있다. 즉 경제성장 지상의 효율을 중시하는 외형적 측면보다 사회 내부 모순의 해결을 우선시하는, 균형을 중시하는 내실의 측면을 강조할 것으로 보인다.

시대 상황의 측면에서도 실제로 개혁·개방의 부작용으로 빚어진 각종 영역에서의 불균형 문제를 해결하지 않고서는 중국의 지속적인 성장을 기대하기 힘든 상황이기도 하다. 결국 터져 나오는 사회 각계의 불만, 특히 개혁·개방의 피해 계층인 사회 약자층과 상대적으로 낙후된 지역의 이해와 요구를 받아 안는 방향으로 국정 운영을 해나갈 것으로 분석된다. 이런 상황 아래 민주주의에 대한 인식과 그 형식에 있어서도 일정한 변화가 예상된다. 제4세대와 마찬가지로 매우 적극적으로 민주주의에 대한 논의를 진행하면서 중국적 민주주의에 대한 일정한 담론을 넘어 공식(共識)을 만들어 내기 위해 노력할 것이며, 이에 걸맞게 경제개혁과 마찬가지로 정치개혁의 측면에서도 그 시험을 확대해 나갈 것으로 보인다. 특히 이미 공론화되고 있는 당내 민주화는 중국 사회의 그간의 변화로 인해 공산당이 계급정당으로만 머물 수 없다는 점,[30] 정치적으로 통제 가능한 공간이라는 점 등을 고려했을 때 상당한 진척을 이룰 수 있을 것으로 전망된다.

그러나 제5세대의 집권기에 이런 당내 민주화 등의 영역의 변화가 전체 중국 사회로 확대되어 갈지는 미지수이다. 당내 민주화 등은 결국 엘리트 내부의 권력 승계와 분점, 그리고 갈등 해결의 효율화 측면에서 중요한 문제이기 때문이다. 이는 특히 삼권분립, 다당제, 직선제 등 서구적 의미에서의 민주주의와는 상당히 거리가 있을 것이고, 현재 중국의 기본 정치제도와 배치되는 부분이 많을 뿐 아니라 정치 엘리트들이 강조하는 '중국적 민주주의'의 주장과도 상치되는 것이다. 이런 점들을 감안하면 결국 아래로부터의 저항의 조직과 그 강도가 중국적 민주주의의 실제 내용을 좌우할 중요한 요인이라고 할 수 있다.

30_참고로 2004년에 이미 중국 사영 기업가의 34%가 입당했으며, 2006년 기준 500대 부자의 35%가 공산당원이다("我國1/3私企老板是黨員,"『南方都市報』2005/02/13; "我國1/3以上的500大富翁是共産黨員,"『重慶日報』2006/11/11).

8장

중국 엘리트 정치의 권력투쟁

: 2012년 '보시라이 사건'을 중심으로

1. 서론

2012년 상반기 중국 정치에서는 매우 격렬한 권력투쟁이 발생했다. '충칭(重慶) 모델'로 제18기 중국공산당 중앙위원회(이하 줄여서 '중공 중앙') 정치국 상무위원회 진입이 유력하던 충칭시 당 위원회 서기 보시라이(薄熙來)가 2012년 4월 10일 엄중한 당 기율 위반 혐의로 중앙위원 및 중앙위원회 정치국원 직위를 박탈당하고 조사를 받게 되었다(新华社 2012). 또한 바로 직전인 지난 3월에는 보시라이를 지지한 것으로 알려진 저우융캉(周永康) 제17기 중공 중앙정치국 상무위원 겸 중공 중앙 정법위원회 서기의 실각설, 파벌 간의 투쟁으로 인한 제18차 중국공산당 전국대표대회의 연기설 등이 제기되기도 했다(Mattis 2012). 이는 현재 이른바 '보시라이' 사건으로 명명된다.

2012년은 최고 지도부의 교체 및 구성이 주요 의제인 제18차 중국공산당 전국대표대회가 예정되어 있던 중요한 해였다. 그러나 이 밖에도 다음의 두 가지 점에서 2012년은 세간의 주목을 받았다. 첫째, 중국 정치에서 최고 지도부의 평화적/제도적 교체를 관례화할 계기였기 때문이다. 기실 중국 정치에서 평화적/제도적 교체는 2002년에 이뤄진 장쩌민(江泽民)에서 후진타오(胡錦濤)로의 권력 승계, 즉 제3세대에서 4세대로의 그것이 첫 번째였다(Huang 2008, 80-81). 따라서 이번에 제4세대에서 5세대로의 평화적/제도적 권력 교체가 이뤄진다면, 복수 이상이 되어 관례화되었다고 판단할 수 있기 때문이다. 둘째, 불투명한 중국 정치의 실재 작동 메커니즘에 대한 이해를 심화시킬 수 있기 때문이다. 주지하다시피 중국은 공산당의 일당 독재가 실시되고 있다. 또 당내 각 주요 정치 파벌들의 경쟁과 협력이 일상화되어 있고 제도화는 아직도 완성이 아니라 진전 중이다(주장환 2011a, 31). 그러나 평소에는 그 구체적인 상황에 대해 관찰하기가 매우 힘들다. 그러므로 2012년에 최고 지도부 교체라는 핵심 의제를 둘러싸고 각 파벌들의 경쟁과 협력의 양태가 외부에 노출될 가능성이 매우 크다. 왜냐하면 일반적으로 특정 정치체제가 내·외부의 압력에 가장 취약한 모습을 보이는 시기가 권력 교체기이며, 경쟁과 협력의 틀이 여전히 완비되지 않은 상태에서 그 정도는 더욱 격렬해지기 때문이다(Putnam 1976, 67-78).

기실 안정성과 제도화의 정도가 그 이전보다 높다고 평가되는 1978년 개혁·개방 이후에만 해도 최고 지도부 교체 및 집권 파벌의 영향력 공고화와 관련된 권력투쟁은 빈번하게 발생했다. 대표적인 것은 1995년의 베이징 시 당 위원회 서기 천시퉁(陳希同)의 실각, 2003년의 사스 사건 등을 들 수 있다.[1] 이들 권력투쟁은 한편으로는 중국 정치가 대의민주주의 체계를 완비하지 못하고 여전히 일당 독재 아래 있다는 현실을 반영하며, 다른 한편으로는 불투명한 중국 정치에서 해당 시기 실재 작동 메커니즘을 집약적으로 파악할 수 있는 주요한 사례로 인정받고 있다. 즉 파벌 간 경쟁과 협력은 현 중국 정치 시스템이 바뀌지 않는 이상 일상적으로 지속되고 있으나 그 외부적 표현은 권력투쟁으로 외화되고 있는 것이다.

이런 측면에서 보시라이 사건은 매우 중요하다. 이 사건에 대한 분석을 통해, 후진타오에서 차기 지도부로 권력이 승계되는 과정의 각 정치 파벌의 동학(動學)을 파악할 수 있고, 이를 이전의 그것들과 비교해 2012년 현 시점에서 중국 엘리트 정치의 좌표를 설정할 수 있다. 또한 중국 엘리트 정치 전반의 변화와 지속의 흐름을 규명하고, 이에 기반하여 향후 전망을 도출할 수 있다. 본 연구는 보시라이 사건이 왜 발생했으며, 어떻게 진행되었고, 그 결과는 무엇인가를 선제적으로 규명한다. 다음으로 보시라이 사건과 개혁·개방기에 발생한 유사 사건과의 비교 분석을 통해, 현시점의 중국 정치 내부의 권력투쟁과 동학의 특징을 도출한다. 마지막으로 이를 통해 향후 중국 엘리트 정치의 발전 전망 등에 대해 논하고자 한다.

2. 보시라이 사건의 전개

1) 사건의 배경

보시라이 사건의 배경에는 우선 조직적 측면에서 '퇀파이'(團派) 대 '타

1_각각의 사건에 대한 보다 자세한 사항은 高新(1995, 232-248); Bo(2007, 203-244) 등을 참조.

이즈당'(太子黨) 및 '상하이방'(上海幫)이라는, 중국 정치의 주요 파벌과 파벌 간 관계들이 존재한다. 퇀파이는 중국공산당의 청년 조직인 '공산주의청년단'(이하 줄여서 공청단)의 중앙위원을 역임한 이들 중 정계로 진출한 인사들이 현 최고 지도자인 후진타오의 정치적 성장과 함께 조직된 파벌이다.[2] 구성으로 보면 후진타오와 비슷한 시기에 중앙위원을 역임한 이들이 핵심적인 역할을 하며, 그의 정치적 부상과 함께 그 이후의 공청단 지도부들이 소속되어 있다. 전자로는 류윈산(劉雲山), 왕러취안(王樂泉), 류옌둥(劉延東) 등을, 후자로는 리커창(李克強), 왕양(汪洋), 리위안차오(李源潮) 등을 들 수 있다(Bo 2007, 182-185). 중요한 점은 일당제인 현재 중국 정치체제에서 이 파벌이 실질적인 '집권 세력'으로서 기능하고 있다는 것이다. 즉 후진타오 국정 운영의 내용과 형식적 측면을 지지하는 역할을 하고 있다.

타이즈당은 1949년 중화인민공화국 건국에 기여한 혁명 원로들의 자제들 중 정계에 투신한 있는 이들을 가리킨다. 즉 당대 중국의 최대 기득권층의 자제들로 정치적 특권을 누려 왔으며, 당-국가 체제라는 특성으로 인해 경제적으로 부패와도 많이 연관되어 있다고 평가된다. 이들은 부모인 혁명 원로들이 1980년대 초반 정계를 은퇴하면서 정치적 승진을 보장받고 본격적으로 부상했다.[3] 구성으로 보면 혁명 원로의 직계 자제와 방계 친족으로 나눌 수 있다. 전자는 시중쉰(習仲勳) 전 전국인민대표대회 상무위원회 부위원장의 아들 시진핑(習近平), 보이보(薄一波) 전 국가경제위원회 주임의 아들 보시라이, 류샤오치(劉少奇) 전 국가주석의 아들 류위안(劉源) 등이, 후자에는 야오이린(姚依林) 전 국무원 부총리의 사위 왕치산(王岐山), 쳰

2_'퇀파이'의 결성과 발전 과정에 대한 보다 자세한 사항은 艾仰樺·陳曉銘(2009)를 참조.
3_'타이즈당'의 부상과 발전 과정에 대한 보다 자세한 사항은 何頻·高新(2003) 참조.

자둥(錢嘉東) 전 저우언라이(周恩來) 국무원 총리의 외교 담당 비서의 사위 왕이(王毅) 등이 속한다(邱平 2005, 15-32). 한편 이 파벌은 핵심 구성원 중 한 명인 시진핑이 차기 최고 지도자로 선출될 것이 유력하기 때문에 '차기 집권 세력'으로 지목받고 있다.

상하이방은 장쩌민 전 중국공산당 중앙위원회 총서기를 중심으로 구성된 파벌로 상하이를 기반으로 정치 활동을 했거나, 그와 개인적인 인연을 맺은 정치 엘리트들을 가리킨다. 전자로는 황쥐(黃菊), 우방궈(吳邦國), 쩡칭훙(曾慶紅) 등이고, 후자는 자칭린(賈慶林), 리창춘(李長春), 쩡페이옌(曾培炎) 등을 들 수 있다.[4] 이 파벌은 1992년부터 2002년까지 집권 세력으로 기능했고, 현재에도 여전히 중국 정계에 일정한 영향력을 미치고 있는 것으로 파악된다.[5]

사건 발생의 동기 측면에서 보시라이 사건은 차기 권력 분배와 깊은 관련이 있다. 건국 이후 당-국가 체제를 유지하고 있는 중국에서 공산당 최고 지도부, 즉 중공 중앙정치국 상무위원회는 권력의 정점에 있다고 할 수 있다. 이 조직이 현실적으로 집단영도체제(collective leadership system)로서 중국을 통치한다는 의미이다.[6] 따라서 최고 지도부의 교체가 예정되어 있는 최근은 각 정치 파벌들이 중공 중앙 총서기인 최고 지도자를 포함한 차기 권력 구도에서 영향력을 극대화하기 위해 최선을 다하는 시점이다. 이와 관련하여 몇 가지 점이 매우 중요하다. 첫째, 현재 집권 세력인 퇀파이

4_'상하이방'의 부상과 발전 과정에 대한 보다 자세한 사항은 史果(2003) 참조.

5_이들 파벌 구조 및 제5세대의 파벌과 관련된 보다 자세한 사항은 주장환(2011b, 149-174) 참조.

6_이 체제의 확립과 발전에 관련된 보다 자세한 사항은 Miller(2008, 80-97)를 참조.

는 차기 최고 지도자 경쟁 구도에서 타이즈당에게 밀리고 있었다. 즉 차기 경쟁의 향방을 가늠할 수 있는, 차기 지도자들 선정을 위한 2007년 '민주추천회'(民主推薦會)에서 자파 세력인 리커창이 타이즈당의 시진핑에게 지지도 측면에서 뒤졌기 때문이다(Zheng 2010, 195).

둘째, 최고 지도자 직위를 둘러싼 경쟁뿐만 아니라 중국 정치의 최고 지도부라고 할 수 있는 중공 중앙정치국 상무위원회에서의 다수파 지위까지도 흔들리는 상황이 됐다. 개혁·개방 이후 관례적으로 7인 혹은 9인 등 홀수로 구성되는 이 위원회에서, 2012년 들어서는 당초 리커창, 류윈산, 리위안차오, 왕양 등 4인에서 왕양이 빠진 3인으로 퇀파이의 예상 진입 인원수가 줄어드는 상황이 발생했다.[7] 구체적으로 왕양이 진입하지 못하고, 그 대신 보시라이의 진입 가능성이 높아진 것이다. 그 이유는 왕양과 보시라이가 각각의 파벌을 대표하여 이른바 광둥(廣東)-충칭 모델 간 논쟁을 벌인 결과, 보시라이의 충칭 모델이 현실적으로 승리했기 때문이라고 할 수 있다(多维中国议题组 2012).

셋째, 이렇게 퇀파이가 차기 권력 구도에서 열세에 놓이게 된 결정적인 사건은 상기한 광둥과 충칭 모델 간의 대립이었다.[8] 전자를 대변하는 퇀파이는 기실 그동안 특히 균형 발전, 내륙 편향, 내수 진작을 주장하는 국내 발전 모델과 관련하여 다른 파벌 및 그 지도자들과 몇 차례의 대립과 갈등이 있었다. 대표적으로, 기실 특정 노선으로까지 발전했다고 보기에는 무

7_참고로 제14~15기 중국공산당 중앙위원회에는 정치국 상무위원이 7명이었고, 제16~17기에서는 9명이었다. 보다 자세한 사항은 주장환(2011a, 30)을 참조.

8_권력투쟁과 노선투쟁과의 관계에 대해서 크게 후자를 전자의 표현이라고 보는 견해와 전, 후자가 독립적인 영역이 있다는 견해가 존재한다. 중국 정치에서 이런 구분에 대한 보다 자세한 사항은 寇健文(2010, 26-30)을 참조.

리가 있지만, 2006년 상하이방의 유력 지도자 천량위(陳良於)는 당시 중앙 정부의 긴축정책에 연해 지역의 이익을 대변하여 반발하다가 결국 부패 혐의로 실각했다(Li 2009). 또 2008년 당시 미국 발 금융위기 당시 단기적으로 예상되는 경기 침체에 대응하기 위해 그동안의 정책 기조였던 수출보다는 구조 조정을 연기하고 저부가가치 제품 중심의 수출 기업 지원 등의 정책을 펴야 한다고 주장한 타이즈당의 유력 정치인 시진핑과, 이를 반박하는 퇀파이의 왕양 간에 논쟁과 갈등이 있었다(주장환 2008c).

그러나 보시라이가 2007년도 충칭시 당위원회 서기로 부임하면서 기획 및 추진한 충칭 모델은 앞의 두 사례와는 질적인 차이가 있다. 첫째, 충칭 모델은 퇀파이보다 더 적극적으로 균형 발전과 분배의 중요성을 강조하면서 기존 노선의 대립 구도를 바꿔 놓았다. 즉 기존의 대립 구도가 퇀파이의 '균형 발전과 분배' 대(對) 타이즈당·상하이방의 '불균형 발전과 성장'이었다면, 충칭 모델은 표면적으로는 퇀파이보다 더 퇀파이적인 주장을 하였던 것이다(宋魯鄭 2011). 그러나 그 추진 방식과 주체에 있어서, 충칭 모델은 정부 주도의 집체 운동적인 방식을, 광둥 모델은 시장 주도의 제도 건설 중심의 방식을 선호한다(蘇偉 2011). 따라서 충칭 모델은 매우 효과적으로 광둥 모델과 대비되어 타이즈당의 정책 혁신 능력을 보여 주는 계기로 작용했다.

둘째, 충칭 모델의 제기와 의식적인 확산으로 인해 타이즈당은 부모 때문에 혜택을 받았지만 능력 면에서는 출중하지 않고, 더구나 부패의 화신으로 낙인찍혀 온 대중적 이미지를 일정 정도 상쇄하고, 가장 중요하게는 중국 사회의 수혜층뿐 아니라 피해층을 대변할 수도 있다는 가능성을 보여줬다. 이는 매우 중요하다. 왜냐하면 중국 정계에 예전과는 달리 파벌에 포괄되지 않은 이른바 '무파벌' 인사가 증가하고 있고, 따라서 이들은 당내 주요 정치 파벌들과 정책 정향을 매개로 연합, 연대하고 있는 현상이 존재하기 때문이다.[9] 따라서 타이즈당은 이 충칭 모델을 매개로 이전에는 퇀파이와 전통적으로 연대를 맺어 온 내륙 및 낙후 지역 출신 재임 정치인들을 흡수하기 위한 경쟁이 가능하게 되었다(주장환 2012a, 174-175).

2) 사건의 발단과 전개

상술한 배경 아래 보시라이 사건이 발생했다. 이 사건은 몇 단계로 나누어 볼 수 있다. 첫 번째 단계는 왕리쥔(王立軍) 전 충칭시 공안국장의 미국 총영사관 망명 시도 및 무산이다. 일각에서는 왕리쥔의 이런 행동의 배후에 퇀파이가 있다는 분석도 존재하지만 그 진위는 확인하기 어렵다(구자룡 2012). 그러나 이 돌출 사건을 퇀파이가 포착 및 이용한 것은 분명하다. 2007년 이후 충칭에서 보시라이가 벌인 조직범죄 소탕 과정에서 '치안 영웅'이자 심복으로 평가받던 왕리쥔 충칭시 부시장은, 불분명한 사유로 인해 공안국장에서 면직당한 지 얼마 안 된 2012년 2월 6일 청두(成都)에 소재한 미국 총영사관에 진입하여 망명을 신청했다. 하루를 머물고 중국 당국의 개입으로 2월 7일 총영사관을 빠져나와 베이징(北京)으로 이송되어 조사를 받았다(新华网 2012). 이 과정에서 공식적으로 개입한 중국 측 기관은 국가안전부와 인민해방군 총참모 제2부였다. 그러나 왕리쥔의 신병을 확보하기 위해 보시라이의 지시를 받은 황치판(黃奇帆) 충칭시 시장이 시의

9_이 같은 최근의 흐름에 대해서는 Li(2008a, 108-109) 참조.

무장 경찰을 위수지를 벗어나 청두로 동원한 것으로 알려졌다(童丹 2012). 이는 그만큼 왕리쥔이 보시라이 측에게는 중요한 인물이었다는 것을 방증한다. 그러나 결과는 그의 신병 확보에 실패했고, 왕리쥔은 베이징에서 조사를 받기 시작했다.

한편 왕리쥔 사건 발생 이후에도 보시라이는 여전히 매우 활발한 외부 활동을 했고, 3월 열린 전국인민대표대회에 참석해서도 표면적으로는 건재를 과시했다. 특히 그는 전국인민대표대회 개회 기간 중인 5일 충칭의 발전 성과에 대해 중공 중앙이 긍정했고, 계속 전진하겠다고 밝히기도 했다. 또 중공 중앙정치국 상무위원이자 정법위원회 서기인 저우융캉과 중공 중앙기율검사위원회 서기 훠궈창(賀國強)이 충칭시 대표단을 찾아와서 격려하기도 했다(王慧杰 2012). 이 당시 왕리쥔 사건에 대해서 보시라이는 "사람을 잘못 썼다"(用人失察)라고 평가했다. 따라서 왕리쥔 사건을 보시라이의 개인 비리 및 비위와 관계없는 별개 사건, 즉 왕리쥔의 개인 동기로 인한 돌출 행동으로 처리할 것이라는 일부의 분석이 대두되기도 했다(최형규 2012).

두 번째 단계는 보시라이의 충칭시 당위원회 서기직 전격 경질이다. 이 단계는 원자바오 국무원 총리의 강한 언급으로 시작되었다. 그는 3월 14일 전국인민대표대회 폐막 기자회견에서, 왕리쥔 사건은 이미 그 처리에 있어서 상당한 진전이 있으며 이후 "사실에 근거하고, 법률에 의거하여 처리하겠다"라고 밝히고, 충칭시 당위원회와 인민 정부의 지도부는 "반드시 반성해야" 하며, "이번 사건에서 반드시 교훈을 얻어야 한다"고 말했다(崔东 2012). 이로써 보시라이 역시 일정한 수준의 처벌이 불가피해졌다는 관측이 우세해졌다. 결국 전국인민대표 폐막 직후인 3월 15일, 보시라이가 중앙위원회 정치국원직을 계속 맡지만, 더 이상 충칭시 당위원회 서기직은 맡지 않고, 장더장(張德江) 당시 중공 중앙정치국원이자 국무원 부총리가 그 자리를 이어받는다고 발표됐다. 당시 많은 분석가들은 2012년 중국 권력투쟁이 이로써 봉합 국면에 들어갈 것으로 전망했다.

그 이유는 퇀파이 입장에서 이번 권력투쟁의 목표가 정치국 상무위원회에서의 다수파 장악이었기 때문이다. 즉 보시라이의 충칭시 당위원회 서기직 박탈을 통해 차기 최고 지도부 진입 가능성을 봉쇄하면서 그 소기의 목적을 달성했다는 것이다. 더구나 퇀파이는 정국 운영의 책임을 지고 있는 집권 파벌로서 기본적으로 정국의 안정을 책임져야 했다. 실례로 집권 파벌의 경쟁 파벌에 대한 공격과 중공 중앙정치국원에 대한 공격이라는 점에서 이번 사건과 유사하면서 가장 최근에 발생한 2006년의 천량위 사건 때에도, 그의 숙청 이후 더 이상 확전되지 않았었다. 따라서 이 국면까지만 해도, 보시라이는 결국 1992년의 양바이빙(楊白冰)과 2010년의 왕러취안의 사례와 유사하게 정치국원직은 유지하지만 실권은 없는 상태로 자연스럽게 은퇴하게 될 것이라는 분석이 제기되었다(高君 2012).

세 번째 단계는 보시라이의 중앙위원 및 중앙위원회 정치국원직 박탈이다. 이 단계로의 진입은 상술한 이유들 때문에 예상외라는 평가가 지배적이었다. 그러나 4월 25일, 돌연 보시라이의 중공 중앙위원 및 정치국원직이 정지되고, 중앙기율검사위원회에서 정식으로 조사를 받고 있다는 소식이 발표됐다(新华社 2012). 기실 이 같은 조치에는 전조(前兆)가 있었다. 그것은 4월 11일, 왕리쥔의 제보에 따라 보시라이의 아내 구카이라이(穀開來)가 2011년 11월 15일 충칭에서 사망한 영국인 사업가 닐 헤이우드를 살해한 혐의로 조사를 받고 있다는 소식의 공표였다(黄橙 2012). 따라서 보시라이의 혐의인 '엄중한 기율 위반'은 바로 이 사건과 깊은 관련이 있는 것으로 파악된다. 즉 살인 사건 은폐 혐의인 셈이다. 현재 범죄 혐의자 신분인 보시라이에 대한 조사가 진행 중이다. 대부분의 전문가들은 보시라이는 결국 재판을 받을 것이고, 그 재판 결과에 상관없이 이로써 정치적 생명은 끝났다고 보고 있다(*South China Morning Post* 2012).

한편 두 번째 단계에서 마무리될 조짐을 보이던 보시라이 사건이 결국 정치적 사망으로 이어진 원인에 대해서는 몇 가지 설명이 가능하다. 즉 '연착륙'에서 '경착륙'으로 처리 방식이 변경된 원인으로 먼저, 보시라이의 연착륙에 불만을 품은 왕리쥔이 후진타오에 대한 '도청' 같은 보시라이의 범죄행위를 사후 폭로한 점을 들 수 있다(Ansfied and Johnson 2012). 그러나 이미 어느 정도 해결의 실마리를 잡은 상황에서 이런 정도의 범죄행위가 원인이라고 하기에는 무리가 있어 보인다. 다른 주된 원인으로 개인이 아닌 집단과 노선으로서의 충칭 모델에 대한 근본적 박멸의 필요성을 들 수 있다. 충칭 모델이 이미 하나의 노선으로 정립되었고 또 이에 지지하는 집단이 형성되어 있으므로, 현실적으로 보시라이에 보다 근본적 타격을 가해 충칭 모델을 제거해야 할 필요성이 대두된 것이다(严家祺 2012).

이 주장은 다음의 몇 가지 근거를 통해서 힘을 얻고 있다. 실제로 보시라이에 대한 기율 위반 혐의 조사 발표 이후 노선과 집단으로서의 충칭 모델과 보시라이에 대한 철저한 제거 작업이 두 축에서 진행되고 있다. 하나는 이른바 보시라이 인맥에 대한 조사이다. 저우융캉으로 대표되는 중국공산당 중앙과 군부 내의 친보시라이 인맥에 대한 조사가 진행되었거나 진행 중이다. 이들이 단순한 친분 이상의 관계이며, 일정한 행동을 취했을 가능성이 있다는 것을 의미한다. 특히 저우융캉은 정치개혁 등 문제에서 후진타오, 원자바오와 갈등을 빚은 것으로 알려진 인물로, 한때 실각설까지 나돌았다(Miller 2011; Page and Wei 2012; Huang 2012). 다른 하나는 충칭 모델의 흔적 제거 작업이다. 보시라이 실각 이후 중앙정부는, '충칭 모델'이란 별도로 존재하지 않았으며 최근 충칭의 경제사회적 발전은 중앙정부의 지방 발전 전략의 덕택이라는 논리를 펴고 있다. 특히 보시라이가 충칭시 당위원회 서기 재직 시절 펼친 모든 활동에 대한 비판과 부정 작업이 대대적으로 펼쳐지고 있다(王新 2012).

3) 결과

우선 보시라이에 대한 처리에는 두 가지 방법이 존재한다. 첫째는 전통적인 방식대로 비밀리에 처리하는 것이고, 둘째는 공개적인 재판을 받게 하는 것이다. 둘 다 그 결과는 비슷하겠지만, 2012년 11월 제18차 중국공산당 전국대표대회 개최를 앞두고 정국 안정과 공산당 이미지에 대한 영향 등을 고려하여 결정될 것이라는 분석이 대다수를 차지했다. 따라서 그 구체적 시기는 2013년 상반기가 될 것으로 예측된다(李宇婷 2012).

이외에 보시라이 사건의 결과는 다음의 몇 가지 측면에서 분석할 수 있다. 먼저 차기 권력 구도에서 퇀파이의 영향력이 확대될 것이다. 보시라이의 실각으로 인해, 중공 중앙정치국 상무위원회에서 퇀파이의 수적 우세가 가능해졌다. 이는 이번 권력투쟁에서 퇀파이가 소기의 목적을 달성했다고 평가되는 지점이기도 하다. 한편 타이즈당 외에 저우융캉 등 다른 파벌 소속 인사들에 대해서도 최소한 일정한 견제의 효과를 거둔 것으로 판단되므로, 차기 인선 구도에서 자파 세력의 안정적 배치가 가능해졌다고 할 수 있다. 즉 최고 지도자 자리는 시진핑에게 넘겨준다 하더라도, 중공 중앙정치국 상무위원회에서의 다수파 지위를 활용하여 영향력을 극대화할 수 있다는 것이다(주장환 2012b).

다음으로 퇀파이의 정책 영향력의 지속이 가능해졌다. 이 사건은 후진타오 집권 후반기, 즉 2007년 이후 불안하던 퇀파이의 정책 영향력이 다시 공고해지는 계기가 되었다. 기실 이런 정책 영향력의 부침은 시진핑이라는 타 파벌정치인이 차기 최고 지도자로 선정되면서 시작되었지만, 퇀파이의 영향력에 균열이 생기기 시작한 본격적인 계기는 바로 보시라이의 충칭 모델이라고 할 수 있다(Miller 2012). 그러나 보시라이 사건의 결과로 인해 그 개인뿐만 아니라 충칭 모델에 대해서도 '철저한' 제거가 이뤄질 것이기 때문에, 적어도 국내 발전 전략 차원에서 퇀파이의 영향력은 지속될 것이다. 특히 충칭 모델에 대한 공격으로, 이른바 특정 이익을 위해 정책 노선을 중심으로 타이즈당이 다른 파벌 및 무파벌 인사들과 기존 파벌보다 넓은 범위에서 결집하는, '파벌 그룹'(factional group) 결성의 매개 고리를 제거했다는 것도 퇀파이에게 중요한 성과로 파악된다.[10]

마지막으로 중국 정치 동학의 조직적 차원에서 핵심 형태인 '과두제'가 여전히 효과적으로 작동하고 있다는 것이 확인됐다.[11] 즉 주요 정치 파벌들이 경쟁과 협력을 벌이고 있는 상황에서, 퇀파이에 의해 주도된 이번 권력투쟁이 과두제의 붕괴라는 파국으로 치닫지 않기 위해 협력한 것이다. 구체적으로 타이즈당의 시진핑, 상하이방의 장쩌민, 퇀파이의 후진타오 등은 보시라이 사건의 처리에 대해 서로 합의한 것으로 알려졌다(高君·王新 2012). 제18차 중국공산당 전국대표대회를 위한 중요한 인사 관련 회의이자, 중국식 과두제의 현실적 상황을 대표하는 '민주추천회'가 지난 2007년 6월에 이어 보시라이 사건에 대한 해결의 가닥을 잡은 지 얼마 안 된 5월

10_이 '파벌 그룹'에 대한 보다 자세한 사항은 Bo(2007, 140) 참조.

11_중국 정치 동학의 과두제적 성격에 관한 보다 자세한 사항은 주장환(2011a, 13-42) 참조.

초순 다시 열린 것으로 확인됐다. 또 이 자리에서 최고 지도부인 정치국 상무위원회 구성과 관련된 의견을 투표로 수렴했다(穆尧·子清 2012). 이는 중국식 과두제가 보시라이 사건에도 불구하고 여전히 작동 중이라는 것을 방증한다. 동시에 향후 중국의 정치 일정이 예정대로 진행될 것임을 대내외에 공표한 것으로 해석된다.

3. 2012년 중국 권력투쟁의 특징

보시라이 사건으로 명명되는 2012년 중국 권력투쟁의 특징은, 1992년 제13차 중국공산당 전국대표대회 이후부터 본격적으로 시작된 장쩌민·후진타오 시기의 다른 그것들과 비교했을 때 공통점과 차이점이 있다. 참고로, 이런 시기 구분은 이들 최고 지도자 집권기는 이전과 결정적으로 다른 특징을 가지고 있고, 그 기본적인 특징은 변화되고 있지 않은 데 기인한다. 이 기본적인 특징이란 이 시기 중국 정치 구조의 핵심이 집단지도체제, 즉 '과두제'(oligarchy)라는 것이고, 이는 마오쩌둥(毛澤東), 덩샤오핑(邓小平) 등 카리스마형 지도자들의 집권기와는 구별되는 결정적인 차이라고 할 수 있다.[12] 따라서 본 연구에서는 정치 구조와 작동 측면에서, 과두제라는 핵심적 특징을 가진 시기, 즉 장쩌민·후진타오 시기—특히 집권 1기라고 할 수 있는 2002년부터 2007년 시기—의 주요 권력투쟁과 보시라이 사건을 비

12_이런 논지에 대한 보다 자세한 사항은 Miller(2008, 61-79)를 참조.

교함으로써 보시라이 사건의 특징을 보다 집약적으로 파악하고자 한다.

구체적으로 본 연구는 장쩌민·후진타오 시기 대표적 권력투쟁의 사례로, 전자에서는 1995년의 천시퉁 사건을, 후자에서는 2006년의 천량위 사건을 설정한다. 그 이유는 표면적으로 봤을 때 이들이 다른 권력투쟁들에 비해 발단, 전개, 결과의 측면에서 보시라이 사건과 매우 유사하기 때문이다. 또 이 세 사건은 모두 중공 중앙정치국원이 임기 도중 사퇴당한 공통점을 갖고 있기도 하다. 따라서 2012년 중국 권력투쟁의 특징을 집약적으로 파악하기 위해서 매우 유용한 비교 사례라고 판단된다. 물론 이런 측면에서 본 연구는 비교의 방법 중 유사한 사례에 대한 비교를 통해 서로 다른 현상을 낳은 중요한 원인들을 규명해 내는 차이법(Method of Difference)의 논리를 따른다고 할 수 있다.[13] 아래에서는 이런 관점에 입각하여 이들 사례의 공통점과 차이점에 대한 비교 분석을 통해, 2012년 권력투쟁 사례인 보시라이 사건의 특징을 도출한다.

1) 공통점

이 세 사례의 공통점은 우선 그 배경 면에서 찾아볼 수 있다. 물론 시공간적인 차이로 인해 당연하게도 사건의 구체적인 착화(着火) 지점은 달랐다. 천시퉁 사건의 경우, 1995년 왕바오썬(王寶森) 당시 베이징시 부시장의 자살 사건이 그 시초였다. 이를 계기로 시작된 조사 과정에서 당시 베이징

13_비교의 대표적인 방법인 일치법과 차이법에 대한 보다 자세한 사항은 한국비교사회연구회(1990, 183-191) 참조.

시 당위원회가 조직적으로 개입된 부패 사건이 밝혀졌고, 천시퉁의 연루가 확인되었다(Bo 2010, 337). 천량위 사건은 2006년 상하이시 사회보장기금 관련 비리 사건을 조사하는 과정에서 그의 개입이 밝혀졌다(Bo 2010, 133). 그러나 이 세 사건의 배경에는 정치 파벌 간 주도권 다툼이라는 동기가 내재되어 있었고, 더 구체적으로는 당시 집권 파벌의 지배력 공고화라는 공통의 동인이 존재했다. 천시퉁의 사건의 경우 당시 집권 파벌이던 상하이방이 경쟁 관계에 있던 베이징방(北京幫)을 공격했고, 천량위와 보시라이 사건의 경우 집권 파벌인 퇀파이가 경쟁 관계인 상하이방과 타이즈당을 공격함으로써 영향력 확대를 시도했던 것으로 분석된다. 즉 경쟁 관계에 있는 파벌의 영향력을 약화시키기 위해 집권 파벌이 선공을 취했다는 의미이다. 실제로 천시퉁의 경우, 당시 최고 지도자이자 상하이방의 핵심 인물인 장쩌민의 당내 경력이 자신보다 일천함을 문제 삼아 여러 차례 그가 최고 지도자가 된 것에 대한 불만을 표출하는 등의 행동을 하면서 상하이방에 대항했다(寇健文 2010, 185). 천량위의 경우 표면적으로 2004년 이후 진행된 중앙정부의 경기과열 억제 정책에 대한 반대가 부각되었지만, 상하이방의 차기 지도자로서 퇀파이와 경쟁했다는 점에서 그에 대한 공격의 구체적 동기를 분석하는 것이 보다 정확하다고 하겠다. 또 중공 중앙정치국 회의에서 후진타오와 원자바오를 직접 비판하는 등 그 돌출적인 행동이 문제가 되기도 했다(寇健文 2010, 221). 보시라이 역시 상술한 바와 같이 표면적으로는 국내 발전 전략을 둘러싼 노선 대립으로 비춰지지만, 보다 근본적으로는 2012년 이후 중국 정계 주도권을 두고 퇀파이가 타이즈당을 공격한 것이 주요 동인이라는 분석이 유력하다.

이 세 사례의 다음 공통점은, 모두 전개 과정이 측근의 비리 혹은 비위를 확인, 조사하는 과정에서 목표 인물의 연루 사실이 확인되는 수순을 밟았다는 것이다. 이른바 동심원의 변두리에서 중심으로 좁혀져 나가는 방식을 따르고 있다. 천시퉁의 경우 그의 측근인 왕바오썬 자살 사건을 조사하는 과정에서, 천시퉁을 비롯한 당시 베이징 당 위원회 고위급 인사들이 조직적으로 연루된 장기적인 비리 행태가 포착되었다. 천시퉁 개인만 해도 1991년에서 94년 사이에 비리로 약 300만 위안 상당의 금전적 이익을 취했던 것으로 알려졌다(Wong and Zheng 2002, 147-148). 천량위의 경우는 상하이시 사회보장기금 유용 사건을 수사하던 과정에서 그의 전직 비서였던 친위(秦裕)가 구속되어 그의 비리 사실이 드러나, 약 3억 위안의 자금을 수뢰했던 것으로 밝혀졌다(范盛雨 2012). 보시라이 역시 그의 측근으로 인정받던 왕리쥔의 망명 기도 사건에 대한 조사 과정에서 그의 비위 사실이 드러났다.

마지막으로 이 세 사례는 모두 타겟이 된 지도자의 정치적 입지 상실뿐만이 아니라 사법적 처리까지 이뤄졌다. 정치적으로는 우선 중공 중앙정치국원직을 정지당하고 당 기율위원회의 조사를 거쳐 당적을 박탈당했고, 정치적 상황을 고려해 이들의 사법 처리는 이른바 '비밀 심리, 공개 심판'(秘密審理, 公開宣判)의 원칙에 따랐다. 즉 이들의 정치적 신분과 민감성과 파장 등을 고려하여 사법 처리 과정에서 심리는 비밀리에 하되, 재판 결과 등은 공개한다는 것이다.[14] 천시퉁의 경우 1995년 모든 직무가 정지되었고 1997년에 당적이 박탈되었으며, 비밀 심리를 거쳐 1998년 16년 유기징역형에 처해졌다. 천량위의 경우 2006년에 직무가 정지되고 2007년에 당적

14_물론 보시라이의 경우, 아직 이 원칙이 적용될지 여부가 불확실하다. 그러나 과거의 전례를 따를 가능성이 높다고 현재 시점에서도 판단할 수 있다. 이 같은 판단과 관련된 보다 자세한 사항은 *佑安*(2012)을 참조.

이 박탈당했으며, 2008년에 18년 형을 받았다. 보시라이는 현재 모든 직무가 정지된 상태로 당 기율위원회에서 조사가 진행 중이고, 재판에 회부될 것이 유력하다는 점에서 이들 사례와 유사하다 하겠다.[15]

2) 차이점

한편 이 세 사건은 다음의 몇 가지 차이점을 보인다. 첫째, 시기상의 차이다. 천시퉁, 천량위 사건의 경우, 각각 1995년과 2006년에 발생했다. 그러나 보시라이 사건은 2012년에 일어났다. 즉 앞의 두 사례가 권력 교체와 직접적 관련이 없는 시기에 발생한 반면, 보시라이 사건은 18차 중국공산당 전국대표대회가 있는 해에 발생했다. 따라서 보시라이 사건이 시기적으로 더욱 민감한 때에 일어났다고 볼 수 있다. 이런 측면에서 보시라이 사건은 권력 재편기에 구체적인 특정 지도자의 진퇴를 두고 벌어진 다른 권력투쟁과 유사하다.

중국 개혁·개방기에 와 유사한 사례는 1997년에 정계에서 은퇴한 차오스(喬石)를 들 수 있다. 그는 혁명 원로 중의 한 명으로, 1997년 당시 당 중앙위원회 정치국 상무위원 겸 전국인민대표대회 상무위원회 위원장으로 재직하고 있었다. 당시 장쩌민보다 상대적으로 자유주의적인 목소리를 내면서 경쟁 관계를 형성했다. 차기 정치국 상무위원회 합류를 두고 장쩌민 측과 권력투쟁을 벌였으나, 결국 당시 72세의 고령임이 문제가 되면서 정

15_2012년 6월 현재 중국 당국이 보시라이의 재판 회부 시점을 저울질하고 있는 것으로 알려졌다(李辨明 2012).

계를 은퇴하는 것으로 마무리가 되었다. 이 사건은 비록 차오스가 특정 파벌을 구성하지는 않았지만, 그가 후진타오를 지지했다는 측면에서 상하이방의 공격 동기는 분명하다고 할 수 있다(Fewsmith 2001, 73-74; Wong and Zheng 2002, 49-50).

둘째, 노선투쟁과의 결부 여부이다. 기실 권력투쟁과 노선투쟁 간의 관계에 대한 주장은 분분하다. 그러나 일치되는 점은 양자 간의 관계가 어떠하든지 간에, 노선투쟁이 결부된 권력투쟁은 일차적으로 직위 등 자원 배분에만 집중된 그것보다 더욱 치열하고 장기화될 가능성이 높다는 것이다(Tsou 2002, 118-119). 따라서 노선투쟁과의 결부 여부는 해당 권력투쟁의 정도를 가늠하는 하나의 척도라고 할 수 있다. 이런 측면에서 보면, 천시퉁 사건은 노선투쟁과 결부되지 않은 사례이다. 반면 천량위와 보시라이 사건은 노선투쟁과 일정한 관련이 있다고 판단된다. 또 천량위 사건의 경우, 당시 중앙정부의 경기과열 억제 정책이 연해 동부 일부 지방정부의 이익을 침해했다는 점에 대해 반발한 측면이 있지만, 하나의 정책 노선으로 정립되어 이를 주장했다고 보기에는 한계가 있다. 왜냐하면 같은 파벌, 즉 상하이방의 다른 지도자들은 중앙정부의 정책 기조를 찬성했고, 그 역시도 대안적 정책을 가지고 반대한 것이 아니기 때문이다(寇健文 2010, 222). 한편 보시라이 사건은 그가 충칭시 당위원회 서기로 부임한 2007년 이후부터 정치운동 방식을 도입한 정부 주도의 균형 발전론인 충칭 모델이라는 노선을 구체화시켜, 환파이의 이른바 시장 주도의 균형 발전론인 광둥 모델과 주도적으로 논쟁을 불러일으켰다. 또 타이즈당과 직간접적으로 관련이 있는 주요 정치인들, 특히 중공 중앙정치국 상무위원 6명이 여러 차례 충칭을 방문하여 지지 의사를 분명히 하기도 했다(유상철 2012). 더구나 상술한 것과 같이, 보시라이에 대한 환파이의 '철저한' 공격의 배경에 충칭 모델이라는 현실적 영향력을 확보한 노선이 자리 잡고 있었다. 실제로 중앙정부는 보시라이가 실각한 이후에도 충칭 모델이 정확하지 않았고, 실패했다는 점을 집중적으로 선전하고 있다(鱼飞 2012). 환파이는 관방 매체를 동원하여 충칭 모델을 마치 극좌파, 즉 마오쩌둥의 노선과 동일하다는 식의 선전을 진행하고 있다(Lam 2012). 또 그동안 충칭 모델의 선전에 힘을 기울여 온 '우여우즈샹'(烏有之鄕)이라는 대표적인 중국의 좌파 웹사이트는, 당국의 봉쇄에도 불구하고 다른 인터넷 언론사에 성명서를 발표하여 보시라이는 누명을 쓴 것이며, 충칭 모델을 여전히 지지한다고 밝히기도 했다(烏有之鄕 2012). 이런 측면에서 보시라이 사건이 다른 두 사례보다 노선투쟁과 보다 직접적으로 연관되어 있었고, 따라서 강도도 상대적으로 더 격렬하다고 할 수 있다.

셋째, 권력투쟁이 착화되는 과정에서의 측근의 역할과, 범죄 행위의 성격의 측면에서 차이점을 보이고 있다. 발단 과정에서 측근의 역할을 보면, 천시퉁과 천량위 사건의 경우 전자에서는 측근이 자살했고, 후자는 체포되어 조사 과정에서 천량위의 비리 연루 사실을 자백했다. 정도의 차이는 있지만 소극적이었다고 평가할 수 있다. 그러나 보시라이 사건의 경우, 측근인 왕리쥔이 청두 소재 미국 총영사관으로 망명을 기도했을 뿐만 아니라, 직전인 2월 3일 반체제 사이트인 '보쉰닷컴'(http://boxun.com)에 보시라이를 '최대 간신'으로 표현하며 그의 행적을 비난하는 글을 올리기도 했다(인교준 2012). 이렇듯 매우 적극적으로 보시라이를 공격하며 세간의 주목을 끌려는 행동을 취했다. 이 밖에도 상술했듯이 그는 조사 과정에서 보시라이의 비리 및 비위 사실을 매우 적극적으로 폭로했던 것으로 알려진다.

한편 범죄행위의 성격에서도 보시라이 사건은 앞의 두 사례와 차별성을 가진다. 즉 천시퉁과 천량위는 모두 비리 혐의로 실각했다. 그러나 보시라이는 물론 현재 조사가 진행 중이기는 하지만, 현재까지 알려진 바로는 비리보다 아내의 범죄 사실을 은폐하는 데 가담하는 등의 비위(非違)가 중심 혐의이다. 구체적인 비위 행위와 관련해서, 쿠데타설, 부인의 범죄 행위 동조설, 후진타오 등 당정 지도자 도청설 등 여러 가지가 거론되고 있다. 이렇게 봤을 때, 중국 정치에서 권력투쟁의 주요 매개 고리로 비리와 함께 비위 행위 역시 중요하게 부상될 가능성이 있다. 실제로 천량위 사건 외에 후진타오 집권기 대표적인 권력투쟁 중의 하나인 2003년 사스 사건에서도, 주된 공격의 매개 고리는 당시 상하이방 관련 지도자들의 무능과 비위 사실이었다(史果 2003, 25-26).

마지막으로 처리 과정에 있어 각 파벌 간 동학의 측면에서 위의 사례들은 각각 차이점을 보이고 있다. 기실 이 측면에서 보면 천시퉁의 사례는 비교적 단순하다. 천시퉁은 베이징방이라는 파벌을 구성하고 있었지만 몇몇 혁명 원로들과의 관계가 밀접했을 뿐 중앙당과 정부 차원을 포괄할 만큼 파벌의 규모는 크지 않았다. 따라서 천시퉁의 실각 과정에서 다른 파벌들이 개입할 별다른 여지나 움직임이 존재하지 않았다(Fewsmith 2001, 110). 그러나 천량위와 보시라이 사건에는 비교적 활발한 파벌 간의 경쟁과 협력의 동학이 존재했다. 천량위의 경우 사건 발생 당시 상하이방의 주요 지도자로서 이미 입지를 굳히고 있었고, 장쩌민 전직 최고 지도자의 비호를 받고 있었다. 그러나 상하이방은 부패 행위가 명백하고 그 규모가 매우 큰 점 등을 고려하여 그의 실각을 인정할 수밖에 없었다. 이에 장쩌민은 공개적으로 천량위의 행위가 부적절했다는 것을 천명했다. 그러나 사후 처리 과정에서 상하이시 당위원회를 계속해서 상하이방과 관련이 깊은 당시 시장 한정(韓政)에게 맡기고, 장쩌민의 3개 대표 이론이 당장에 삽입되는 것을 허용하는 선에서 퇀파이와 일종의 타협을 했다고 분석된다. 이른바 '꼬리

자르기'와 '확전 방지를 위한 타협'을 취한 것이다(Li 2007, 7-9).

보시라이 사건의 경우도 표면적으로 이와 유사하다. 보시라이에 대한 처리 과정에서 타이즈당 지도자들은 형식적으로 퇀파이의 입장을 지지하면서 꼬리 자르기에 나섰다. 또 장쩌민 등 상하이방의 지도자들 역시 보시라이의 처리에 대해서 입장을 나타냈다(陈斐 2012). 그러나 보다 깊이 살펴보면, 타이즈당 입장에서는 상하이방과 연계하여 일정한 저항을 통해 타협을 이끌어 냈다. 이 과정에서 핵심적인 역할을 한 이는 바로 타이즈당과 상하이방에 중첩되어 속해 있는 전 국가 부주석 쩡칭훙(曾慶紅)으로 알려졌다. 그는 현 집권 파벌인 퇀파이에 치명적인 타격을 입힐 수 있는 제18차 중국공산당 전국대표대회의 연기와 같은 확전 방지를 조건으로, 보시라이 처리에 대한 퇀파이의 방안을 지지하고, 보시라이 사건 과정에서 퇀파이에 저항한 자파, 즉 상하이방 인사인 저우융캉에 대한 처벌을 하지 않을 것을 제시했고, 이를 퇀파이 측에서 받아들인 것으로 알려졌다(장세정 2012). 결국 천량위와 보시라이 사건은 당시 주요 파벌 간의 경쟁으로 촉발되었지만, 그 해결 과정에서 각 파벌 간의 타협이 이뤄졌다고 할 수 있다. 이는 한편으로 개혁·개방기 중국 엘리트 정치의 권력투쟁에서, 영합(零合)이 아닌 비영합이 하나의 규칙으로 정착되었다는 것을 보여 준다. 다른 한편, 보시라이 사건 직후에도 예정대로 민주추천회가 진행되었다는 것은 이 시기 중국 엘리트 정치가 과두제를 골간으로 각 파벌의 경쟁과 협력의 틀을 제도화하는 방향으로 발전하고 있음을 방증하는 유용한 사례라고 할 수 있다.[16]

16_직전 시기 이 같은 흐름과 관련된 보다 자세한 사항은 Li(2006); Miller(2008, 77-78)를 참조.

4. 결론

본 연구는 2012년 발생한 보시라이 사건이라는 권력투쟁을 통해 현재 시기 중국 엘리트 정치의 동학을 분석했다. 연구 결과, 이 사건과 역대 유사 사건, 즉 1995년의 천시퉁 사건, 2006년의 천량위 사건과의 공통점과 차이점을 확인할 수 있었다. 우선 집권 파벌의 영향력 확대라는 배경, 파벌 구조의 주변에서 중심으로 접근하는 전개 방식, 그리고 정치적 처리뿐만 아니라 사법적 처리로까지 이어진 결과 면에서 유사성을 보인다. 다음으로, 보시라이 사건은 다른 사례와 비교했을 때 정치적으로 가장 민감한 권력 재편기에 발생한 점, 노선투쟁과 결부 정도가 제일 높다는 점, 측근의 역할이 매우 적극적이고 주동적이었다는 점, 범죄 행위의 주요 성격이 비리가 아닌 비위라는 점, 그리고 처리 과정에서 각 파벌 간에 매우 활발한 경쟁 및 협력이 이뤄졌다는 점에서 그 차이점을 찾을 수 있다.

결론적으로, 보시라이 사건으로 정형화할 수 있는 2012년 중국 권력투쟁은 권력 재편기의 정점에서 발생했다는 점에서 상대적으로 제일 격렬했고, 노선투쟁을 내포하고 있다는 점에서 노선투쟁형 성격을 띠며, 측근의 자율성이 매우 높게 발현되었기 때문에 주체의 측면에서 파벌 간뿐 아니라 파벌 내부 투쟁의 성격을 가지며, 주요 범죄 내용이 비리가 아닌 비위라는 점에서 비위를 공격 대상으로 삼았고, 과두제의 틀 내에서 해결이 이뤄졌기 때문에 체제 내적인 성격을 가지고 있다고 할 수 있다.

그렇다면 이런 결과를 바탕으로 했을 때 향후 중국 엘리트 정치는 어떤 방향으로 변화할 것인가? 우선 이전 사례와 비교했을 때 권력 재편기의 정점에서 권력투쟁이 표면화되었다는 점에서 중국 정치에서 권력투쟁의 발생 가능성이 여전히 매우 높음을 알 수 있다. 물론 과두제라는 기본 구조가 여타 독재 혹은 다두제와 비교했을 때 가장 불안정하다는 것은 주지의 사실이다. 그러나 2012년이 권력 재편기이기 때문에 각 정치 파벌의 최대 목표는 이 시기를 안정적으로 관리하는 것이다. 즉 과두제의 근간을 흔들 수 있는 파벌 투쟁의 발생 가능성은 반대로 낮다고 볼 수 있다. 그럼에도 불구하고 권력투쟁이 발생했다는 사실은 중국식 과두제의 구조적 취약성을 보여 준다. 그러나 다른 측면에서 향후 이와 같은 불확정성이 높은 상황을 제어할 수 있는 파벌 간 경쟁과 협력의 틀을 제도화하려는 노력이 더욱 활발히 진행될 것으로 예측된다. 그것은 '중국 특색의 민주화'라고 명명되고 있으며, 실제로는 이런 내용을 담고 있는 '당내 민주'(intra-party democracy)의 확대라는 방향으로의 개혁이 진행될 것이다(주장환 2011a, 25-26). 왜냐하면 이런 구조적 취약성에도 불구하고, 각 파벌이 단수 파벌의 독재나 비슷한 역량의 다수의 파벌에 의한 다두제를 지지할 가능성은 낮고, 자파의 핵심적 이익을 손상당하지 않기 위해 현재와 같은 방식의 과두제라는 틀의 필요성에 긍정하고 있는 상태이기 때문이다(Miller 2008, 77).

다음으로 그 형성 동기와 동학의 측면에서 봤을 때, 중국의 파벌정치는 기본적으로 이익을 중심으로 노선을 표면화하는 '실재'(real)형 파벌들이 경쟁하겠지만, '협력'에 더욱 방점을 두는 방식으로 변화할 것으로 전망된다.[17] 이번 보시라이 사건의 정치적 중요성과 처리 정도의 증폭과 관련해서도 분석했듯이, 노선에 기반을 두지 않는 경우 파벌의 형성과 그 중요성이 매우 미약할 수밖에 없는 상황이기 때문이다. 즉 충칭 모델과 보시라이 사건은 분리해서 사고할 수 없다는 것이다. 물론 이번 경우는 이미 존재하는

17_정치 파벌의 동기와 동학의 측면에서의 이 같은 분류와 관련된 보다 자세한 사항은 주장환 (2012c) 참조.

타이즈당이라는 파벌이 특정 노선을 매개로 재조직되는 과정에서 발생한 것이기는 하지만 말이다. 따라서 특정 노선을 중심으로 파벌의 이합집산이 진행되는 과정이 향후 중국 엘리트 정치에서 보다 보편화될 것이라고 전망된다.

또 전술했듯이 보시라이 사건의 처리 과정에서 각 파벌들이 보여 준 모습을 보면 권력투쟁으로 인해 현재의 과두제 구도가 파괴되는 것을 원하지 않았고, 그 해결을 위해 협조하는 모습은 악무한적인 경쟁을 진행하는 퇴행적(degenerative)인 것이 아니라 협력(cooperative)형에 더욱 가깝다고 볼 수 있다. 보시라이의 범죄 내용이 비리가 아닌 비위로 초점이 맞춰진 것도 이런 분석을 지지하고 있다. 왜냐하면 비리의 경우 그 대상 범위가 확대되어 전면전이 불가피해지는 반면, 비위일 경우 특정 지도자와 개인으로 그 범위가 한정될 수 있기 때문이다. 따라서 파벌정치를 포괄하는 중국 정치는 향후 노선투쟁을 내포한 권력투쟁을 근본적으로 해결하는 것이라기보다, 각 파벌 간의 협력 상태, 즉 일당 독재 하에서의 집단지도체제를 유지 온존한다는 목표를 달성하기 위해 그 경쟁의 틀을 제도화하는 방식으로 변화할 가능성이 높다.

9장

중국 제5세대 정치 엘리트와 국내 정책

: 행위자와 구조적 특성에 대한 분석

1. 서론

2012년 11월 중국의 집권당인 공산당의 제18차 전국대표대회가 개최되었다. 전국대표대회는 5년마다 정기적으로 열리며 중국공산당의 주요 노선과 정책을 심의 및 결정한다. 이 회의가 상대적으로 더욱 주목받는 것은 이 회의를 기점으로 향후 10년간 중국을 이끌어갈 정치 세대가 바뀌기 때문이다. 이 정치 세대는 이른바 '제5세대'로 알려지고 있다.[1] 따라서 제5세대에 의해 주도되는 중국은 어떤 방향으로 나아갈 것인가에 대한 분석과

1_중국 정치에서 이런 세대별 구분과 제법(提法)에 관한 보다 자세한 사항은 鄧小平, "第三代領導集體的當務之急"(中共中央文獻編輯委員會 1993b, 309-314); Cherrington(1997); 주장환(2008)을 참조.

논의가 최근 한창 진행 중이다(Li 2008; Bo 2010, 383-392).

본 논문은 5세대의 중국을 예측 및 분석하기 위해서는 먼저 이 세대 정치 엘리트의 특성을 규명하는 것으로부터 시작해야 한다고 주장한다. 그 이유는 한 국가의 실제 작동의 주체가 정치 엘리트이기 때문에 이들에 대한 분석이 그 국가의 정책 방향과 동학(動學)을 이해하는 데 가장 1차적이라는 일반적인 견해 이외에도, 중국 체제가 가지는 다음과 같은 특징 때문이다. 첫째, 중국 사회는 건국 이후 줄곧 당-국가(party-state) 체제를 유지하고 있으며, 공산당은 이 사회에서 전일적 지위를 차지하고 있다. 따라서 중국의 변화는 공산당에 의해 추동된다고 할 수 있다. 둘째, 이 공산당은 엘리트의 역할과 중요성을 특히 강조하는 레닌주의적 정당이다. 따라서 중국공산당에서 엘리트의 역할은 상대적으로 다른 국가들보다 더욱 강력하다고 할 수 있다. 셋째, 중국의 변화는 국제 및 국내 정세 등 외부 요인과 상호작용하는 당내의 정치 엘리트의 행위에 의해 사실상 진행되어 왔다. 따라서 중국의 변화를 예측하기 위해서 정치 엘리트에 대한 분석은 매우 기초적이면서도 관건적인 작업이라고 판단된다(Chen and Zhong 2005, 3-6). 즉 2012년 이후 중국의 변화를 전망하고 예측하는 데에 있어서 이 시기를 주도할 정치 엘리트에 대한 분석이 선제적이고 매우 중요하다고 할 수 있다.

이런 배경 아래 본 논문은 중국공산당의 제5세대 정치 엘리트의 행위자 측면과 구조적 측면의 특성을 분석하고자 한다. 보다 구체적으로 첫째, 제5세대 중국 정치 엘리트는 어떤 특성을 가졌는가에 대해 답하고자 한다. 이를 위해 제5세대 중국 정치 엘리트 472명의 인구통계 및 정치사회적 특성을 분석한다. 또한 이전 세대와의 비교를 통해 이 세대의 특성을 보다 명확하게 규명할 것이다.

둘째, 이를 기반으로 제5세대 엘리트들과 상호작용하고 있는 구조적 특성을 분석한다. 보다 구체적으로 이 구조를 파벌과 정책 정향 분포의 측면에서 살펴본다. 중국 엘리트 정치에서 파벌의 중요성은 매우 높다고 할 수 있다. 중국 엘리트 정치는 지도자 개인 주도에서, 여러 명의 비슷한 역량의 지도자들이 서로 경쟁하고 타협하는 '집단지도'(collective leadership) 체제로 변화되어 왔다. 이런 추세는 이전 1~4세대, 즉 마오쩌둥(毛澤東), 덩샤오핑(鄧小平), 장쩌민(江澤民), 후진타오(胡錦濤) 시기를 거치면서 변화해 왔다. 이런 맥락에서 특히 개혁·개방 이래 진전되어 온 중국 엘리트 정치에서의 '제도화'(institutionalization)는 각 파벌(faction) 간의 공존적 경쟁을 가능하게 할 게임의 룰을 정형화하는 의미로 해석할 수 있다. 따라서 이런 의미에서 파벌의 활동은 일부 학자들의 주장과는 달리 상대적으로 더욱 활발해졌다(Miller 2008, 61-64).[2]

다음으로 정책 정향의 분포가 중요한 이유는 다음의 두 가지 이유 때문이다. 첫째, 중국 정치 엘리트들의 동질성이 약화되는 추세를 보이고 있다. 일반적으로 역대 중국 정치 엘리트는 제1과 2세대가 주로 농민과 군인 출신의 '혁명관료'(revolutionary cadre)였고, 제3과 4세대는 주로 엔지니어 출신의 '기술관료'(technocrats)가 다수라는 견해가 지배적이다. 그러나 보다 세부적으로 보면, 특히 개혁·개방기에 들어 이들 정치 엘리트들의 인구통계 및 정치사회적 측면에서의 이질성이 높아졌다는 것을 확인할 수 있다(주장환 2008b, 182-183). 이 점이 중요한 이유는 중국 정치에서 엘리트 집단

2_한편, 일부 학자들은 중국 엘리트 정치의 제도화의 진전으로 파벌을 위시한 '비공식'(informal) 정치의 영역이 약화되었다고 주장하기도 한다. 대표적인 견해로는 Bo(2007, 17-27) 참조. 또 이런 견해에 대한 반박은 Zheng(2010, 71-97) 참조.

내의 이질성의 증대는 종종 긴장과 갈등의 심화로 귀결되기 때문이다(Teiwes 1984).

둘째, 중국 사회는 개혁·개방과 더불어 그 분화가 매우 급속하게 진행되어, 소득 및 지역 격차, 민족 간 갈등이 증가하고 있다. 국제 정세 역시 매우 불안정하고 복잡해져 이에 대한 중국의 반응 또한 다양해지고 있다(Naughton 2007; Shirk 2007). 이런 상황은 한편으로 사회적 분화와 국제 정세의 복잡화 등과 더불어 각각의 계층과 입장을 대변할 정치 엘리트의 생성의 조건으로, 다른 한편으로는 그 해법을 둘러싼 치열한 정책 갈등과 투쟁의 발생 조건으로 이해할 수 있다. 따라서 객관적으로 존재하고 있는 구조의 특성을 파벌뿐만 아니라 정책 정향의 분포 역시 포함해서 분석해야 한다고 판단된다.

본 논문의 이런 시도는 첫째 학술적으로, 사회현상에 대해 '미시'(micro) 혹은 '거시'(macro)라는 단일 접근을 탈피하여 이 두 접근을 '접합'(combination)시켰다는 점에서 그 의의가 있다.[3] 즉 제5세대 중국 엘리트 정치의 미시, 즉 행위자 측면과, 거시, 즉 구조적 측면에 대한 분석을 동시에 진행하고자 한다. 이런 시도는 향후 국내, 국제 정세와 사건 등 외부 요인과 상호작용한 결과인 정책에 대해 보다 과학적인 예측 및 분석을 가능하게 할 것이다. 둘째 정책적으로나 현실적으로, 한중 관계는 2011년 천안함 사건, 연평도 사건 이후 그 '부침'(浮沉) 가능성이 분명하게 확인되었다. 이는 역설적으로 중국에 대한 보다 면밀하고도 정확한 분석에 기반을 둔 정책 수

3_사회현상에 대한 미시, 거시 그리고 미시-거시 접합 전략과 그 필요성에 대해서는 김용학(1996, 37-107)을 참조. 또 이런 접근과 관점을 통해 중국을 분석한 최근의 연구로는 Liu(2005); Fewsmith(2006); Li(2008); Bo(2010, 383-392) 등을 들 수 있다.

립의 중요성을 제고시켰다고 할 수 있다. 따라서 중국의 2012년 이후 주도 엘리트 세대의 행위자와 구조적 특성에 대한 분석은 같은 시기에 대중국 정책 수립의 주요한 기초 자료로 활용될 수 있을 것이다.[4]

제2절에서는 제5세대 등 주요 개념과 사례, 연구 방법 등에 관해 설명한다. 제3절에서는 본격적으로 제5세대 중국 정치 엘리트의 인구통계 및 정치사회적 특성을 분석한다. 동시에 이런 특성을 이전 세대와 비교 분석한다. 제4절에서는 이들 제5세대 엘리트의 정치 구조의 특성을 파벌과 정책 정향 분포의 측면에서 규명한다. 결론에서는 상술한 논의에 대한 요약을 진행하고, 함의 등을 밝힌다.

2. 주요 개념, 대상 그리고 방법론

'정치 세대'(political generation) 개념은 본 논문에서 매우 중요하다. 일반적으로 정치 세대는 일정한 출생 연도를 기준으로 주요 경험과 기억 그리고 집단적인 정치사회적 태도를 공유함을 의미한다. 이런 동년배들은 특정 사회의 주요 경험들을 공유하고, 따라서 유사한 정치사회적 태도를 나타낸다고 본다. 이런 정치 세대의 변화는 그 사회의 변화를 추동한다는 가정에 입각하고 있다(Pilcher 1994). 이런 기본적인 관점에 입각하여 중국의

4_한편 본 연구는 2011년에 진행되었기 때문에 나타나는 시기상의 한계가 분명히 존재한다. 그러나 결론에 2012년 말 개최된 제18차 중국공산당 전국대표대회와 제18기 제1차 중국공산당 중앙위원회 전체회의의 결과를 부분적으로 넣어 그 약점을 보완하기 위해 노력했다.

정치 세대에 관해서 여러 학자들이 연구를 진행해 왔다. 그러나 구체적인 정치 세대의 구분, 특히 제5세대와 관련해서는 현재 그 의견이 분분한 상황이다. 대부분의 학자들이 중국의 정치 세대를 주로 특정 사건에 대한 경험 및 기억의 공유를 중심으로 구분하는 데에는 동의하고 있다. 예를 들면, 제1세대는 1934~35년의 대장정, 제2세대는 1937~45년의 항일전쟁, 제3세대는 1949~58년의 사회주의 개조, 제4세대는 1966~76년의 문화대혁명과 같은 식이다. 그러나 출생 연도라는 기준에 따른 구분은 엄격하게 적용되지 않고 있다. 즉 상당히 다양한 기준이 사용되고 있는데,[5] 그 이유는 다음과 같다. 첫째, 1949년 이전의 중국은 국공내전과 항일전쟁 등으로 극도로 혼란한 상황이었다. 이런 불안정한 상황은 사회 전체의 안정적인 운영과 세대의 순환에 장애물이 되었고, 따라서 출생 연도라는 인구통계적 차원의 정상적인 세대 개념 적용이 불가능하다고 할 수 있다. 이런 측면에서 특히 1·2세대는 인구통계적 기준이 사실상 적용되기 힘든 상황이다. 이보다 관건적인 요인으로 둘째, 중국에서의 정치 세대 구분은 정치적 필요에 의해 관방에서 제기하고 정의했기 때문이다. 정치 세대에 대한 공식적인 언급은 덩샤오핑에 의해 이뤄졌다. 덩은 1989년 톈안먼(天安門)사건 직후 발탁한 장쩌민의 약한 지도력을 보충하기 위해 그가 제3세대의 '핵심'(core)이라는 개념을 제시했다. 이 과정에서 '중국식' 정치 세대 개념을 도입했고, 이후 이런 구분은 중국 정치에서 보편적으로 통용되었다. 이 중국식 정치 세대 개념은 핵심 지도자를 중심으로 구분하는 것이 그 핵심이

5_기실 출생 연도별 정치 세대의 기준 역시 다양하다. 예를 들면, 특정 연도를 기준으로 15년에서 22년을 한 세대로 묶는 방식과, 10년에서 25년을 묶는 방식 등이 있다. 이런 구분에 대해서는 Strauss and Howe(1992, 60-61); Li(2001, 10-12) 참조.

다(Cavey 1997).

이런 상황을 고려하여 제5세대 중국 정치 엘리트를 다음과 같이 규정한다. 먼저 사회적 사건을 중심으로 제5세대를 규정할 때 가장 중요한 것은 바로 '잃어버린 세대'(lost generation)와, '하방 청년'(sent-down youths) 혹은 '지식 청년'(知识青年) 개념이다. 전자의 의미는 1966년 문화대혁명의 발발 이후, 중국의 공식 교육 체계가 마비되어 정상적인 교육의 기회를 잃어버린 세대라는 것이다. 후자는, 당시 정치 상황에 따라 1978년까지 농촌으로 하방되어 노동과 봉사활동을 벌인 약 1억 7,000만여 명의 젊은이들을 의미한다(Li 2008, 100-101). 이 두 개념의 관계는 상호 독립적이지만, 교집합이 존재하고 있다. 즉 잃어버린 세대 중 일부가 하방 청년의 경험이 있고, 다른 세대에서도 하방 청년이 된 사례가 있다는 의미이다. 따라서 잃어버린 세대는 제5세대 정치 엘리트의 필요조건이고, 하방 청년은 충분조건이라고 할 수 있다.[6] 이런 측면에서 잃어버린 세대라는 개념은 이하에서 언급할 인구통계적 기준에 의한 구분의 다른 표현이라고도 볼 수 있다.

그렇다면, 이 인구통계적 측면의 기준을 어떻게 정할 것인가? 이 기준은 현재 명시적이지 않다. 따라서 현재 중국공산당의 불문율을 파악할 필요가 있다. 우선 시작 연도와 관련하여 참고할 것은 2007년 중국공산당이 중앙위원회 정치국 위원을 간접 선출하기 위해 도입한 '민주추천회'(民主推薦會)의 기준이다. 이 당시 규정에는 정치국원이 되기 위한 연령이 63세 이하라는 것이 있었다(劉思揚·孫承斌·劉剛 2007). 이를 고위직으로의 승진 시

6_기실 하방 청년에는 '잃어버린 세대'에는 속하지 않는, 문화대혁명이 발생한 해인 1966~68년에 중고등학교를 졸업하고 대부분 홍위병을 한 경험이 있는 소위 '라오싼제'(老三届)도 포함된다(Li 2001, 178-179).

의 인구통계적 기준의 하나라고 가정한다면, 제5세대는 2012년에 63세 이하로 향후 10년간 재직할 수 있는 연령, 즉 1949년 이후 출생자라고 할 수 있다.[7]

하한선으로는 현재 중국에서 제6세대 정치 지도자라고 홍보되는 이들의 연령을 참고할 필요가 있다. 이들 중 연령이 제일 낮은 이보다 한 살 적은 수준까지를 제5세대라고 할 수 있다. 이에 따르면, 현재 중국에서 제6세대 정치 엘리트로 홍보되고 있는 저우창(周強), 후춘화(胡春華), 쑨정차이(孫政才) 중 저우창이 1960년생으로 가장 연장자이다(晨風 2011). 이렇게 봤을 때 제5세대는 1959년생까지인 것으로 잠정적으로 파악할 수 있다. 따라서 본 논문에서는 '잃어버린 세대'를 의미하는 인구통계적 기준인 1949년에서 59년까지의 출생자들을 제5세대로 규정한다. 1949년 중화인민공화국 건국 이후 출생한 이들이라는 의미에서 이들에게 '공화국 세대'라는 표현을 쓰기도 한다.[8]

본 논문은 정성(qualitative)과 정량(quantitative)적 기법을 활용하여 중국의 제5세대 정치 엘리트의 공통점과 차이점에 대해 분석한다. 정량적 기법은 주로 2011년을 기준으로 중국의 정치 엘리트 중 1949년에서 59년 사이에 출생한 이들 472명의 인구통계 및 정치사회적 특성을 분석하는 과정에 사용된다. 정성적 기법은 중국, 홍콩, 타이완의 관방 보고서와 출판물, 웹페이지 등에서 엘리트 정치 관련 자료를 분석하는 데 주로 사용된다.[9] 또

7_기실 이 기준에 근거했을 때 현재 제5세대 정치 지도자로 인정받고 있는 현 중앙위원회 정치국원인 장더장(張德江) 등은 1946년생으로 본 연구의 대상에서는 제외된다. 그러나 본 연구는 '집단'으로서 제5세대를 보기 때문에 심각한 편차는 나타나지 않을 것이라고 판단한다.
8_참고로 이와 같은 구분은 중국 학자 후안강(胡鞍鋼)의 견해와 일치한다. 於澤遠(2007) 참조.
9_통상적으로 중국에서 정치 엘리트는 공산당 중앙위원회의 정위원과 후보위원을 지칭한다.

그림 32 | 제5세대 정치 엘리트의 출생 연도별 분포

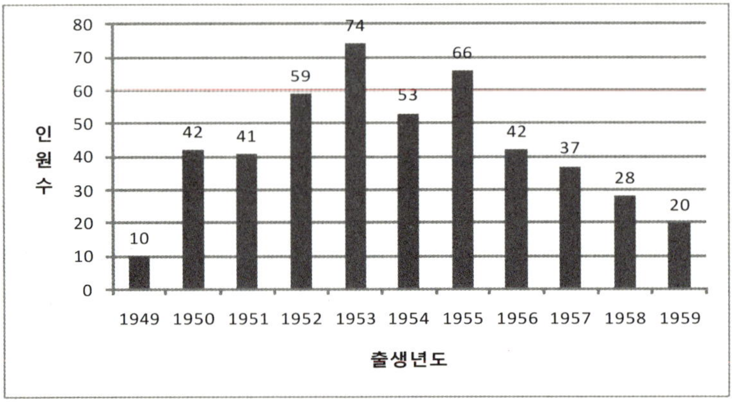

본 연구자는 2010년과 11년 중국 현지에서 관련 학자 및 지식인, 관료들과의 인터뷰를 네 차례 진행했다. 이런 자료들을 바탕으로 정성 기법을 활용하여 주로 파벌과 정책 성향의 분포 등 제5세대 엘리트 정치와 관련된 부분에 대해 분석한다.

구체적으로 이들 472명의 대략적인 상황은 다음과 같다. 우선, 이들의 연령별 분포는 〈그림 32〉와 같이 1949년생은 모두 10명으로 전체의 2.1%를 차지하고 있으며, 나머지 462명은 모두 1950년대 생이다. 제일 많은 비중을 차지한 이들은 1953년생으로 모두 74명이다.

그러나 본 연구는 그 진행 시기가 2011년인 관계로 2012년 말에 열린 제18기 중앙위원회의 위원과 그 후보위원을 그 직접적인 분석 대상으로 삼기에는 무리가 있었다. 따라서 2011년을 기준으로 본 연구에서 설정한 독자적인 범위에서 구체적인 연구 샘플을 추출했음을 밝힌다.

표 18 | 제5세대 정치 엘리트의 재직 직위 분포

재직 직위	인원수 (명)	비율 (%)
공산당 중앙위원회 직속 기구 주임 및 부주임	24	5.1
국무원 직속 기구 책임자 및 부책임자	6	1.3
국무원 부처 부장	11	2.3
국무원 부처 부부장	97	20.6
성급 당위원회 서기	8	1.7
성급 당위원회 부서기	41	8.9
성급 행정단위 수장 (성장급)	16	3.4
성급 행정단위 부수장 (부성장급)	232	49.2
군구 책임자 및 부책임자	23	4.9
전국 규모 군중 조직 책임자 및 부책임자	14	2.6
합계	472	100

이들 472명은 제17기 중앙위원회의 중앙위원과 그 후보위원을 기본으로, 선전부와 조직부 같은 공산당 중앙위원회의 직속 기구, 중앙정부인 국무원의 29개 부처 및 직속 기구 정·부책임자, 31개 성급 당·행정·군대 단위의 정·부책임자, 전국적 군중 조직의 정·부책임자 등의 직위를 차지하고 있는 이들 중 1949년에서 59년 사이에 출생한 이들을 의미한다. 〈표 18〉은 이들 472명의 2010년 기준 직위의 분포를 구체적으로 나타낸다. 특히, 국무원 부처 부부장과 성급 행정단위의 부수장에 제5세대 정치 엘리트가 가장 많이 분포되어 있는 것을 볼 수 있다. 이는 이들이 2012년을 기점으로 승진하여 실제적으로 중국 정치를 주도할 가능성이 높다는 것을 방증한다 하겠다.

3. 제5세대 중국 정치 엘리트의 주요 특성

1) 인구통계적 특성

먼저 이들 제5세대의 인구통계적 특성은 다음과 같다(〈표 19〉 참조). 성별 분포에서는 남성이 87.9%로 415명이고, 여성이 57명으로 22.1%를 차지했다. 출신 민족은 역시 한(漢)족이 414명으로 전체의 87.7%, 그 뒤를 짱(藏)족과 멍구(蒙古)족, 후이(回)족이 각각 12명(2.5%), 8명(1.7%), 4명(0.8%)으로 그 뒤를 이었다. 참고로 1명 이상 5세대 정치 엘리트에 속한 소수민족은 모두 16개였다. 출신 지역의 경우, 산둥(山東), 허베이(河北), 장쑤(江蘇), 랴오닝(遼寧), 저장(浙江)성 출신이 최다 배출 지역 1~5위를 차지했다. 각각 56, 41, 30, 30, 29명을 차지하여 비율로 각각 11.9, 8.7, 6.5, 6.5, 6.2%를 기록했다.

이런 인구통계적 측면의 특성을 이전 세대와 비교하면 다음과 같다. 참고로 그 비교 기준은 리청(Cheng Li)이 1994년과 99년 두 차례에 걸쳐 제4세대 정치 엘리트의 특성을 분석한 결과를 토대로 한다(Li 2001, 58, 60). 우선, 성별 분포의 측면에서 제4세대와 비교했을 때, 1994년과 99년의 90.6%, 87.9%와 약간 높거나 비슷한 수준이다. 이를 통해서 중국 정치 엘리트의 세대별 남성 중심성에 관한 명확한 학술적 주장을 내릴 수는 없다고 판단된다. 그러나 중국 정치 엘리트의 남성 중심성은 매우 높은 수준으로 유지되고 있다는 것을 확인할 수 있겠다.

역시 같은 기준으로 제4세대와 제5세대의 출신 민족의 분포를 비교하면, 두 세대 모두 강한 한족 중심성을 보이고 있다. 제4세대는 1994년과

표 19 | 제5세대 정치 엘리트의 인구통계적(성별·출신 민족·출신 지역) 특성

	인원수 (명)	비율 (%)
성별 분포		
남성	415	87.9
여성	57	22.1
출신 민족		
한	414	87.7
짱	12	2.5
멍구	8	1.7
후이	4	0.8
만	4	0.8
출신 지역		
산둥	56	11.9
허베이	41	8.7
장쑤	30	6.5
랴오닝	30	6.5
저장	29	6.2

99년에 한족이 각각 전체의 87.2%와 86.6%를 차지한 반면, 제5세대는 87.9%로 나타났다. 따라서 아주 근소한 차이지만 제5세대의 한족 중심성이 강화되었다고 할 수 있다. 또 제5세대와 4세대는 한족 다음으로 많은 비중을 차지한 소수민족이 짱족으로 같은 반면, 제3위를 차지한 소수민족은 전자는 멍구족인데 반해 후자는 후이족이었다. 특히 멍구족은 1994년에는 0.3%였다가, 99년에는 1.4%, 제5세대에서는 1.7%로 꾸준한 상승세를 보이고 있다는 점에서 흥미롭다. 또 1명 이상의 각 세대별 정치 엘리트를 배출한 소수민족의 수가 제5세대에서는 16개인 데 반해서 제4세대에서는 14개였다.[10] 이런 결과는 적어도 표면적으로는 중국 정치 엘리트가 세대를 거

10_참고로 제4세대는 소수민족 중 짱, 후이, 먀오(苗), 웨이우얼(維吾爾), 투자(土家), 차오셴(朝鮮), 만, 이(彝), 바이(白), 좡(壯), 하사커(哈薩克), 가오산(高山), 멍구, 부이(布依)족 등

듭할수록 소수민족에 대한 정치권의 개방성이 제고되고 있다는 것을 보여준다. 이런 사실은 제5세대 중국 정치 엘리트의 다양성 제고에 일정한 영향을 준다고 판단할 수 있다.

마지막으로 출신 지역의 측면에서, 기본적으로 제5세대에서 1~5위를 차지한 지역이 제4세대에서 동일 순위권에 있다는 것은 공통점이다. 따라서 만약 하나의 집단으로 묶는다면, 이들 5개 지역이 제4세대와 5세대에서 정치 엘리트를 가장 많이 배출한 지역이라 할 수 있다. 모두 연해 지역에 속하는 성들이라는 점에서 5세대 정치 엘리트도 제4세대와 마찬가지로 출신 지역 분포의 측면에서 지역 불균형 현상이 존재하는 것으로 이해할 수 있다. 그러나 세부적으로 보면, 1994년에는 장쑤, 산둥, 저장, 허베이, 랴오닝의 순이었다가, 99년에는 산둥, 장쑤, 허베이, 저장, 랴오닝의 순으로 변화했다. 또 이를 〈표 19〉와 비교해 보면 눈에 띄는 것이 장쑤성의 지속적인 하락과 허베이와 랴오닝의 상대적인 상승이다. 특히 장쑤성 출신 엘리트 비중의 지속적인 하락은 이 지역 출신을 적극 발탁해 온 장쩌민 전 공산당 중앙위원회 총서기의 퇴임과 그와 동시에 진행된 상하이방 파벌의 영향력 퇴조와 일정한 관련이 있다고 분석할 수 있다(Li 2008b, 9-10).

2) 정치사회적 특성

제5세대 정치 엘리트의 정치사회적 특성 중 먼저, 이들의 공통적 역사

14개 민족이, 제5세대는 여기에서 가오산족이 없어지고, 다이(傣), 나시(納西), 야오(瑤)등 3개 민족이 포함되었다.

적 사건의 경험 측면에서 가장 중요한 것은 제2장에서 상술했듯이, 하방 청년의 경험이다. 본 연구의 정량 표본 가운데 어린 시절의 경력이 확인 가능한 340명 중 약 243명, 즉 전체의 71.47%가 하방 청년의 경험을 가지고 있었다.[11] 상당수의 제5세대 엘리트가 하방 청년을 경험했다는 사실은 이들 세대가 다른 세대와 다른 정체성을 가지는 기본적인 요인으로 작용한다고 판단된다(〈표 20〉 참조). 이런 공통 경험으로 인해 상당수의 제5세대 정치 엘리트는, 한편으로는 다른 세대에 비해 직접적인 탄압을 받지 않았다는 측면에서 문화대혁명이라는 역사적 사건에 대해 상대적으로 적은 거부감을 가진다고 할 수 있다.[12] 다른 한편으로는, 주로 농촌이나 오지로 하방되어 이들 지역에 대한 이해와 고민을 심화시켰다고 할 수 있다.

다음으로 학력 수준 분포를 보면, 〈표 20〉에서 보이듯 석사 학위자들의 비중이 제일 높고, 확인 미상을 제외하면 고졸 학력 소지자들이 가장 적은 것으로 나타났다. 4세대의 학력 수준과 비교했을 때, 제5세대의 학력 수준이 상대적으로 더 높다고 할 수 있다(Li 2001, 71, 74). 한편, 특기할 만한 사항은 석사 학위 소지자의 52.7%인 183명이 재직 과정(part-time degree course)을 통해 학위를 취득했다는 것이다. 또 이들 중 58명, 즉 31.7%가 중앙당교(中央黨校)에서 학위 과정을 밟았다.[13] 그다음이 사회과학원, 난카

11_참고로 본 연구의 조사 결과, 제5세대 정치 엘리트 중 하방 청년의 경험이 없는 이들의 직업군은 농부, 광부, 건설 현장 노동자, 철도 노동자, 공장 노동자, 군인, 교사 등으로 조사되었다.

12_이는 이들 세대의 일부가 아닌 '전체'가 고등교육의 기회를 박탈당했다는 사실을 통해서도 일정 정도 설득력을 가진다. 예를 들면, 문화대혁명 기간에 직접적인 '박해'를 받은 제3세대에 비해, 학교 졸업 후 대기 등 간접적인 피해를 입은 제4세대가 그 반발감과 거부감이 작다는 논리와도 일맥상통한다. 중국의 세대 별 정치 엘리트의 인식 차이에 대해서는 주장환·유은하(2010)를 참조.

13_중앙당교는 개혁·개방기 간부들의 대표적인 재교육기관으로 기능해 왔다. 이 중앙당교에

표 20 | 제5세대 정치 엘리트의 정치사회적(하방 청년 경험·학력·전공·해외 유학 경험·엘리트 유형) 특성

	인원수 (명)	비율 (%)
하방 청년 경험 (표본 수 340명)		
유	243	71.5
무	97	28.5
학력 (표본 수 472명)		
박사	92	19.6
석사	255	54.0
학사	99	20.9
전문 학사	15	3.2
고졸	2	0.4
확인 미상	9	1.9
전공 (표본 수 461명)		
공학 혹은 자연과학	75	16.3
경제 혹은 관리	156	33.8
법 혹은 사회과학	158	34.3
인문학	70	15.2
확인 미상	2	0.3
해외 유학 경험 (표본 수 472명)		
유	71	15.0
무	402	85.0
엘리트 유형 (표본 수 472명)		
기술관료	72	15.3
非 기술관료	400	84.7

이(南開)대학, 지린(吉林)대학, 런민(人民)대학, 베이징(北京)대학 등의 순서였다.

전문대학 이상 학력 소지자들의 전공 분포는 법 혹은 사회과학 전공자들이 가장 높은 비중을 차지했고, 경제 혹은 관리, 자연과학 혹은 공학 분야를 전공한 이들이 그 뒤를 이었다. 이런 비중을 제4세대와 비교하면 매우 큰 변화가 있다. 먼저 순위에서 제4세대는 자연과학 혹은 공학, 법 혹은

대한 보다 자세한 최근 연구는 Pieke(2009, 26-55); Zheng(2010, 150-175)을 들 수 있다.

사회과학, 인문학, 경제 혹은 관리의 순이었다. 또 그 비중에 있어서도 제4세대의 경우 자연과학 혹은 공학 전공자들이 평균 52.7%로 압도적인 다수를 차지한 반면, 제5세대에서는 사회과학 혹은 법 그리고 경제 혹은 관리가 근소한 차이를 보이고, 인문학과 자연과학 혹은 공학 전공자들이 역시 작은 차이를 나타낸다. 분명한 것은 제5세대 정치 엘리트는 제4세대에 비해 자연과학 혹은 공학 전공자가 감소하고, 법 혹은 사회과학 그리고 경제 혹은 관리 전공자들이 증가했고, 제4세대보다 상대적으로 각 전공 영역들이 균등하게 분포되었다는 것이다.

제5세대 정치 엘리트 중 해외 유학 경험자는 전체의 15%인 71명이었다.[14] 이 비중은 제4세대의 6.9%보다 상당히 높은 수준이다. 또 보다 구체적으로 해외 유학 국가를 살펴보면 제4세대는 미국, 영국, 일본의 순서인데 비해, 제5세대 정치 엘리트는 미국, 영국, 독일의 순이었다. 특히 제4세대는 이들 국가들에서 주로 공학 혹은 자연과학을 공부했다면, 제5세대는 대부분 사회과학 혹은 법, 경제 혹은 관리를 공부했다. 또 제4와 5세대는 제3세대와는 달리 구소련과 동독 그리고 체코슬로바키아와 같은 사회주의권에서 유학한 이들이 한 명도 없다는 것이 매우 눈에 띈다. 참고로 제3세대는 이들 국가에서 유학한 이들이 전체의 58.1%로 가장 많은 비중을 차지했다(Li 2001, 78).

마지막으로 제5세대 정치 엘리트의 주도 유형을 보면, 제4세대의 주도 유형인 기술관료의 비중이 15.3%이다.[15] 이 비중은 제4세대의 61.4%에

14_참고로 본 연구에서 해외 유학의 정의에는 석사 혹은 박사학위 과정, 방문 학자 그리고 단기 연수 등을 포함하고 있다.

15_본 연구에서 '기술관료'의 정의는 전문대학 이상에서 자연과학 혹은 공학을 전공하고, 관련

비하면 매우 낮아진 것이다(Li 2001, 75). 그렇다면 제5세대의 주도적 엘리트 유형은 무엇인가? 제5세대는 기술관료와 학력 수준이 높다는 점에서는 공통점을 갖지만, 전공 분야가 인문 혹은 사회과학 분야이고, 당정 조직 혹은 대중조직에서 활동한 것이 주된 경력인 이들을 가리키는 '일반관료'(generalist cadre)가 주도 유형인 점이 다르다(주장환 2009, 78). 실제로 제5세대 정치 엘리트에서 일반관료는 모두 249명으로 전체의 52.5%를 차지했다.[16] 따라서 제4세대와 5세대는 주도 유형의 측면에서 일반관료가 기술관료를 대체했다고 할 수 있다.

4. 제5세대 엘리트 정치의 구조적 특성

그렇다면 제5세대가 행위자로서 활동하게 될 엘리트 정치의 구조적 특성은 어떠한가? 본 연구에서는 이를 주로 파벌과 이에 근거한 정책 정향(orientation)의 차이에서 접근한다. 그 이유는 중국 엘리트 정치에서 제도화의 진전에도 불구하고, 파벌이 여전히 그 핵심적인 역할을 하고 있기 때문이다(Zheng 2010, 39-40). 또 정책 정향의 차이와 분포가 중요한 이유는, 5세대 정치 엘리트 중 특정 파벌에 속하지 않은 이들은 현존하는 정책 정향의 분포에 영향을 받을 수밖에 없기 때문이다. 따라서 중국 엘리트 정치

업종(단위)에서 주요 경력을 쌓은 이들을 가리킨다(Bo 2007, 56).

16_참고로 이런 기술관료의 쇠퇴와 일반관료의 부상은 이미 제17기 중국공산당 중앙위원회에서도 확인된 추세이다(주장환 2009, 93).

에서의 파벌의 형성과 연합 그리고 작동이 정책 정향의 분포에 영향을 준다고 할 수 있다.

한편 최근 들어 나타나는 중요한 변화는, 파벌 내의 관계가 협력적이지 않고 특정 지도자를 중심으로 상하 추종 관계가 분명한 파벌보다, 특정 지도자 개인에 대한 충성이 아니라 조직 내 공유된 경험이나 특정 정책 및 노선에 대한 동의에 의해 형성된 협력적 관계인 '파벌적 집단'(factional group)의 움직임이 더욱 활발하다는 것이다. 즉 최근 중국 엘리트 정치계에 몇 개의 파벌이 현실적으로 존재하고 작동하고 있으나 파벌 간의 이합집산이 특정 정책 정향을 중심으로 이뤄질 뿐만 아니라, 이를 중심으로 개별 정치 엘리트들이 포함된 파벌보다 넓은 범위의 파벌적 집단들이 존재한다(Bo 2007, 140-141). 이런 견해는 실제로 현재 중국 엘리트 정치에서 파벌의 다양성, 개별 정치 엘리트의 파벌 중첩성 등으로 인해 발생하는 문제를 해결할 수 있는 의미 있는 개념 조작의 시도라고 평가된다.[17]

1) 제5세대 정치 엘리트의 파벌 구조

현재 중국 엘리트 정치계에서 유력한 파벌이라고 할 수 있는 것은 '퇀파이'(團派), '타이즈당'(太子黨), '상하이방'(上海幇) 등이다. 먼저 상하이방은

17_'파벌 중첩성'이란 중국 사회 발전에 기인한 다양성으로 인해, 개별 엘리트가 상이한 기준에 따라 상이한 파벌에 속할 수 있다는 것을 가리킨다. 예를 들어 차기 최고 지도자로 예견되는 시진핑(習近平)의 경우, 태생적 출신 배경에 따라서는 '타이즈당'(太子黨)에, 출신 학교에 따라서는 '칭화방'(淸華幇)에 속한다고 할 수 있다.

상하이에서 본격적인 정치 경력을 시작하면서 성장했거나, 장쩌민 전 공산당 중앙위원회 총서기와 개인적 인연을 맺은 정치 엘리트를 가리킨다. 따라서 이 파벌은 1989년 장쩌민이 상하이시 당위원회 서기로 있다가 공산당 중앙위원회 총서기로 발탁된 시기부터 본격적으로 활동하기 시작한 것으로 판단된다. 이 파벌의 구성은 두 부분으로 나눌 수 있다. 첫째는 이 파벌의 구성원은 장쩌민과 같은 시기에 상하이에서 일했던 이들로부터 그가 총서기로 재직하던 때, 즉 2002년까지 상하이에서 활동한 정치 엘리트들이라고 할 수 있다. 대표적인 인물로는 황쥐(黃菊), 우방궈(吳邦國), 쩡칭훙(曾慶紅), 주룽지(朱鎔基) 등이다. 둘째는 상하이에서 근무한 경력은 없지만 장쩌민과 개인적으로 인연을 맺은 인물들이다. 대표적으로 자칭린(賈慶林), 리창춘(李長春), 쩡페이옌(曾培炎) 등이다(史果 2003, 107-113; Bo 2007, 141-151).

상하이방은 장쩌민이 중국의 최고 지도자로 재직하던 1989년부터 2002년 사이, 즉 제14와 15기 중국공산당 중앙위원회 시기에 중국 엘리트 정치의 핵심적인 파벌로서 기능했다. 대표적인 예로써 상하이방은 동 시기에 중국 정치의 최고 지도부라고 할 수 있는 공산당 중앙위원회 정치국 상무위원회에 전체 7명 중 2명(장쩌민과 주룽지)이나 포함되어 있어 제일 큰 영향력을 발휘했다. 뿐만 아니라 장쩌민이 중앙위원회 총서기직을 다른 파벌 색채를 가진 후진타오에게 물려준 이후인 제16기에도 정치국 상무위원 전체 9명 중 5명(우방궈, 자칭린, 쩡칭훙, 황쥐, 리창춘)을 상하이방 인사들이 차지하여 가장 큰 영향력을 유지했다. 2007년부터가 회기인 제17기 중앙위원회 정치국 상무위원 9명 중 3명(우방궈, 자칭린, 리창춘)이 상하이방 구성원이다(李穎 2008). 따라서 상하이방은 장쩌민의 총서기직 퇴임과 더불어 쇠퇴하고 있는 것은 분명하지만, 여전히 중국 엘리트 정치에서 일정한 영향력을 유지하고 있다고 할 수 있다. 또 현 상하이시 시장인 한정(韓正), 현 중앙정책연구실 주임 왕후닝(王滬寧) 등은 상하이방으로 분류할 수 있는데, 이들은 모두 제5세대 정치 엘리트이기도 하다. 참고로 본 연구의 사례 중 약 2.1%인 10명이 이 확실하게 파벌에 속하는 것으로 분석된다.

타이즈당은 중국공산당의 고위 정치 지도자의 자녀들 중 정치계에 종사하는 이들을 가리킨다. 이 파벌은 공산당이 1989년 중국을 혼란에 빠뜨린 톈안먼사건 발발의 원인으로 간부의 부패와 특권층 횡포를 지목함으로써 세간에 알려졌다. 보다 구체적으로 타이즈당은 1949년 중화인민공화국 수립 과정에서 일정한 역할을 하고 고위직을 차지하고 있던 '혁명 간부'(revolutionary cadre), 즉 제1과 2세대 지도자들의 정계 은퇴가 진행된 1980년대에 본격적으로 형성되었다. 이들은 부모들의 후광에 힘입어 1949년 사회주의 중국에서 동년배보다 상대적으로 특권을 누리면서 성장했다. 부모의 동료 등 인맥을 활용하여 관료로 성장하는 동안 승진 등 여러 부분에서 일정한 특권을 향유했다(Chung 1991, 62-66; 何頻·高新 2003, 8-11). 이런 측면에서 본 논문에서 가리키는 타이즈당은 제1과 2세대, 즉 '혁명관료'의 자제들이라고 할 수 있다. 보다 상세하게 이 타이즈당은 두 가지로 유형화할 수 있다. 첫째는 혁명관료들의 직계 자제들로, 대표적으로 장쩌민, 리펑(李鵬), 쩡칭훙, 보시라이(薄熙來) 등이다. 다음으로 혁명관료들의 방계, 즉 결혼 등으로 맺어진 친족들로 쩌우자화(鄒家華), 다이빙궈(戴秉國), 왕치산(王岐山) 등이다.

타이즈당은 제3세대 중국 정치 엘리트에서 상당한 영향력을 발휘했으며, 4세대 집권기에는 약간 침체되었다가, 5세대에서는 더 강력한 영향력을 외부에 과시하고 있다. 실례로 제13~15기 중국공산당 중앙위원회 정치국 상무위원회에 타이즈당 파벌의 대표 주자인 3세대 리펑이 연속하여 진입했다. 15기와 16기에는 3세대인 쩡칭훙이 정치국 상무위원으로 활동했으며, 제17기 정치국 상무위원회에는 시진핑, 저우융캉(周永康) 등 2명이 포함되었다(何頻·高新 2003, 541-554; 人民網 2011). 제5세대 중에는 시진핑을 위시하여 대표적으로 장칭리(張慶黎), 류위안(劉源), 왕이(王毅) 등이 타이즈당에 속한다고 할 수 있다. 한편 본 연구의 사례 중 약 7.3%인 36명이 타이즈당 파벌인 것으로 분석된다. 또 향후 제5세대 중심의 정계 개편에서 최고위급으로 승진할 수 있는 가능성이 가장 높다고 판단되는 현 제17기 중앙위원회 정치국 위원 중 제5세대에 속하는 이들은 모두 5명인데, 이 중 3명(시진핑, 보시라이, 리위안차오)이 타이즈당으로 분류된다.

퇀파이는 공산당의 청년 조직인 '중국공산주의청년단'(中國共產主義青年團, 이하 줄여서 '공청단')[18]의 중앙위원으로 재직한 경험이 있는 이들이 이 조직의 최고 지도자인 중앙위원회 제1서기 출신인 후진타오의 정치적 성장과 더불어 조직된 파벌이다. 따라서 이 파벌은 기본적으로 후진타오와 같이 중앙위원회에서 활동한 이들을 중심으로, 그 후 세대의 인물 중 공청단에서 주요 직위를 맡았던 이들로 구성되어 있다. 전자의 대표적인 인물로는 후진타오, 류윈산(劉雲山), 왕러취안(王樂泉), 류옌둥(劉延東) 등이 있고, 후자는 리커창, 왕양(汪洋), 리위안차오(李源潮) 등이 대표적인 인물이다(丁望 2005, 85-99; Bo 2007, 182-185).

따라서 이 파벌은 후진타오가 중앙위원회 정치국 상무위원인 된 제14기 중앙위원회 시기부터 영향력을 발휘하기 시작했다. 그 이후 제15~16기

18_중국공산주의청년단은 공산당보다 빠른 1920년 설립된 중국사회주의청년단이 그 전신이며, 공산당의 '조수'이자 '예비군'으로 그 위상을 정하고 있다. 그 조직 형태와 운영 방식 등은 공산당과 흡사하며, 2008년 현재 단원 수는 7,544만여 명이다. 이 조직에 대한 자세한 설명은 공식 홈페이지(http://www.ccyl.org.cn/)를 참조.

에도 후진타오는 연속하여 상무위원으로 재직했고, 17기에는 그와 함께 제5세대 지도부 중 대표격인 리커창이 상무위원으로 발탁되어 총 9명 중 후진타오와 함께 퇀파이가 모두 2명으로 상당한 영향력을 발휘하고 있다. 특히 앞의 두 파벌과는 달리 퇀파이는 제5세대 엘리트들 중 제일 많은 비중을 차지하고 있는 것으로 드러났다. 우선 본 연구 사례 중 약 15.5%인 73명이 이 파벌에 속하는 것으로 나타났고, 또 2011년을 기준으로 2012년에 열릴 제18차 중국공산당 전국대표대회에서 최고위직으로 승진할 가능성이 높다고 평가되는 현 제17기 공산당 중앙위원회 정치국 위원 중 제5세대에 속하는 5명 중 3명(리커창, 리위안차오, 왕양)이 퇀파이로 분류된다(丁望 2005, 102-111; 人民網 2011). 이는 향후 제5세대 중심의 정계 개편에서 이 파벌의 영향력이 상대적으로 제일 높을 것이라는 예측을 가능하게 한다. 이 밖에도 명확하게 개념 규정이 되지는 않았지만 현재 중국 정계에 존재하고 있는 것으로 알려진 칭화대학 출신의 '칭화방', 주요 지도자의 비서 출신으로 정치적으로 성공한 이들의 파벌인 '비서방' 등 군소 파벌이 존재하는 것으로 알려지고 있다(Li 2001, 87-124; 孟君 2009).

한편, 매우 중요한 점은 이들 파벌 간에 중첩성이 존재한다는 것이다. 즉 파벌이 비공식적 조직이며, 상술했듯이 각 파벌마다 구성 요건이 상이함으로 인해서 한 개인이 여러 파벌에 동시에 속하거나, 최소한 속할 수 있는 요건을 갖추고 있다. 예를 들면, 제4세대 정치 엘리트 중 한 명인 쩡칭훙은 혈연관계로 봤을 때 타이즈당에, 주요 경력 관계로 봤을 때 상하이방에 속한다.[19] 또 제5세대 정치 엘리트 중 리위안차오는 혈연관계로 봤을 때는

19_쩡칭훙은 중국공산당 제7~9기 중앙위원회 위원과 상하이 부시장 등을 역임한 혁명 원로 쩡산(曾山)의 아들이고, 1984~89년 상하이시 당위원회에서 일했다(何頻·高新 2003, 310-312).

타이즈당에, 주요 경력 관계로 봤을 때는 퇀파이의 핵심 인사로 알려져 있다.[20] 따라서 1차적인 파벌 관계뿐만 아니라 이렇게 파벌에 중첩되어 속한 인사들을 중심으로 이들 간의 연대 내지 연합이 가능하고, 그 매개는 특정한 정책 정향이나 방향에 대한 동의가 될 가능성이 높다.[21]

2) 제5세대 정치 엘리트의 정책 정향 분포

기실 중국 엘리트 정치 연구에서 파벌이 아닌 정책 정향의 차이, 즉 노선 대립에 대한 분석은 줄곧 진행되어 왔다. 예를 들면, 개혁·개방 이전에는 마오쩌둥의 정치-사상주의와 류샤오치, 덩샤오핑의 경제주의 간 대립을 들 수 있다(서진영 2002, 80-82). 개혁·개방 초기 후야오방, 자오쯔양으로 대변되는 급진 개혁 노선과 당내 원로 지도자들을 중심으로 하는 보수 개혁 노선의 대립 역시 그 예이다(김재철 2002, 115-122). 이 밖에 1980년부터 2000년대까지 경제정책을 둘러싸고 인플레이션과 반(反)인플레이션 노선의 대립 등을 들 수 있다(Shih 2008). 이들 노선 대립의 특징은 특정 파벌들 간의 대립이라기보다는 특정 정책 노선을 둘러싸고 복수의 파벌 간 혹은 파벌을 넘어선 보다 넓은 범위에서의 정책 그룹 간 대립과 갈등이라는 측면에서, 파벌 투쟁보다 그 구성 범위가 넓다고 할 수 있다. 또 노선 대립은

20_리위안차오는 전 상하이시 부시장을 역임한 리간청(李幹成)의 아들이며, 1983~90년 공청단 중앙서기처에서 서기로 재직했다(邱平 2005, 73-79).

21_이 같은 상황을 두고 '파벌 간의 합종연횡'이라고 명명하기도 한다(베이징에서의 인터뷰, 2010년 12월).

발생 당시의 가장 첨예한 정책 사안을 둘러싸고 진행되었다.

이런 맥락에서 보면, 중국 제5세대 엘리트 정치에서 가장 중요한 정책 사안은 '국가 발전 전략'이라고 할 수 있다. 즉 개혁·개방의 진행으로 인해 표면화된 '지역 불균형'을 어떻게 해결할 것인가에 대한 입장 차이가 2012년 이후 제5세대 정치 엘리트들 사이의 의견 불일치로 나타날 가능성이 높다. 이런 현상은 현재도 이미 나타나고 있다. 대표적인 예로, 2006년 당시 상하이 당 위원회 서기 천량위의 실각과, 2008년 미국발 금융 위기 직후 중국 경제 운용 정책과 관련된 시진핑과 왕양의 대립이 그것이다. 천량위는 당시 중앙정부의 긴축정책에 반발하여 대립하다가 결국 부패 혐의로 실각했다. 당시 중앙정부는 경제 체질의 내실화와 균형 발전을 위해 투자 및 재정 긴축정책을 통해 경기과열을 방지하려는 입장을 취한 반면, 천량위는 상하이 등 일부 발전된 지역의 이해를 대변하여 계속적인 투자 확대 정책을 주장했었다(Li 2009). 또 당시 미국발 금융 위기라는 외재적 악재에 대한 대응책을 둘러싸고, 왕양은 산업구조 조정과 불균형 발전의 해소를 위해 저부가가치 수출 기업에 특혜 지원 중단을 주장했고, 반면 시진핑은 단기적인 급속한 경기 침체에 대한 부담 완화를 위해 저부가가치 제품 중심 수출 기업에 대한 지원 등을 포함한 정책 기조의 변화를 주장했다(주장환 2008c).

따라서 제5세대 엘리트 정치에서는 균형 발전, 내륙 중심, 내수 중심 경제를 주장하는 입장과, 불균형 발전, 연해 중심, 수출 중심 경제의 유지를 주장하는 노선이 대립하고 있다고 판단된다. 전자의 입장에는 퇀파이와, 내륙과 낙후된 지역에서의 활동 경험을 토대로 이들 지역의 이익을 대변하는 엘리트들이, 후자의 입장에는 타이즈당, 상하이방, 연해와 발전된 지역에서 활동 경험을 토대로 이들 지역의 이익을 대변하는 엘리트들이 동조하고 있는 것으로 분석된다. 이런 정책 노선의 차이는, 이전 개혁·개방기의 부정적 측면을 강조하여 평가하고 이에 대한 극복을 주장하는 쪽, 즉 개혁·개방의 피해 계층을 대변하는 그룹과, 개혁·개방기의 긍정적 측면을 강조하여 평가하고 이에 대한 계승에 강조점을 두는 쪽, 즉 개혁·개방의 수혜층을 대변하는 그룹의 차이로 정리할 수 있다.[22] 이런 정책 정향의 대립 구도 속에서, 현재는 후진타오와 내륙 지역의 이익을 대변하는 것으로 알려진 원자바오가 정국의 주도권을 잡고 있음으로 인해서, 친서민적이고 균형 발전을 도모하는 정책이 주류를 이루고 있다고 분석된다.[23]

한편, 이런 맥락에서 최근 중국에서 벌어지고 있는 외교 전략에 관한 논쟁은 매우 의미심장하다 하겠다. 2010년 일본과의 댜오위(釣魚)도 문제로 인한 충돌과, 한반도의 천안함, 연평도 사건 이후 그동안의 중국의 외교 행태에 대한 평가와 논쟁이 진행되어 왔다. 2011년에 들어서는 보다 본격적으로 중국의 외교 전략에 대한 논쟁이 진행 중이다. 즉 후진타오의 집권기인 2004년도부터 중국의 공식 외교 전략이라 할 수 있는 '화평굴기'(和平崛起)론과, 보다 적극적인 국제 문제에의 개입을 주장하는 쪽과의 논쟁이다. 현재는 전자를 '중국학파', 후자를 '전통주의학파'라고 규정하면서 보다 분명한 인식차를 보이고 있다.[24] 이 논쟁이 예사롭지 않은 것은 바로 2012

22_베이징에서의 인터뷰(2010년 12월). 또 일부 연구에서는 이런 정책 경향의 차이에 따라 엘리트 집단을 '대중주의자 연합'(populist coalition)과 '엘리트주의자 연합'(elitist coalition)으로 명명하고, 이런 양자 대립 구도는 중국공산당 내에 상당히 보편적인 현상으로 자리 잡았다고 평가하고 있다(Li 2008, 108-109).

23_실제로 후진타오 집권 이후 농촌, 내륙, 사회 약자층 중심의 정책들이 활발하게 펼쳐지고 있고, 이를 일부 연구에서는 '좌평향'(left tilt)으로 표현하기도 한다(Naughton 2008).

24_'중국학파'와 '전통주의학파'의 구분과 그 내용은 Yan(2011a)을 참조. 또 현재 구도는 전통주의학파의 공격에 중국학파가 방어하는 형국이다. 이와 관련된 대표적인 논쟁은 Yan(2011b);

년에 중국 지도부의 세대교체 그리고 최고 지도자의 선출이 예정되어 있다는 시기적 특성 때문이다.[25]

이렇게 봤을 때 제5세대 중국 엘리트 정치에서는 이런 노선의 대립을 중심으로 각 파벌들이 이합집산하여 두 개의 '파벌적 집단'으로 정리될 가능성이 높다고 판단된다. 또 이들 간의 노선 대립은 만약 2011년을 기준으로 봤을 때 2012년 말에 열릴 제18차 중국공산당 전국대표회의에서 시진핑이 총서기로 선출될 경우 더욱 백열화될 전망이다. 왜냐하면 중국 정치의 관례에 따라 시진핑 역시 장쩌민의 3개 대표론, 후진타오의 과학적 발전관 등과 같은 일정한 정국 운영 방향을 제시하게 될 것이고, 이는 필연적으로 한편으로는 직전 지도자의 한계를 뛰어넘는 방식으로, 다른 한편으로는 당내에서 자신을 지지하는 세력의 입장을 받아들이는 방식으로 체계화될 것이기 때문이다. 한편 시진핑은 후자에 더욱 민감할 수밖에 없다. 왜냐하면, 외형적인 조직 측면의 열세에도 불구하고, 중국공산당에 최초로 도입되어 중앙위원과 후보위원 그리고 주요 간부들이 차기 지도자들을 인기투표로 뽑는 '민주추천회'[26]에서 강력한 경쟁자였던 리커창을 누르고 1위를 차지하면서 차기 최고 지도자로 낙점을 받았기 때문이다(Zheng 2010, 195). 따라서 자신을 지지하는 당내 세력들의 이해와 요구를 쉽게 무시할 상황은 아니라 하겠다.

鄭必堅(2011)을 참조.

25_특히 이런 논쟁들이 주로 현 지도부 노선에 대한 비판으로부터 야기되었다는 점이 이런 분석의 주된 근거이다(베이징에서의 인터뷰, 2011년 4월).

26_'민주추천회'에 대한 보다 상세한 설명은 劉思揚·孫承斌·劉剛(2007)을 참조.

5. 결론

본 연구는 중국 제5세대 정치 엘리트를 행위자와 구조 측면에서 그 특성을 분석하고 있다. 연구 결과, 제5세대 정치 엘리트의 인구통계적 특성은 다음과 같다. 성별 분포에서는 여전히 남성 중심성이 강하게 표출되고 있다. 전체의 87.9%가 남성이 차지하고 있어서, 제4세대와 비슷한 수준을 유지했다. 민족 분포에서는 제5세대에서도 여전히 전체의 87.9%가 한족이 차지하여 강한 한족 중심성을 나타냈다. 이 수치는 4세대보다 약간 높은 수준이다. 그러나 다른 소수민족의 경우, 제4세대에 비해 제5세대는 멍구족의 비율 상승이 눈에 띄고, 소수민족에 대한 개방성이 제고되고 있는 것으로 나타났다. 이런 특성은 제5세대 중국 정치 엘리트의 다양성 제고에 영향을 준다고 할 수 있다. 출신 지역과 관련하여, 제4세대에 이어 제5세대에서도 산둥, 허베이, 장쑤, 랴오닝, 저장 등 5개성 출신 엘리트가 가장 많았다. 장쑤성 출신의 비중 하락과 허베이와 랴오닝성 출신 엘리트의 비중 상승은 제5세대와 이전 세대가 다른 점이다. 그러나 중국에서 상대적으로 발전된 지역으로 분류되는 연해 지역에 속한 성 출신의 엘리트들이 여전히 많은 비중을 차지하고 있다는 점은 이전 세대와 제5세대의 공통점이다.

제5세대의 정치사회적 특성은 먼저 과거 경력이 파악 가능한 이들 중 약 71.47%가 '하방 청년'의 경험을 가지고 있다는 점이다. 이는 이전 세대와 제5세대를 구분 짓는 매우 중요한 특성이다. 학력 수준은 제5세대가 제4세대에 비해 높은 것으로 나타났다. 전문대학 이상 학력 소지자의 전공 분포에서는 제4세대와는 상반되게 자연 및 이공 계열보다 인문 및 사회 계열이 압도적으로 많았고, 각 전공이 상대적으로 균등하게 분포되어 있다. 이 역시 제5세대 정치 엘리트의 다양성이 이전 세대에 비해 증가되었다는 방중이다. 해외 유학 경험자의 비중도 제4세대에 비해 높아진 15%를 기록했다. 특히 미국, 영국 등 서구 국가에서 사회과학 계열을 공부하고 돌아온 이들이 많았다. 마지막으로 주도 엘리트 유형과 관련하여, 제5세대는 일반관료의 비중이 기술관료보다 높아서, 매우 큰 변화를 보여 주었다.

한편, 이들 제5세대 정치 엘리트와 상호작용할 구조의 측면에서는 첫째, 파벌의 중첩성이 존재하지만, 기본적으로 상하이방, 타이즈당, 퇀파이라는 주요 파벌이 실재 작동하고 있다고 분석된다. 이 중 퇀파이가 전체 중 약 15.5%를, 타이즈당이 약 7.3%를, 상하이방이 2.1%를 차지하고 있는 것으로 나타났다. 둘째, 정책 정향의 측면에서는 크게 보면 개혁·개방의 수혜층과 피해층을 각각 대변하는 노선이 존재하는 것으로 판단된다. 따라서 제5세대 엘리트 정치 구조는 정책 정향, 즉 노선을 중심으로 각 파벌 집단들이 이합집산하여 존재한다고 할 수 있다. 이런 이합집산이 현재 어느 정도 진행 중이라고 할 수 있는데, 그것은 바로 개혁·개방의 수혜층의 이익을 대변하는 노선을 지지하는 상하이방, 타이즈당, 발전한 연해 지역을 주요 활동 무대로 삼고 있는 간부들 간의 연합과, 개혁·개방의 피해층을 대변하는 노선에 동조하는 퇀파이와 낙후된 내륙 지역을 주요 활동 무대로 삼고 있는 간부들의 연합이라고 할 수 있다.

본 연구의 결과가 주는 함의는 다음과 같다. 첫째, 제5세대 중국 정치 엘리트는 이전 세대보다 집단 내 이질성이 높다고 할 수 있다. 특히 출신 민족, 전공 등의 측면에서 더욱 그러하다. 이는 세대 내 정체성의 다양화와 이로 인한 정책 갈등의 소지가 상대적으로 이전 세대에 비해 높아졌다는 것을 의미한다.

둘째, 주도 엘리트 유형의 측면에서 인문 혹은 사회과학을 전공하고, 기층 당과 정부 조직에서 그 주요 경력을 쌓아온 일반관료들이 기술관료들을 대체하면서, 이전 세대와는 다른 정책 내용과 스타일이 나타날 것으로 예상된다. 즉 매우 현실적이고 실용적이던 기술관료들과는 달리,[27] 일반관료들은 보다 가치 지향적이고 이상주의적이라고 할 수 있다. 이는 일반관료들 사이의 정책 혹은 노선 차이에 의한 논쟁이 기술관료들보다 상대적으로 더욱 심해질 개연성이 높다고 할 수 있다.

셋째, 제5세대 정치 엘리트의 파벌 구조는 상술했다시피 현재로서는 퇀파이가 가장 강력한 영향력을 발휘하고 있다고 판단되지만, 정책 정향, 즉 노선을 기준으로 새로운 '파벌 집단'으로 이합집산할 가능성이 높다. 그 기준이 될 정책 정향 중 대표적인 것으로는 이미 논쟁이 진행 중인 개혁·개방정책에 대한 태도와 입장이라고 할 수 있다. 또 최근 들어서 논의가 불붙고 있는 기존 외교 전략에 대한 입장과 태도도 중요한 기준 중 하나라고 할 수 있다. 2011년을 기준으로 봤을 때, 2012년 말에 최고 지도자로 누가 선출되느냐에 따라 중국의 대내외 전략의 변화와 관련된 논쟁의 구도는 달라질 수 있겠지만, 다방면에서의 논쟁이 진행될 전망이다. 즉 '상대적'이지만, 타이즈당 계열의 시진핑이 최고 지도자가 된다면 현재 후진타오의 정책 노선으로부터의 '변화'에 방점을 둘 것이고, 퇀파이의 리커창이 최고 지도자가 된다면 현재 정책 노선의 '지속'에 중점을 둘 것으로 판단된다.[28]

그러나 강조해야 할 점은 중국 정치의 몇 가지 특성으로 인해 엘리트 내의 다양성에 기초한 이런 정책과 노선 대립의 가시화가 제약받을 것이라

27_보다 자세한 기술관료의 특성에 대해서는 Lee(1991, 395-401)를 참조.

28_베이징에서의 인터뷰(2011년 4월). 또 여기서 '상대적'이라는 의미는 전반적으로 중국 정치의 특성을 고려했을 때, 이전 지도자의 노선에 대한 '전면 부정'과 같은 상황은 존재하지 않으리라는 판단 때문이다.

는 점이다. 그 주요 특성으로는 첫째, 중국 정치의 지도부는 기본적으로 세 개 세대가 복합적으로 구성된다. 예를 들면, 2012년 말까지 활동하는 제17기 중앙위원회에는 기본적으로 4세대가 중심이지만, 제3과 5세대가 동시에 포함되어 있다. 따라서 2011년을 기준으로 2012년에 구성될 제18기에는 5세대가 중심이 되겠지만, 여전히 4세대와 6세대가 부분적으로 포함될 전망이다. 이는 5세대만의 색깔을 온전히 정책과 노선에 담아내기에는 조직 구성상 세대 성분의 측면에서 상당히 어렵다는 의미이다.

둘째, 중국의 국가 전략의 결정과 최고 지도자 선출 주기의 불일치성이다. 2011년에 이미 향후 5년간 중국의 국가 전략 격인 국민경제 및 사회발전규획이 결정되었다. 따라서 2011년을 기준으로 2012년 말에 누가 최고 지도자가 되든지 최소한 2015년까지는 상당한 정권 불안정을 감수하지 않는 한, 2011년에 제4세대를 중심으로 결정된 국가 운영 방향을 견지할 수밖에 없는 것이다. 결국 2012년부터 향후 5년간은 전반적으로 정책의 지속에 중심을 두면서 변화를 모색하는 시기가 될 것으로 전망된다.

한편, 2012년 11월 현재 이 장의 서론에서 언급한 중국공산당 제18차 전국대표대회가 예정대로 개최되었다. 또 이 회의를 통해 구성된 제18기 중국공산당 중앙위원회가 전국대표대회 폐막 직후 제1차 전체회의를 열었다. 이로써 2012년에서 2017년까지의 제18기 중국공산당의 지도부가 구성되었다(〈표 21〉 참조).

이 결과를 토대로 도출할 수 있는 몇 가지 특징은 다음과 같다. 첫째, 지도부 내에서의 세대교체가 완전하게 이뤄지지 않았다. 완전하지 않다는 의미는 최고 지도부인 정치국 상무위원회에 제5세대로는 시진핑과 리커창 두 명밖에 진입하지 않아서 예년과 달리 주도 세대라고 하기에는 무리가 있다는 것이다. 그러나 정치국 25명 전체로 보면 제5세대가 13명으로 절

표 21 | 제18기 중국공산당 중앙위원회의 정치국 구성 상황

이름	연령	세대	파벌 관계	비고
시진핑	59	5	타이즈당	유임
리커창	57	5	퇀파이	유임
장더장(張德江)	66	4	범 상하이방	유임
위정성	67	4	타이즈당	유임
류윈산(劉云山)	65	4	퇀파이	유임
왕치산	64	4	타이즈당	유임
장가오리(張高麗)	66	4	범 상하이방	유임
궈진룽(郭金龍)	65	4	범 퇀파이	신임
한정(韓正)	58	5	상하이방	신임
쑨춘란(孫春蘭)	62	5	-	신임/여
쑨정차이(孫政才)	49	6	퇀파이	신임
후춘화(胡春華)	49	6	퇀파이	신임
자오러지(趙樂際)	55	5	퇀파이	신임
장춘셴(張春賢)	59	5	-	신임
류치바오(劉奇葆)	59	5	퇀파이	신임
류옌동(劉延東)	67	4	퇀파이	유임
왕양(汪洋)	57	5	퇀파이	유임
마카이(马凱)	66	4	범 상하이방	신임
멍젠주(孟建柱)	65	4	상하이방	신임
리위안차오(李源潮)	62	5	퇀파이	유임
판창룽(范長龍)	65	5	-	신임
쉬치량(許其亮)	62	5	-	신임
왕후닝(王滬寧)	57	5	상하이방	신임
리잔수(栗戰書)	62	5	범 타이즈당	신임
리젠궈(李建国)	62	5	퇀파이	신임

참조: '범'이라는 의미는 특정 정치 엘리트의 정치 생활 과정에서 특정 파벌과의 관계가 밀접해진 경우를 의미.
출처: 中国共产党第十八届中央委员会(2012)의 내용을 필자가 정리.

반을 넘어서 주도 세대로 등장했다고 할 수도 있다. 또 중앙위원(후보위원 포함)에 대한 자세한 분석이 따라야 하겠지만, 현재까지 알려진 바로는 제18기 중앙위원의 평균 연령이 56.1세이다(孟娜·李亚杰·蔡敏 2012). 이는 제18기 중앙위원회의 주도 세대가 제5세대가 될 공산이 높다는 것을 방증한다 하겠다.

둘째, 파벌 관계의 측면에서, 최고 지도부와 지도부 간에 일치되지 않는 상황이 발생했다(〈표 21〉 참조). 즉 최고 지도부인 정치국 상무위원회에서는 퇀파이 : 타이즈당 : 상하이방의 비율이 2 : 2 : 3으로 나타났다. 그러나 정치국 전체로 보면, 이들 간의 비율이 밝혀지지 않거나, 특정 파벌 소속이라고 볼 수 없는 4인을 뺀 21인의 비율은 11 : 4 : 6이다. 본 장에서 분석한 제5세대의 각 파벌의 비중 15.5%, 7.3%, 2.1%를 봤을 때 퇀파이가 가장 많은 비중을 차지한 것은 같으나, 물론 정치국이라는 한계가 있기는 하지만 상하이방의 상당히 많은 수의 정치 엘리트가 지도부에 진입했다는 것을 알 수 있다. 향후 이런 결과가 발생하게 된 이유와 배경에 대한 후속 연구가 필요하다.

10장

결론
: 중국 엘리트 정치의 지속과 변화

본 연구는 접합적 연구 전략에 입각하여 중국 엘리트 정치에 대한 종합적 분석을 시도했다. 즉 중국 엘리트 정치의 구조와 행위자 각각의 측면, 그리고 이들 간 상호작용으로서의 동학을 살펴봤다. 연구 결과, 이 분석틀은 먼저 구조와 행위자 간 상호작용의 과정과 결과를 주로 분석하는 중국 엘리트 정치의 동학 연구에서 그 적실성이 높다고 할 수 있다. 본 연구의 제3부에서 실험적인 분석을 시도한 것처럼, 특히 어떤 특정 주제에 대해 그 원인과 이에 기반을 둔 예측을 진행하기 위해서는 거시와 미시적 측면에 대한 분석이 동시에 이뤄져야 한다. 이런 접근 전략이 연구 분석의 설명력과 예측력을 강화시킬 것이기 때문이다. 이를 본 연구에서 진행한 각각의 사례에 입각하여 보완 설명하면 다음과 같다.

본 연구의 제7장은 민주주의에 대한 정치 엘리트의 인식이 세대별로 어떻게 변화했는가에 대해 질문을 던지고, 답하고 있다. 구체적으로 각각 장쩌민(江泽民)과 후진타오(胡錦濤)를 대표 인물로 하는 제3과 4세대 엘리트의 민주주의에 대한 인식을 비교하고, 그 공통점과 차이점을 분석하고 있다. 이를 위한 분석틀로 '엘리트 속성, 시대 상황, 그리고 민주주의 관련 인식 및 정책'을 제시했다. 즉 국정 운영의 인식과 정책이 엘리트 속성과 시대 상황에 영향을 미치고, 이들이 상호작용하면서 민주주의와 관련된 인식과 정책에 영향을 준다는 것이다. 또 이는 세대별로 기본적으로 반복되는 관계를 가진다. 여기에서 시대 상황은 거시적 측면, 엘리트 속성은 미시적 측면에 해당한다. 연구 결과, 3세대는 중국 사회주의의 위기와 이에 대한 보수적 대응의 필요성 제고라는 시대 상황에 엘리트주의 기술관료라는 속성이 상호작용하면서 계급 민주주의로서의 인민민주주의를 강조했다. 또한 국가 체제의 안정적 작동과 운영에 주안점을 두면서 민주주의와 정치개혁에 대해서는 상대적으로 소극적·방어적이었다. 또 문화대혁명 시기에 인치(人治)로 인한 폐해를 뼈저리게 겪은 3세대는 법치(法治)의 중요성과 필요성을 절감하고 이의 안착을 위해 민주법제와 의법치국 등을 강조한 것으로 분석됐다.

반면 제4세대는 개혁·개방 노선 성공의 부작용에 대한 적극적 대응의 필요성 제고라는 시대 상황에 대해 대중주의자 기술관료적 속성이 상호작용하면서 민주주의의 보편성은 인정하면서도 이에 중국의 특수성을 결합시키려는, 상대적으로 적극적인 정책과 인식을 표현하고 있다. 또한 4세대 시기에는 '인민'의 범위가 더욱 확대되면서 이전보다 계급의식이 약화되었고, 중국의 국제적 위상과 영향력이 커지면서 특히 서구를 중심으로 중국의 정치적 민주화에 대한 관심과 요구가 증대된 환경에 노출되었다. 이에 4세대 엘리트는 이전 세대에 비해 더욱 자신감 있게 적극적으로 대처하면서 관련 논의를 주도하고 있다. 여기에는 중국이 경제성장을 바탕으로 국력이 크게 증강된 상황과 함께, 해외 유학 경험 없이 국내의 중앙뿐만 아니라 지방, 연해뿐 아니라 내륙에서 주요 경력을 쌓아 중국의 특수한 상황에 정통하다고 인식하는 4세대의 속성 또한 반영된 것으로 보인다. 그리고 이런 대중주의자적 속성은 민주주의의 발전 과정에 있어 중국적 맥락에서 당내 민주나 기층 민주의 확대를 중시하는 데 일정 정도 영향을 미친 것으로 분석됐다.

제8장에서는 중국 엘리트 정치의 동학을 가장 극명하게 표출한다고 볼 수 있는 권력투쟁을 2012년에 발생한 보시라이(薄熙来) 사건을 사례로 분석하고 있다. 거시적 측면에서는 퇀파이(團派), 타이즈당(太子黨), 상하이방(上海幫) 등 중국 엘리트 정치의 주요 파벌의 이익 배치와 행위 동기를, 미시적 측면에서는 보시라이, 왕리쥔(王立軍) 등 주요 행위자들의 동기와 행태를 주로 살펴보고 있다. 특히 이 사건이 특정 시기의 권력투쟁이기 때문에 다른 시기의 주요 권력투쟁과의 비교를 통해 그 특징을 도출했다. 연구 결과, 이 사건은 역대 유사 사건, 즉 1995년의 천시퉁(陳希同), 2006년의 천량위(陳良宇) 사건과 공통점과 차이점을 나타내고 있다. 우선 집권 파벌의 영향력 확대라는 배경, 파벌 구조의 주변에서 중심으로 접근하는 전개 방식, 정치적 처리뿐만 아니라 사법적 처리로까지 이어진 결과의 면에서 유사성을 보이고 있다. 차이점 면에서, 보시라이 사건은 다른 사례와 비교했을 때 정치적으로 가장 민감한 권력 재편기에 발생한 점, 노선투쟁과 결부 정도가 제일 높다는 점, 측근의 역할이 매우 적극적이고 주동적이었다는 점, 범죄 행위의 주요 성격이 비리가 아닌 비위라는 점, 처리 과정에서 각 파벌 간에 매우 활발한 경쟁 및 협력이 이뤄졌다는 점에서 그 특징을 찾을 수 있다.

결론적으로 보시라이 사건으로 정형화할 수 있는 2012년 중국 권력투쟁은 권력 재편기의 정점에서 발생했다는 점에서 상대적으로 제일 격렬하고, 노선투쟁을 내포하고 있다는 점에서 노선투쟁형의 성격을 띠며, 측근의 자율성이 매우 높게 발현되어 주체의 측면에서 파벌 간뿐만 아니라 파벌 내부 투쟁의 성격을 가지며, 주요 범죄 내용이 비리가 아닌 '비위'라는 점에서 비위를 공격 대상으로 삼았고, 과두제의 틀 내에서의 해결이 이뤄졌기 때문에 체제 내적인 성격을 가지고 있다고 할 수 있다.

제9장은 중국 제5세대 정치 엘리트의 특성에 대한 분석과 이에 기반을 둔 향후 국내 정책의 전망을 제시하고 있다. 거시적 측면에서 제5세대 정치 엘리트의 파벌 구조와 파벌의 정책 정향의 분포를, 미시적 측면에서는 제5세대 정치 엘리트의 인구통계 및 정치사회적 특성을 주로 분석했고, 이에 기반을 두어 향후 국내 정책에 대한 예측을 진행하고 있다. 연구 결과, 제5세대 정치 엘리트의 인구통계적 특성은 다음과 같다. 성별 분포에서는 여전히 남성 중심성이 강하게 표출되고 있다. 전체의 87.9%를 남성이 차지하고 있어서, 제4세대와 비슷한 수준을 유지했다. 민족 분포에서는 제5세대에서도 여전히 전체의 87.7%를 한족이 차지하여 강한 한족 중심성을 나타냈다. 이 수치는 4세대보다 약간 높은 수준이다. 그러나 다른 소수민족의 경우, 제4세대에 비해 제5세대는 멍구족의 비율 상승이 눈에 띄고, 소수민족에 대한 개방성이 제고되고 있다. 이런 특성은 제5세대 중국 정치 엘리트의 다양성 제고에 영향을 준다고 할 수 있다. 출신 지역과 관련하여, 제4세대에 이어 제5세대에서도 산둥, 허베이, 장쑤, 랴오닝, 저장 등 5개 성 출신 엘리트가 가장 많았다. 장쑤성 출신의 비중 하락과 허베이와 랴오닝성 출신 엘리트의 비중 상승은 제5세대 정치 엘리트가 이전 세대와 다른 점이다. 그러나 중국에서 상대적으로 발전된 지역으로 분류되는 연해 지역

에 속한 성들 출신 엘리트들이 여전히 많은 비중을 차지하고 있다는 점은 이전 세대와 제5세대의 공통점이다.

제5세대의 정치사회적 특성은 다음과 같다. 먼저 과거 경력이 파악 가능한 이들의 약 71.47%가 '하방 청년'의 경험을 가지고 있다는 것이다. 이는 이전 세대와 제5세대를 구분 짓는 매우 중요한 특성이다. 학력 수준은 제5세대가 제4세대에 비해 높은 것으로 나타났다. 전문대학 이상 학력 소지자의 전공 분포에서는 제4세대와 상반되게 자연 및 이공 계열보다 인문 및 사회 계열이 압도적으로 많았고, 각 전공이 상대적으로 균등하게 분포되어 있다. 이 역시 제5세대 정치 엘리트의 다양성이 이전 세대에 비해 증가되었다는 방증이다. 해외 유학 경험자의 비중도 제4세대에 비해 높아진 15%를 기록했다. 특히 미국, 영국 등 서구 국가에서 사회과학 계열을 공부하고 돌아온 이들이 많았다. 마지막으로 주도 엘리트 유형과 관련하여, 제5세대는 일반관료의 비중이 기술관료보다 높아서, 매우 큰 변화를 보여 주었다.

한편, 이들 제5세대 정치 엘리트와 상호작용할 구조의 면에서 첫째, 파벌의 중첩성이 존재하지만, 기본적으로 상하이방, 타이즈당, 퇀파이라는 주요 파벌이 실재 작동하고 있다고 분석된다. 이 중 퇀파이가 전체 중 약 15.5%를, 타이즈당이 약 7.3%를, 상하이방이 2.1%를 차지하고 있는 것으로 나타났다. 둘째, 정책 정향의 측면에서는 크게 보면 각각 개혁·개방의 수혜층과 피해층을 대변하는 노선이 존재하는 것으로 판단된다. 따라서 제5세대 엘리트 정치 구조는 정책 정향, 즉 노선을 중심으로 각 파벌 집단들이 이합집산하여 존재한다고 할 수 있다. 또 이런 이합집산이 현재 어느 정도 진행 중이라고 할 수 있는데, 그것은 바로 개혁·개방의 수혜층의 이익을 대변하는 노선을 지지하는 상하이방, 타이즈당, 발전한 연해 지역을 주요 활동 무대로 삼고 있는 간부들 간의 연합과, 개혁·개방의 피해층을 대변하는 노선에 동조하는 퇀파이와 낙후된 내륙 지역을 주요 활동 무대로 삼고 있는 간부들의 연합이라고 할 수 있다.

한편, 구조와 행위자의 측면에서 중국 엘리트 정치는 어떻게 변화해 왔고, 또 변화할 것인가? 즉 중국 엘리트 정치는 각 측면에서 어떤 지속과 변화를 보여 왔고 그 향후 전망은 어떠한가와 관련된 질문을 던질 수 있다. 이를 각각의 세부 주제와 관련하여 살펴보면 다음과 같다. 우선 거시적 측면에서 본 연구의 제2장은 중국 엘리트 정치 구조의 변화를 주로 분석했다. 연구 결과, 덩샤오핑 이후 중국 엘리트 정치는 '과두제의 제도화'라는 방향으로 전환되었다. 즉 개인 독재의 부작용을 방지하면서도 당의 국가와 사회에 대한 집권 지위 유지를 위해, 그리고 개혁·개방의 진전에 따른 중국 사회의 요구에 적절하게 대응하기 위해 덩샤오핑에 의해 과두제를 도입했다. 이 과두제의 핵심은 당내에 복수의 주요 파벌이 존재하며, 이들 모두 압도적인 권력을 차지하지 못하는 상황이다. 이들 파벌은 한편으로는 자파 이익의 극대화를 추구하고, 다른 한편으로는 중국공산당이라는 조직체가 집권 지위를 놓치지 않아야 한다는 인식을 공유하고 있다. 이런 측면에서 이 과두제 내의 게임의 성격은 경쟁적 공존을 기본으로 한다고 할 수 있다. 또 이런 게임의 유지를 위해 각 파벌의 첨예한 대립과 갈등을 해결할 기제가 필요하고 이것을 제도화하는 것에 동의했다. 즉 정당 구조의 측면에서 보면, 덩샤오핑 이후 중국 엘리트 정치체제는 개인 독재의 부활 내지 일개 파벌의 독주에도 반대하지만, 동시에 다원주의와 같은 형태의 다수 파벌의 등장에도 반대한다고 할 수 있다. 따라서 과두제의 불안정성을 해소하는 방안으로 세대교체, 경쟁의 도입, 경쟁의 룰 안착화 등 제도화를 선택한 것이다. 한편 이런 측면에서 향후 중국 정치는 어떻게 전개될 것인가? 먼저,

중국 정치의 변화는 공산당 내부에서 시작될 가능성이 높다. 상술한 대로 만약 파벌들이 과두제를 유지하는 것보다 깨는 것이 더 자신들의 이익에 부합한다고 판단하는 경우, 현재의 과두제는 다두제 혹은 다른 형식으로 변화될 것이다. 이 과정에서 급속한 경제성장으로 인해 역동적으로 변화하고 있는 중국 사회의 속성이 중요한 변수로 기능할 것 역시 자명하다.

다음으로 현재 체제가 유지된다는 가정 하에서는 엘리트 정치, 즉 당내 민주주의의 확대 및 심화가 예상된다. 그리고 그 내용은 과두제 내 경쟁과 관련된 절차와 규칙 등의 제도화가 핵심일 것으로 전망된다. 왜냐하면 현재와 같이 개인이 아닌 집단에 의해 체제가 유지되고, 이 집단 간의 경쟁에서 어느 집단도 압도적인 다수를 차지하지 못하는 상황에서는 인사와 노선과 같은 주요 정책을 결정할 수 있는 객관적인 공간이 필요하게 된다. 그렇다고 이 과두제가 전 국민을 대상으로 그 공간을 넓힐 가능성은 심각한 사회적 혼란 상황이 발생하지 않는 한 매우 낮다고 판단된다. 따라서 이런 상황에서 이 과두제가 통제할 수 있는 범위인 당내에서는 특히 정책 결정과 관련된 민주화가 진척될 것이다. 결국 향후 중국 엘리트 정치는 과두제의 안정성 제고를 위해 노력할 것이고, 그 방향은 각 파벌들 간의 경쟁적 공존의 게임의 규칙을 제도화하는 것이며, 구체적으로 주요 정책의 결정 권한을 통제 가능한 범위에서 아래로 하방하는 당내 민주주의 확대가 될 것이다.

역시 거시적 측면에서 제3장은 중국 엘리트 정치의 비공식적 측면, 즉 파벌정치의 변화를 '동기'와 '동학'을 중심으로 분석하고 있다. 연구 결과, 중국의 파벌정치는 형성의 동기의 측면에서 '사적'(personal) 파벌 위주에서 '실재'(real) 파벌과 '사적' 파벌이 혼재된 유형으로, 동학의 측면에서는 '퇴행적'(degenerative)에서 '경쟁적'(competitive)을 거쳐 갈수록 경쟁과 협력이 혼재된 파벌주의 유형으로 변화한 것으로 나타났다. 이를 시기별로 보면,

중국공산당 창당에서 옌안 시기에는 사적/퇴행 유형이었다가, 마오쩌둥과 덩샤오핑의 2선 배치 구조 시기에는 사적/경쟁 유형으로 변했고, 장쩌민과 후진타오의 집단지도체제 때는 사적/경쟁에서 사적/경쟁과 실재/협력이 혼재되어 있는 중간 유형으로 변화하고 있다고 할 수 있다. 한편, 그렇다면 향후 중국 파벌정치는 어떤 방향으로 변화할 것인가? 먼저 현재보다 파벌 형성의 동기의 측면에서 '실재'적인 요소가 강화될 가능성이 높다. 이는 중국 사회의 분화와 간부들의 임기 보장 등 정치적 제도화의 제고와 관련이 있다. 중국 사회는 그동안 개혁·개방정책의 실시로 극심한 지역·계층격차 문제가 발생해, 현재 공산당 내에서는 이런 문제 해결을 위한 여러 방안이 제출되고 있다. 대표적으로 현재 진행형인 광둥(廣東)과 충칭(重慶) 모델 간의 논쟁을 들 수 있으며, 이는 권력투쟁과 파벌의 이합집산과도 결부되어 있는 특징을 가진다.[1] 정치적 제도화로 신분을 보장받은 간부들이 생존보다는 자신의 이익을 중심으로 이합집산할 가능성이 높아졌으므로, 더욱 실재적인 파벌 형성의 기초가 마련되었다고 할 수 있다.

다음으로 파벌 간 관계의 측면에서 협력적 요소가 강화될 가능성이 높다. 이는 중국식 과두제의 진전과 깊은 관련이 있다. 즉 어떤 지도자나 파벌도 압도적인 권력의 우위를 점하고 있지 않는 상태에서 이 체제의 유지를 위해서는 경쟁과 협력의 룰을 제도화해야 한다. 제도화는 파벌 간의 무한 경쟁보다는 타협과 절충을 통해 협력의 요소를 강화할 가능성이 높다. 만약 그렇지 않을 경우 본질적으로 여러 파벌이 공존하는 형태인 과두제는 붕괴할 가능성이 높다. 특히 1989년 톈안먼사건은 중국식 과두제의 유지

1_이 밖에도 여러 지역에서 발전 모델이 제기되고 있는 상황이다(2012년 1월, 베이징과 상하이 전문가 인터뷰).

온존에 대한 정치 엘리트들의 일정한 공식 형성에 많은 영향을 주었다고 평가된다. 이런 측면에서 현재 중국공산당의 당내 민주주의 확대 흐름을 해석할 수 있다. 따라서 이 두 측면에서 중국 파벌정치는 보다 '실재'적인 파벌 간에 서로 협력형 관계를 맺는 방향으로 발전할 가능성이 높다 하겠다.

제2부는 중국 엘리트 정치의 행위자인 정치 엘리트를 집중 분석하고 이의 지속과 변화를 기본적으로 살펴보고 있다. 먼저 제4장에서는 중국 정치 엘리트 속성의 변화를 2007년 구성된 제17기 중국공산당 중앙위원회의 위원과 그 후보위원을 대상으로 분석했다. 연구 결과, 후진타오 집권 2기인 이 시기의 중앙위원은 다음과 같은 일반적인 특성을 가졌다. 첫째, 성별에서는 남성이 전체의 90.3%를 차지했다. 그러나 이는 제12기부터 시작되는 중국 개혁·개방 시기 어느 중앙위원회보다 그 비율이 낮은 것이었다. 또 개혁·개방 시기 평균 92.6%보다도 낮은 수준이다. 둘째, 출신 민족은 한족이 89.8%를 차지하여, 제16기보다는 소폭 하향되었다. 그러나 개혁·개방 시기 평균 89.7%보다는 미세하게 높았다. 셋째, 출신 지역의 측면에서 허베이성 출신의 증가폭이 눈에 띄었으며, 산둥, 허베이, 장쑤성이 순서대로 가장 많은 정치 엘리트를 배출했다. 넷째, 평균 연령은 57세로 나타났다. 이는 개혁·개방 시기 평균과 같은 수준이다.

다섯째, 학력 수준의 측면에서 전체 학력은 5.44로 가장 높았으나, 일을 정식으로 시작하기 전 학력은 3.9로 제16기(4.21)와 개혁·개방기 평균 3.91보다도 약간 낮은 수준이었다. 여섯째, 전공 영역의 특성은 자연과학·응용과학·재정·경제 영역과, 인문·사회과학을 전공한 이들이 지난 16기에 비해 모두 소폭 상승했다. 그러나 전자는 제14기에 정점을 보인 뒤 하락하는 추세를, 후자는 동 시기에 모두 상승 추세를 보여 주고 있다. 군사 영역을 전공한 이들은 제15기 이래 계속 하락 추세를 보였다. 일곱째, 주요 경력의 측면에서 군대와 엔지니어는 소폭과 대폭 하락, 당 조직은 대폭 상승 추세를 나타냈다. 특히 군대는 개혁·개방기 들어 계속 소폭 하락하는 추세를 보였지만, 엔지니어의 경우 제15기를 정점으로 큰 폭으로 하락하는 추세를 보이는 것이 주목된다.

마지막으로 중국 정치 엘리트의 주도적 유형과 관련하여, 개혁·개방기 들어 줄곧 강세를 보이던 기술관료의 비중이 제14기를 기점으로 계속 하향 추세를 보였다. 이와 반대로 같은 시기 일반관료는 계속 상승 추세를 보여, 이번 제17기에서는 기술관료와 비슷한 수준을 기록했다. 이에 대해 본 연구자는 개혁·개방의 부작용 해결이라는 중국 지도부의 새로운 시대 인식에 기초한 발전관의 제출과, 후진타오 체제의 등장과 함께 자파 세력 확장의 필요성이라는 두 가지 측면에서 그 원인을 접근할 수 있다고 보고 있다. 결국 제17기는 중국 정치 엘리트의 측면에서 전반적으로 기술관료의 쇠퇴 추세가 분명해졌고, 반면 일반관료의 부상이 확인되는 시기라고 규정할 수 있다.

이런 추세는 중국 정치 엘리트의 전환과 관련하여 매우 중요하다. 주지하다시피, 중국 정치 엘리트는 개혁·개방을 전후로 혁명관료에서 기술관료로의 전환을 한 차례 경험했다. 만약 이 추세라면 2012년 제18기 중국공산당 중앙위원회에서는 일반관료가 다수를 차지하게 될 것이라고 예측할 수 있다. 또 이 시기는 중국의 제5세대 지도자들이 중국 정치 전면에 부각되는 시기이기도 하다. 따라서 이미 중국 정치 엘리트의 또 한 차례의 전환이 진행 중이라고 할 수 있다. 그것은 바로 기술관료에서 일반관료로의 전환이다.

제5장과 제6장에서는 엘리트 통합, 분화, 순환에 따른 유형화 분석틀을 동시에 활용하여 중국 정치 엘리트의 전환과 변화 추이를 살펴봤다. 먼저

제5장은 1921년 중국공산당 중앙위원회 시기부터 2002년 제16기까지의 정치 엘리트, 즉 중앙위원 및 후보 중앙위원에 대한 유형화와 그 변화 추이를 살펴봤다. 분석 결과' 통합'의 측면에서 개혁·개방 이전에 비해 이후가 통합 정도가 약화되는 것으로 밝혀졌다. 또 '분화'의 측면에서는 개혁·개방 이전에 비해 이후가 그 정도가 강화되는 것으로 확인되었다. 마지막으로 '순환'의 측면에서 개혁·개방 이전에 비해 이후가 방식은 점진적으로, 그러나 범위는 좁아진 것으로 밝혀졌다. 여기에, 상술했다시피, 개혁·개방 이전 중국 정치 엘리트를 이념형/대체형으로 규정한 것을 포함시켜 결론을 내리면 다음과 같다. 중국 정치 엘리트는 강한 통합 정도, 좁은 분화 정도, 급진적 방식과 넓은 범위의 순환을 그 특징으로 하는 이념형/대체형에서, 약한 통합 정도, 넓은 분화 정도, 점진적 방식과 좁은 범위의 순환을 그 특징으로 하는 분절형/재생산형으로 변화했다. 즉 개혁·개방 시기의 중국 정치 엘리트는 물론 상대적이기는 하지만, 신념의 공유 정도가 약하고, 상호 간에 불신임과 의심이 존재하고, 밀도는 매우 높지만 서로 분리된 네트워크가 공존하며 분절되어 있고, 방식은 점진적이고 평화적이나 그 범위는 매우 좁은 재생산적인 순환이 이뤄지는 엘리트 유형이라고 할 수 있다.

다음으로 제6장에서는 '정치 세대'(political generation) 개념을 도입하여, 중국 제1~5세대 정치 엘리트의 특징 변화를 제5장과 같은 분석틀을 활용하여 살펴봤다. 분석 결과, '통합'의 측면에서 세대가 거듭할수록 그 정도가 약화되는 것으로 밝혀졌다. 또 '분화'의 측면에서는 세대가 높아질수록 그 정도가 강화되는 것으로 확인되었다. 마지막으로 '순환'의 측면에서 세대가 거듭할수록 그 방식은 점진적으로, 그러나 범위는 좁아진 것으로 밝혀졌다. 여기에, 상술했다시피, 제1세대 중국 정치 엘리트를 이념형/대체형으로 규정한 것을 포함시켜 결론을 내리면 다음과 같다. 중국 정치 엘리트는 강한 통합 정도, 좁은 분화 정도, 급진적 방식과 넓은 범위의 순환을 그 특징으로 하는 이념형/대체형에서, 약한 통합 정도, 넓은 분화 정도, 점진적 방식과 좁은 범위의 순환을 그 특징으로 하는 분절형/재생산형으로 변화한 것으로 볼 수 있다. 즉 중국 정치 엘리트는 물론 상대적이기는 하지만, 세대가 거듭할수록 신념의 공유 정도가 약하고, 상호 간의 불신임과 의심이 존재하고, 밀도는 매우 높지만 서로 분리된 네트워크가 공존하며 분절되어 있고, 방식은 점진적이고 평화적이나 그 범위는 매우 좁은 재생산적인 순환이 이뤄지는 엘리트 유형으로 변화하고 있다고 할 수 있다. 흥미롭게도 5, 6장의 연구 결과는 유사하게 나타났다.

한편, 이에 기반한 중국 정치 엘리트 전환의 향후 전망과 관련해서는, 본 연구 결과에서 나타난 대로 다음과 같은 몇 가지 추이를 참조할 수 있겠다. 우선, 통합 범주의 규범 측면에서 지도사상의 수량은 갈수록 확대될 가능성이 높다. 덩샤오핑 이래 장쩌민까지, 자신의 주요 이론 내지 주장을 당장에 삽입시켜 중국공산당의 지도사상으로 내세운 전례에 비추면 현재의 최고 지도자인 후진타오가 내세우고 있는 '과학적 발전관'(科學發展觀) 혹은 '조화사회(和諧社會)론' 역시 지도사상으로 승격될 가능성이 높기 때문이다. 따라서 '규범'의 측면에서 봤을 때 통합의 수준은 약화될 것이라고 할 수 있다. 다음으로 역시 통합 범주의 '상호작용'의 측면에서 중앙위원회의 규모는 개혁·개방 이후 그 변화가 뚜렷하지 않고 2007년 구성된 제17기 중국공산당 중앙위원회가 371명인 것을 감안하면 소폭 증가하는 추세를 보이고 있다. 따라서 이 측면에서의 통합 정도 역시 갈수록 약화될 것이라고 전망된다.

다음으로 '분화'의 각 측면을 살펴보면, 사회 및 조직적 다양성을 나타내는 각 지표들 중 민족 이질성이 소폭 감소된 것을 제외하면, 다른 성별과 주요 경력은 그 변화가 거의 나타나고 있지 않다. 따라서 '분화'의 측면에서는 그리 큰 변화를 예상할 수 없다고 판단된다. 마지막으로 '순환'의 측면에서 그 방식을 결정하는 제도화의 수준은 갈수록 제고되어 갈 것이고, 교체 비율은 제17기가 52.5%인 것을 포함시켜 보면 그 변화 폭은 그리 크게 변화되지 않을 것으로 예상된다.

따라서 전반적으로 '통합'의 정도는 약화 추세를, '분화'의 정도는 소폭 감소 내지 현재 수준의 유지를, '순환'에서 제도화는 제고되나 그 범위는 별다른 변화가 없는 추세를 보일 것으로 전망된다. 문제는 다른 유형으로의 전환 가능성, 즉 동의형/고전형 내지 분리된/준대체형으로의 전환 가능성이다. 먼저, 분리된/준대체형으로의 전환 가능성은 매우 희박하다. 주요한 원인으로 현재 중국은 엘리트 순환의 방식이 갈수록 제도화되어 가고 있는 상황이고, 통합의 정도가 약화되어 가고 있다고는 하나 공유하는 신념의 수가 증가하는 수준의 문제이지 분리된 엘리트 유형에서 나타나듯 극도로 대립되는 신념을 정치 엘리트들이 각자 신봉하는 수준이 아니기 때문이다. 더구나 중국공산당이라는 전일적인 정치체가 정국을 안정적으로 주도하는 상황이 유지되고 있다. 또 분화의 수준도 물론 개혁·개방 이후에 그리 급격한 변화를 나타내고 있지 않지만 그렇다고, 그 수준이 대폭 약화될 조짐 역시 보이고 있지 않다.

다음으로 동의형/고전형으로의 전환 가능성이다. 이 문제에서 가장 심각하게 대두되는 문제는 바로 '대의제'이다. 중국은 현재 그들 나름대로의 인민민주주의 독재를 중심으로, 정치 협상 제도를 통한 민주당파의 참정 보장 그리고 의행합일(議行合一) 제도 등 '중국 특색의' 대의제를 완비하고 있다고 하나, 아직도 당-국가 체제가 유지되고 있고 다원주의적 민주정치 체제를 받아들이지 않고 있다. 더구나 현재 중국 학자들 대다수는 서구식 민주가 아닌 중국식 민주제도를 수립해야 한다고 역설하고 있는 실정이다. 따라서 엘리트 순환이 공산당 내에서만 이뤄지므로 범위가 상대적으로 좁을 수밖에 없으며, 또 약해지는 통합의 정도의 추세를 역전시킬 권력 재분배와 관련된 개혁, 즉 선거제도 개혁 등과 관련된 정치개혁의 의지가 여전히 높지 않다. 더욱이 중국 정부는 현재 민주화보다는 제도화를 우선시하고 있어, 분화를 가속화시키면서도 통합 정도는 제고시킬 획기적인 대의제 내지 다원주의 모델을 수용할 가능성은 낮다고 판단된다. 따라서 중국 정치 엘리트의 변화 전망과 관련하여 결론적으로, 정도의 차이는 보이겠지만 상당 기간 분화된/대체형 엘리트 유형에 속할 것으로 판단된다.

참고문헌

구자룡. 2012. "충칭발 권력투쟁, 공청단 '이간計' 통했다." 『동아일보』 02/16(http://news.donga.com/3/all/20120215/44077443/1).

김용학. 1996. 『사회구조와 행위』. 사회비평사.

김재철. 2002. 『중국의 정치개혁: 지도부, 당의 지도력 그리고 정치체제』. 도서출판 한울.

김채윤·장경섭. 1996, 『변혁기 사회주의와 계급·계층』. 서울대학교 출판부.

김태호. 2000. "중국 정치엘리트 연구." 정재호 엮음. 『중국정치연구방법론』. 나남출판.

서재진 외. 1999, 『사회주의 지배 엘리트와 체제 변화』. 생각의나무.

서진영. 1992. 『중국 혁명사』. 도서출판 한울.

서진영. 2002. 『21세기 중국 정치: 성공의 역설과 중국적 사회주의의 미래』. 폴리테이아.

白壽彝 엮음. 이진복·김진옥 옮김. 1990. 『中國全史(현대편)』. 학민사.

안승국. 1998. "비교·지역 연구에 있어서의 인과적 추론: 방법론적 쟁점과 대안적 연구 전략의 모색." 『國際政治論叢』 제38집 1호.

유상철. 2012. "시진핑 집권 뒤 보시라이를 '칼'로 쓴다 소문 … 후진타오의 공청단, 선제공격했나." 『중앙일보』(02/14).

이희옥. 2004. 『중국의 새로운 사회주의 탐색』. 창비.

인교준. 2012. "中왕리쥔 "보시라이는 최대 간신."
http://www.yonhapnews.co.kr/bulletin/2012/02/09/0200000000AKR20120209231000083.HTML?did=1179m (검색일: 2012.03.02).

장세정. 2012. "시진핑의 '킹 메이커' 쩡칭훙, 중국 최고권력 충돌 막았다." 『중앙일보』(04/24).

정재호 엮음. 2000. 『중국정치연구방법론』. 나남출판.

조영남. 2006. 『후진타오 시대의 중국 정치』. 나남출판.

______. 2008. "중국의 정치개혁과 '중국 특색적 민주주의'." 국제 심포지엄 『중국 모델의 적용 가능성』 발표 논문집.

______. 2009. 『21세기 중국이 가는 길』. 나남,

주장환. 2007. 『개혁·개방기 중국 정치 엘리트』. 풀빛.

______. 2008a. 『중국의 엘리트: 마오쩌둥에서 제5세대 지도자들까지』. 살림.

_____. 2008b. "중국 정치 엘리트의 특성: 유형화와 그 변화." 『한국과 국제정치』 제24권 제4호.

_____. 2008c. "광둥성 '맹주'의 반발 파벌 위한 반항인가 지혜로운 저항인가." 『시사IN』 68호 (2008/12/31). (http://www.sisainlive.com/news/articleView.html?idxno=3549).

_____. 2009. "제17기 중국공산당 중앙위원회: 기술관료의 쇠퇴와 '일반관료'의 부상." 『中蘇研究』 제33권 2호.

_____. 2011a. "덩샤오핑 이후 시기 중국 엘리트 정치; '과두제의 제도화'로의 전환." 『中蘇研究』 35권 1호.

_____. 2011b. "중국 제5세대 정치 엘리트: 행위자와 구조적 특성에 대한 분석." 『국가전략』 제17권 3호.

_____. 2012a. "중국 제5세대 정치 엘리트의 국내 정책 정향." 『신아세아』 제19권 1호.

_____. 2012b. "공청단은 왜 그토록 보시라이에 잔인했나." 『시사IN』 241호(5/2).

_____. 2012c. "중국 파벌정치의 변화: '동기'와 '동학'의 측면에서." 『아세아연구』 제55권 1호.

주장환·박정호. 2010. "체제 전환기, 중·러 정치 엘리트 비교 연구: 특성과 형성 배경을 중심으로." 『중소연구』 제34권 1호.

주장환·유은하. 2010. "중국 세대별 정치 엘리트와 민주주의: 제3·4세대를 중심으로." 『中國研究』 제50권.

최형규. 2012. "보시라이, 왕리쥔 사건 한 달여 만에 첫 기자회견." 『중앙일보』(03/10).

한국비교사회연구회 엮음. 1990. 『비교사회학: 방법과 실제 I』. 열음사.

康紹光. 2004. 『中國的道路』. 北京: 北京人民出版社.

江澤民. 2002. "全面建設小康社會, 開創中國特色社會主義事業新局面: 在中國共産黨第十六次全國代表大會上的報告(5)." http://cpc.people.com.cn/GB/64162/64168/64569/65444/4429121.html (검색일: 2009.02.11).

高建·佟德志 主編. 2010. 『中國式民主』. 天津: 天津人民出版社.

高君. 2012. "薄熙來去職重慶 未來安排更接近"楊白冰模式"." http://china.dwnews.com/news/2012-03-15/58656289.html (검색일: 2012.04.30).

高君·王新. 2012. "政治投机犯衆怒 薄熙來惹江胡習聯手." http://china.dwnews.com/news/2012-04-27/58719725-all.html (검색일: 2012.05.01).

高放. 2002. 『政治與政治體制改革』. 北京: 中國書籍出版社.

_____. 2006. 『中國政治體制改革的心聲』. 重慶: 重慶出版社.

高新. 1995. 『江澤民的權力之路』. 香港: 明鏡出版社.

寇健文. 2010. 『中共精英政治的演變-制度化與權力轉移 1978-2010』. 台中: 五南圖書出版股份有限公司.

咼中校. 2010. "中國政改之爭南方日報VS光明日報." 『亞洲週刊』 二十四卷, 三十七

期 (2010/09/19), http://www.yzzk.com/cfm/Content_Archive.cfm?Channel=ae & Path=2254381392/37ae1a.cfm/ (검색일자: 2010.09.22).
寇健文. 2000.『中共精英政治的演變-制度化與權力轉移 1978-2000』. 台中: 五南圖畫出版股份公司.
______. 2010.『中共精英政治的演變-制度化與權力轉移 1978-2010』. 台中: 南圖書出版股份有限公司.
邱平. 2005.『中共第五代』. 香港: 夏非爾國際出版公司.
多維中國議題組. 2012. "中共十八大中央政治局9常委2.0版." http://18.dwnews.com/news/2012-01-11/58504149-all.html (검색일: 2012. 03.02).
童丹. 2012. "傳黃奇帆被召進京解釋率警包圍美領館." http://china.dwnews.com/news/2012-02-13/58592716.html (검색일: 2012.03.02).
劉黎黎. 2007. "黨管幹部政策曆史回顧."『寧夏黨校學報』第9卷, 第4期.
劉思揚·孫承斌·劉剛. 2007. "爲了黨和國家興旺發達長治久安－－黨的新一屆中央領導機構産生紀實." http://news.xinhuanet.com/newscenter/2007-10/24/content_6931498.htm (검색일: 2011.09.12)
李辨明. 2012. "重慶官媒再批特權 薄熙來事件或將有結果." http://china.dwnews.com/news/2012-07-01/58773223.html (검색일: 2012.07.01).
李國祥 等. 1984.『中國人民解放軍發展沿革(1927-1949)』. 北京: 解放軍出版社.
李穎 編. 2008.『從一大到十七大 1921-2007』. 北京: 中央文獻出版社.
李宇婷. 2012. "美媒激辯薄熙來案會否公開審理." http://china.dwnews.com/news/2012-06-07/58754410.html (검색일: 2012.06.08).
梅劍. 1996.『延安秘事』. 北京: 紅旗出版社.
孟君. 2009.『中共秘書幫』. 香港: 夏非爾國際出版公司.
孟娜·李亞杰·蔡敏. 2012. "中共中央領導集体實現新老交替." http://cpc.people.com.cn/18/n/2012/1114/c350837-19582960.html (검색일: 2012.11.22)
穆堯·子淸. 2012. "引領中共党內民主 票選最高層將制度化." http://china.dwnews.com/news/2012-06-08/58755514.html (검색일: 2012.06.09).
潘維. 2003.『法治與"民主迷信": 一個法治主義者眼裏中的中國現代化和世界秩序』. 香港: 香港社會科學出版社.
范盛雨. 2012. "歷史回眸: 陳良宇, 從中共高官到階下囚犯." http://history.dwnews.com/news/2012-02-14/58594484-3.html (검색일: 2012.04.01).
鳳凰網. 2010. "解放軍曆史上各個"山頭"形成的來龍去脈." http://news.ifeng.com/history/zhongguoxiandaishi/201001/0111_7179_1505301.shtml (검색일: 2011.08.24).
史果. 2003.『上海幫的黃昏』. 香港: 香港文化藝術出版社.

徐連欣. 2005. "中國的民主政治建設(全文)."
http://politics.people.com.cn/GB/1027/3783369.html (검색일: 2010.09.05).
徐斯勤·陳德升 主編. 2012.『中共'十八大'政治繼承: 持續、變遷与挑戰』. 新北: INK 印刻文學生活雜志出版有限公司.
徐湘林. 2001. "後毛時代的精英轉換和依附性技術官僚的興起."『戰略與管理』. 第6期.
蘇偉. 2011. ""重慶模式"與"廣東模式""大同小異"."
http://www.chinaelections.org/NewsInfo.asp?NewsID=214761 (검색일: 2011.09.26).
宋魯鄭. 2011. "重慶模式與廣東模式誰能走的更遠？"
http://www.chinaelections.org/NewsInfo.asp?NewsID=209173 (검색일: 2011.09.28).
習近平. 2009. "注重選拔能妥善應對複雜局面的年輕幹部."
(http://politics.people.com.cn/GB/1024/9061194 (검색일: 2009.04.01).
習永唐. 2004. "黨政領導幹部選拔任用原則的形成與發展." 理論前沿, 第7期.
晨風.2011. "中國政壇"第六代新星"開始嶄露頭角."
http://china.dwnews.com/news/2011-03-23/57531330.html (검색일: 2011.03.26).
新華网. 2012. "外交部發言人辦公室就王立軍事件答問."
http://news.xinhuanet.com/2012-02/09/c_122681189.htm (검색일: 2012.02.10).
新華社. 2012. "授權發布: 中共中央決定對薄熙來同志嚴重違紀問題立案調查."
http://news.xinhuanet.com/2012-04/10/c_111761745.htm (검색일: 2012. 04.25).
艾仰樺·陳曉銘. 2009.『共青團勢力』. 香港: 明鏡出版社.
楊繼繩. 2004.『中國改革年代的政治鬥爭』. 香港: Excellent Culture Press.
楊選才 主編. 1995.『中國革命史』. 北京: 中國人民大學出版社.
魚飛. 2012. "日媒称重慶党代會演變爲薄熙來批斗會."
http://china.dwnews.com/news/2012-06-19/58763361.html (검색일: 2012.06.20).
於澤遠. 2007. "國情問題專家胡鞍鋼: 中國崛起有三大問題."『聯合早報』(01/15).
嚴家祺. 2012. "薄熙來事件的教訓－－非毛化、非鄧化同時并舉."
http://opinion.dwnews.com/news/2012-05-16/58735412.html (검색일: 2012.05.22).
烏有之鄉. 2012. "烏有之鄉對薄熙來事件發表聲明."
http://forum.dwnews.com/threadshow.php?tid=947092 (검색일: 2012.05.26).
王貴秀. 2004.『中國政治體制改革之路』. 鄭州: 河南人民出版社.
王新. 2012. "黃奇帆: 快速發展因中央 重慶今后會更好."
http://china.dwnews.com/news/2012-05-18/58737597.html (검색일: 2012.05.30).
王浦劬·謝慶奎. 2003.『民主政治秩序與社會變革』. 北京: 中信出版社.
王慧杰. 2012. "薄熙來継續"打黑唱紅"底气何來?" http://news.china.com.cn/rollnews/2012-03/12/content_13213726.htm (검색일: 2012.04.25).
佑安. 2012. "傳薄谷或被處以死刑 王立軍无期."

http://china.dwnews.com/news/2012-05-21/58739579.html (검색일: 2012.05.23).
兪可平. 2004.『增量民主與善治』. 北京: 社會科學出版社.
人民網. 2011. "中國共産黨曆次全國代表大會數據庫."
http://cpc.people.com.cn/GB/64162/64168/index.html (검색일: 2011.11.10).
丁望. 2005.『胡錦濤與共靑團接班群』. 香港: 當代名家出版社.
鄭必堅. 2011. "再論"中國和平崛起"."『北京日報』(05/16).
趙永林. 1995. "論德才兼備與幹部四化方針." 河南師範大學學報(哲學社會科學版) 第22卷, 第3期.
趙迪, 2008. "論以黨內民主促進社會民主."『重慶科技學院學報(社會科學版)』. 第3期.
宗鳳鳴. 2007.『趙紫陽軟禁中的談話』. 香港: 開放出版社.
宗海仁. 2002.『第四代』. 香港: 明鏡出版社.
中共中央文獻編輯委員會. 1993a.『鄧小平文選: 第二卷』北京: 人民出版社.
______. 1993b.『鄧小平文選: 第三卷』北京: 人民出版社.
中共中央組織部 幹部局. 2002.『黨政領導幹部選拔任用工作條例問答』. 北京: 黨建讀物出版社.
中共中央組織部 中共中央黨史硏究室. 2004.『中共共産黨曆屆中央委員大辭典 1921-2003』. 北京: 中共黨史出版社.
〈中國共産党歷次全國代表大會數据庫〉
(http://cpc.people.com.cn/GB/64162/64168/index.html).
中國共産黨章程(2002년 11월 14일 통과), 제3장 제21조. http://cpc.people.com.cn/GB/64156/65682/4475127.html (검색일: 2010.02.12).
______. (2007년 10월 21일 통과), 당의 조직. http://cpc.people.com.cn/GB/64162/64168/106155/106156/6439371.html (검색일: 2010. 03.13).
______. (2007년 10월 21일 통과), 총강. http://cpc.people.com.cn/GB/64162/ 64168/106155/106156/6439183.html (검색일: 2010.02.12).
中國共産黨第十一屆中央委員會. 1980. "關於黨內政治生活的若幹准則." http://news.xinhuanet.com/ziliao/2005-02/04/content_2548139.htm (검색일: 2010.03.23).
中國共産黨第十五屆中央委員會. 1997.
"中國共産黨第十五屆中央委員會第一次全體會議公報."
http://cpc.people.com.cn/GB/64162/64168/64568/65400/4429281.html
(검색일: 2011. 01.21).
中國共産党第十八屆中央委員會. 2012. "中國共産党第十八屆中央委員會第一次全体會議公報"
http://cpc.people.com.cn/18/n/2012/1115/c350824-19590700.html
(검색일: 2012. 11.22)
〈中國人民解放軍軍史〉 編寫組. 2010.『中國人民解放軍史』第1~3卷. 北京: 軍事科學出

版社.
中華人民共和國國家統計局. 2006.『中國統計年鑒 2006』. 北京: 中國統計出版社.
陳斐. 2012. "江澤民力主推動薄熙來事件嚴肅處理."
http://china.dwnews.com/news/2012-04-17/58706908.html (검색일: 2012.04.20).
崔東. 2012. "在十一届全國人大五次會議記者會上溫家宝總理答中外記者問 (8)."
http://politics.people.com.cn/GB/1024/17390377.html (검색일: 2012.04.08).
何頻·高新. 2003.『中共太子黨』. 台北: 時報文化出版企業股份有限公司.
何增科. 2004.『中國政治體制改革研究』. 北京: 中央編譯出版社.
胡錦濤. 2010. "在深圳經濟特區建立30周年慶祝大會上的講話." http://news.xinhuanet.com/politics/2010-09/06/c_12523818.htm/ (검색일: 2010.09.24).
黃橙. 2012. "公安机關對尼爾·伍德死亡案依法進行夏查." http://yn.people.com.cn/GB//video/n/2012/0411/c337708-16927035.html (검색일: 2012.04.30).

Ansfied, Jonathan and Ian Johnson. 2012. "Ousted Chinese Leader Is Said to Have Spied on Other Top Officials." http://www.nytimes.com/2012/04/26/world/asia/bo-xilai-said-to-have-spied-on-top-china-officials.html?pagewanted=all (검색일: 2012.04.27).

Aron, Raymond. 1950. "Social structure and the ruling class." *British Journal of Sociology*, Vol. 1, No. 2.

Bachman, David. 1991. *Bureaucracy, Economy and Leadership in China: The Institutional Origins of the Great Leap Forward*. Cambridge: Cambridge University Press.

Barnett, A. Doak. 1960. *Communist China and Asia: Challenge to American Policy*. New York: Harper & Brothers.

Baum, Richard. 2000. "Jiang takes command: the Fifteen National Party Congress and beyond." Hung-mao Tien & Yun-han Chu eds. *China under Jiang Zemin*. Boulder, CO: Lynne Rienner Publishers.

Belloni, Frank P. and Dennis C Beller. 1978. *Faction politics: Political parties and factionalism in comparative perspective*. Santa Barbara, Calif: ABC-Clio.

Bialer, Seweryn. 1980, *Stalin's Successors: Leadership, Stability, and Change in the Soviet Union*. Oxford: Cambridge University Press.

Blackwell, R. E. JR, 1972. "Elite Recruitment and Functional Change: An analysis of the Soviet Obkom Elite 1950-1968." *The Journal of Politics* 34, No. 1.

Blau, Peter M. 1977, "A Macrosociological Theory of Social Sturcture." *The American Journal of Sociology*, Vol. 83, No. 1.

Bo, Zhiyue. 2004a. "The Sixteenth Central Committee: Technocrats in Command?" *Asian Profile*, Vol. 32, No. 6.

_____. 2004b. "The Sixteenth Central Committee of the Chinese Communist Party: formal institution and factional groups." *Journal of Contemporary China*, Vol. 13, No. 39.

_____. 2006. "Princeling Generals in China: Breaking the Two Career Barriers?" *Issues & Studies*, Vol. 42, No. 1.

_____. 2007. *China's Elite Politics: Political Transition and Power Balancing*. Singapore: World Scientific Publishing Co. Pte. Ltd.

_____. 2010. *China's Elite Politics: Governance and Democratization*. Singapore: World Scientific Publishing Co. Pte. Ltd.

Boucek, Françoise. 2009. "Rethinking Factionalism: Typologies, Intra-Party Dynamics and Three Faces of Factionalism." *Party Politics*, Vol. 15, No. 4.

Budge, Ian and Lawrence Ezrow and Michael D. McDonald. 2010. "Ideology, Party Factionalism and Policy Change: An Integrated Dynamic Theory." *British Journal of Political Science*, Vol. 40, No. 4.

Burton, Michael and John Higley. 1987. "Elite Settlements." *American Sociological Review*, Vol. 52, No. 3.

_____. 2001. "The Study of Political Elite Transformations." *International Review of Sociology*, Vol. 11, No. 2.

Cavey, Paul. 1997. "Building a Power Base: Jiangzemin and the Post-Deng Succession." *Issues and Studies*, Vol. 33, No. 11.

Csaba, Laszlo. 1996. "The Political Economy of the Reform Strategy: China and Eastern Europe Compared." *Communist Economics & Economic Transformation*, Vol. 8, No. 1.

Chen, Weixing and Yang Zhong. 2005. *Leadership in a Changing China*. New York: Palgrave Macmillan.

Cherrington, Ruth. 1997. "Generational issues in China: a case study of the 1980s generation of young intellectuals." *The British Journal of Sociology*, Vol. 48, No. 2.

Chung, Jae Ho. 1991. "The Politics of Preregatives in Socialism: The Case of Taizidang in China." *Studies in Comparative Communism*, Vol. 24, No. 1.

Dahrendorf, R. 1967, *Society and Democracy in Germany*. New York: Doubleday.

Dahl, A. Robert. 1978. *Polyarchy: Participation and Opposition*. New Haven and London: Yale University Press.

Dittmer, Lowell. 1990. "Patterns of Elite Strife and Succession in Chinese Politics." *China Quarterly,* No. 123.

_____. 1995. "Chinese Informal Politics." *China Journal,* Vol. 34.

_____. 1996. "The Chinese Cultural Revolution revisited: The role of the nemesis." Journal of Contemporary China, Vol. 5, No. 13.

_____. 2002. "The Changing Form and Dynamics of Power Politics." Jonathan Unger eds. *The Nature of Chinese Politics,* New York: M. E. Sharpe.

Dittmer, Lowell, Haruhiro Fukui and Peter N.S. Lee, eds. 2000. *Informal Politics in East Asia.* New York: Cambridge University Press.

Duverger, Maurice. 1964. *Political Parties: Their Organization and Activity in the Modern State.* London: Methuen.

Easter, Gerald M. 2000. *Reconstructing the State: Personal Networks and Elite Identity in Soviet Russia.* New York: Cambridge University Press.

Fewsmith, Joseph. 1994. *Dilemmas of Reform in China: Political Conflict and Economic Debate.* New York: M. E. Sharpe.

_____. 2001. *Elite Politics in Contemporary China.* New York: M. E. Sharpe, Inc.

_____. 2004a. "Continuing Pressures on Social Order." *China Leadership Monitor* No. 10.

_____. 2004b. "Promoting the Scientific Development Concept." *China Leadership Monitor* No. 11.

_____. 2006. "Hu Jintao's Approach to Governance." John Wong and Hongyi Lai eds. *China's into the Hu-Wen Era: Policy Initiatives and Challenges.* Singapore: World Scientific Publishing Co. Pte. Ltd.

_____. 2012. "Bo Xilai and Reform: What Will Be the Impact of His Removal?" *China Leadership Monitor* No. 38.

_____. 2013. "The 18th Party Congress: Testing the Limits of Institutionalization." *China Leadership Monitor* No. 40.

Gillespie, Richard, Michael Waller and Lourdes Lopez Hieto eds. 1995. *Factional Politics and Democratization.* London: Frank Cass.

Gilley, Bruce. 1998. *Tiger on the Brink: Jiang Zemin and China's New Elite.* Berkely and Los Angeles: University of California Press.

Goldstein, Avery. 1991. *From Bandwagoning to Balance-of-Power Politics.* Stanford: Stanford University Press.

Gore, L. P. Lance. 2011. *The Chinese Communist Party and Chin's Capitalist Revolution: The Political impact of market.* New York: Routledge.

Guo, Sujian. 1995. "Totalitarianism: An Outdated Paradigm of Post-Mao China?" *Journal of Northeast Asian Studies*, Vol. 14, No. 2.

_____. 1998. "The Totalitarian Model Revisted." *Communist and Post-Communist Studies*, Vol. 31, No. 3.

Guo, Xuezhi. 2001. "Dimension of Guanxi in Chinese Elite Politics." *China Journal,* Vol. 46.

Hangson, Leung C. K. 1985. "The Role of Leadership in Adaptation to Change: Lesson of Economic Reforms in the USSR and China." *Studies in Comparative Communism*, Vol. 18, No. 4.

Harmel, R., Uk Heo, A. Tan and K. Janda. eds. 1995. "Performance, Leadership, Factions and Party Change: An Empirical Analysis." *West European Politics,* Vol. 18, No. 1.

Higley, John and Jan Pakulski. 1995. "Elite Transformation in Central and Eastern Europe." *Australian Journal of Political Science*, Vol. 30.

Higley, John and Michael Burton. 1997. "Types of National Elites in Postcommunist Eastern Europe." *International Politics*, Vol. 34. No. 2.

_____. 2006. *Elite Foundations of Liberal Democracy*. Lanham, MD: Rowman & Littlefield.

Hine, David. 1982. "Factionalism in West European Parties: A Framework for Analysis." *Western European Politics,* Vol. 5, No. 1.

Howell, Jude. 1993. China Opens Its Doors. Boulder: Lynn Rienner.

Hsu, Szu-chien. 2006. "Reforming the Party and the State Under Hu Jintao." John Wong & Lai Hongyi, eds. *China into the Hu-Wen Era: Policy Initiatives and Challenges*. Singapore: World Scientific Publishing Co. Pte. Ltd.

Huang, Cary. 2012. "Spotlight on Bo's Politburo supporter." http://topics.scmp.com/news/china-news-watch/article/Spotlight-on-Bos-Politburo-supporter(검색일: 2012. 4. 30).

Huang, Jing. 2000. *Factionalism in Chinese Communist Politics*. Cambridge: Cambridge University Press.

_____. 2008. "Institutionalization of Political succession in China: Progress and Implications." Cheng Li eds. *China's Changing Political Landscape: Prospects For Democracy*. Washington, D. C.: The Brookings Institution.

Huntington, Samuel P. 1969. *Political Order in Changing Societies*. New Haven: Yale University Press.

Isaak, C. Alan. 1981. Scope and Methods of Political Science: An Introduction to the

Methodology of Political Inquiry, 3rd edition. Homewood: The Dorsey Press.

Janda, Kenneth. 1993. "Comparative Political Parties: Research and Theory." Finifter, Ada W. eds. Political Science: The State of the Discipline II. Washington, D.C.: American Political Science Association.

Ji, You. 2006. "The People's Liberation Army as a key interest group in Chinese party politics." Kjeld Erik Brodsgaard and Zheng Youngnian eds. *The Chinese Communist Party in Reform*. New York: Routledge.

Kerry, Brown. 2012. *Hu Jintao: China's Silent Ruler*. Singapore: World Scientific Publishing Company.

Kohno, Masaru. 1997. *Japan's Postwar Party Politics. Princeton*, NJ: Princeton University Press.

Lam, Willy. 2012. "Hu Jintao Draws Blood with the Wang Lijun Scandal." *China Brief* Vol. 12, No. 5.

Lane, David. 1998. "Elite Cohesion and Division." John Higley eds. *Postcommunist Elites and Democracy in Eastern Europe*. London: Macmillan Press LTD.

Lengyel, Gyorgy and John Higley. 2002. *Elites after Sate Socialism: Theories and Analysis*. Lanham, Boulder, New York, Oxfod: Rowman & Littlefield Publishers, INC.

Lewis, W. John. 1963. *Leadership in Communist China*. Ithaca, New York: Cornell University Press.

Lee, Hong Yung. 1991. *From Revolutionary Cadres to Technocracy in Socialist China*. Berkeley and Los Angeles: University of California Press.

Lee, Jung Nam. 2010. "A Critical Analysis of Chinese-Style Democracy." *International Area Review*, Vol. 13, No. 1.

Li, Cheng. 2001. China's Leaders: The New Generation. Boston: Rowman & Littlefield Publishers, Inc.

_____. 2003. "The Emergence of the Fifth Generation in the Provincial Leadership." *China Leadership Monitor* No. 6.

_____. 2006. "Emerging Partisanship Toward a System of 'One Party, Two Factions'." *China Brief* Vol. 6, No. 24.

_____. 2007. "Was the Shanghai Gang Shanghied?: The Fall of Chen Liangyu and the Survival of Jiang Zemin's Faction." *China Leadership Monitor* No. 20.

_____. 2008a. "Will China's "Lost Generation" Find a Path to Democracy." Cheng Li eds. *China's Changing Political Landscape: Prospects For Democracy*. Washington, D. C.: The Brookings Institution.

_____. 2008b. "A Pivatal Stepping-Stone: Local Leader's Representation on the 17th Central Committee." *China Leadership Monitor* No. 23.

_____. 2009. "Reclaiming the "Head of the Dragon": Shanghai as China's Center for International Finance and Shipping." *China Leadership Monitor* No. 28.

Li, Cheng and Lynn White. 1988. "The Thirteenth Central Committee of the Chinese Communist Party: From Mobilizers to Managers." *Asian Survey*, Vol. 28, No. 4.

_____. 1989. "Localism, Elitism, and Immobilism: Elite Formation and Social Change in Post-Mao China." *World Politics* 42, No. 1.

_____. 1990. "Elite Transformation and Modern Change in Mainland and Taiwan: Empirical Data and the Theory of Technocracy." *China Quarterly*, No. 121.

_____. 1998. "The Fifteenth Central Committee of the Chinese Communist Party: Full-Fledged Technocratic Leadership with Partial Control by Jiang Zemin." *Asian Survey*, Vol. 38, No. 3.

_____. 2003. "The Sixteenth Central Committee of the Chinese Communist Party: Hu gets What?" *Asian Survey*, Vol. 43, No. 4.

Liberthal, Kenneth, 2004. *Governing China: From Revolution through Reform*. New York: W·W·Norton & Company.

Liberthal, Kenneth and Daivd M. Lampton eds. 1990. *Bureaucracy, Politics, and Decesion Making in Post-Mao China*. Berkeley: University of California Press.

Liberthal, Kenneth and Michael Oksenberg. 1988. *Policy Making in China: Leaders, Structures, and Processes*. Princeton, NJ: Princeton University Press, 1988.

Liu, Guoli. 2005. "Leadership Transition and New Foreign Policy Orientation." Chen, Weixing and Yang Zhong. eds. *Leadership in a Changing China*. New York: Palgrave Macmillan.

MacFarquhar, Roderic and Michael Schoenhals. 2006. *Mao's last revolution*. Cambridge, Mass: Delknap Press of Harvard University Press.

Mattis, Peter. 2012. "Zhou Yongkang and the tarnished reputation of Chin's police." *China Brief*, Vol. 12, No. 3.

Michels, Robert. 1962. *Political Parties: A Sociological Study of the Oligarchical Tendencies of Modern Democracy*. Toronto, Ontario: Collier-Macmillan Canada, Ltd.

Miller, L. Alice. 2004. "Hujintao and the Party Plitburo." *China Leadership Monitor*, No. 9.

_____. 2008. "Institutionalization and the Changing Dynamics of Chinese Leadership Politics." Cheng Li eds. *China's Changing Political Landscape: Prospects For Democracy*. Washington, D. C.: The Brookings Institution.

_____. 2011. "Splits in the Politburo Leadership?" *China Leadership Monitor*. No. 34.

_____. 2012. "Prospects for Solidarity in the Xi Jinping Leadership." *China Leadership Monitor*. No. 37.

Mills, William. 1993. "Generational Change in China." *Problems of Communism* 32, No. 6.

Monte, Bullard Ray. 1979. "People's Republic of China Elite Studies: A Review of the Literature." *Asian Survey* 19, No. 8.

Moore, Barrington Jr. 1966. *Social Origins of Dictatorship and Democracy: Lord and Peasant in the Making of the Modern World*, Boston: Beacon Press.

Nathan, Andrew J. 1973. "A Factionalism Model for CCP Politics." *China Quarterly,* No. 53.

_____. 2003. "China's changing of the guard: authoritarian resilience." *Journal of Democracy*, Vol. 14, No. 1.

_____. 2008. "China's Political Trajectory: What Are the Chinese Saying?" Li, Cheng eds. *China's Changing Political Landscape: Prospects For Democracy*. Washington D.C.: The Brookings Institution Press.

Nathan, Andrew J. and Kellee Tsai. 1995. "Factionalism: a New Institutionalist Restatement." *China Journal,* No. 34.

Nanthan, Andrew J. and Tianjian Shi, 1996. "Left and Right with Chinese Characteristics: Issues and Alignments in Deng Xiaoping's China." *World Politics* 48, No. 4.

Naughton, Barry. 2007. *The Chinese Economy: Transition and Growth*. Cambridge: MIT Press.

_____. 2008. "China's Left Tilt: Pendulum Swing or Midcourse Correction?" Li, Cheng eds. *China's Changing Political Landscape: Prospects For Democracy*. Washington, D. C.: Brookings Institution.

Ostrom, E, R. Gardner and J. Walker. 1994. *Rules, Games, and Common-Pool Resources*. Ann Arbor: University of Michigan Press.

Panebianco, A. 1988. *Political Parties: Organisation and Power*. Cambridge, MA: Cambridge University Press.

Page, Jeremy and Lingling Wei. 2012. "Bo's Ties to Army Alarmed Beijing." http://online.wsj.com/article/SB1000142405270230420360457739803407280083 6.html (검색일: 2012. 05. 23).

Pei, Mingxin. 1994. *From Revolution to Revolution: The Demise of Communism in China and the Soviet Union*. Cambridge: Harvard University.

______. 2000. "China's Evolution toward Soft Authoritarianism." Friedman, Edward and Barret L. McCormick. eds. *What If China Doesn't Democratize: Implications for War and Peace*, Armonk: M. E. Sharpe.

Pieke, N. Frank. 2009. *The Good Communist: Elite Training and State Building in Today's China*. New York: Cambridge University Press.

Pilcher, Jane. 1994. "Mannheim's Sociology of Generations: an Undervalued Legacy." *British Journal of Sociology*, Vol. 45, No. 3.

Putnam, R. D. 1976. *The Comparative Study of Political Elites*. Englewood Cliffs, NJ: Prentice-Hall.

Pye, Lucian. 1981. *The Dynamics of Chinese Politics*. Cambridge, MA: Oelgeschlager, Gunn & Hain.

Rigby, T. H. 1970. "The Soviet Leadership: Towards a Self-Stabilizing Oligarchy." *Soviet Studies*, Vol. 22, No. 2.

Rose, Richard. 1964. "Parties, Factions, and Tedencies in Britain." *Political Studies*, Vol. 12, No. 1.

Rush, Myron. 1968. *Political Succession in the USSR*. New York: Columbia University.

Russell, Dalton J. 1987. "Generational Change in Elite Political Beliefs: The Growth of Ideological Polarization." *The Journal of Politics*, Vol. 49.

Sartori, Giovanni. 2005. *Parties and Party Systems: A Framework for Analysis*, vol. 1. Cambridge: Cambridge University Press.

Scalapino, Robert. 1998. "Current Trends and Future Prospects." *Journal of Democracy*, Vol. 9, No. 1.

Shirk, L. Susan. 2007. *China: Fragile Superpower: How China's Internal Politics Could Derail Its Peaceful Rise*. New York: Oxford University Press.

Schram, Stuart R. 1984. "Mao Studies: Retrospect and Prospect." The China Quarterly No. 97.

Schurmann, Franz. 1966. *Ideology and Organization in Communist China*. Berkerley, California: University of California Press.

Shambaugh, David eds. 1993. "Special Issue: Deng Xiaoping: An Assessment." *The China Quarterly*, No. 135.

Shambaugh, David. 1998. "The CCP's Fifteenth Congress: Technocrats in Command." *Issues and Studies*, Vol. 34, No. 1.

______. 2008. *China's Communist Party: Atrophy and Adaptation*. Washington D. C.: Woodrow Wilson Center Press.

Shi, Chen. 1998. "Leadership Change in Shanghai: Toward the Dominance of Party

Technocrats." *Asian Survey* 38, Issue 7.

Shih, C. Victor. 2008. *Factions and Finance in China: Elite Conflict and Inflation*. New York: Cambridge University Press.

Shih, C. Victor, Wei Shan and Mingxing Liu. 2010. "Gauging the Elite Political Equilibrium in the CCP: A Quantitative Approach Using Biographical Data." *China Quarterly*, No. 201.

Shirk, Susan. 1982. *Competitive Comrades: Career Incentives and Student Strategy in China*. Berkeley, CA : The University of California Press.

______. 1993. *The Political Logic of Economic Reform in China*. Berkeley, CA: The University of California Press.

South China Morning Post. 2012. "Bo Xilai police chief in treason trial." (http://topics.scmp.com/news/china-news-watch/article/Bo-Xilai-police-chief-in-treason-trial (검색일: 2012.05.21).

Strauss, William and Neil Howe. 1992. *Generations: The History of America's Future, 1581-2069*. New York: William Morrow and Company, Inc.

Tanner, Murray Scott and Michael J. Feder. 1993. "Family Politics, Elite Recruitment and Succession in Post-Mao China." *The Australian Journal of Chinese Affairs*, Vol. 30.

Teiwes, C. Frederick. 1984. *Leadership, Legitimacy and Conflict in China*. New York: Palgrave Macmillan.

______. 1990. *Politics at Mao's Court: Gao Gang and Party Factionalism in the Early 1950s*. New York: M. E. Sharpe.

Teiwes, Frederick and Warren Sun. 1995. "From a Leninist to a charismatic party: The CCP's changing leadership, 1937-1945." Tony Saich and Hans van de Ven eds. *New Perspectives on the Chinese Communist Revolution*. New York: M. E. Sharpe.

Tsou, Tang. 1986. *The Cultural Revolution and Post-Mao Reforms: A Historical Perspective*. Chicago and London: The University of Chicago Press.

______. 2002. "Chinese Politics at the Top: factionalism or informal politics? Balance-of-Power politics or a game to win all." Jonathan Unger eds. *The Nature of Chinese Politics*. New York: M. E. Sharpe.

Wesson, G. Robert. 1972. "The USSR: Oligarchy or Dictatorship." *Slavic Review*, Vol. 31, No. 2.

Wong, John and Yongnian Zheng eds. 2002. *China's Post-Jiang Leadership succession: Problems and Perspectives*. Singapore: Singapore University Press and World

Scientific Publishing Co. Pte. Ltd.

Wu, Yunrui, 2006. "New Patterns of Economic Growth." Wong, John and Lai, Hongyi, eds. *China Into the Hu-Wen Era: Policy Initiatives and Challenges.* New Jersey: World Scientific.

Yahuda, Michael. 1970. "Political Generation in China." *China Quarterly*, No. 80.

Yan, xuetong. 2011a. "The Sources of Chinese Conduct." http://www.project-syndicate.org/commentary/xyan1/English (검색일: 2011.03.30).

_____. 2011b. "How Assertive Should a Great Power Be?" *New York Times* (March 31).

Zang, Xiaowei. 1993. "The Fourteenth Central Committee of the CCP: Technocracy or Political Technocracy?" *Asian Survey* 33, Issue 8.

_____. 2001. "Educational Credentials, Elite Dualism, and Elite Stratification in China." *Sociological Perspective* 44, No. 4.

_____. 2005. "Institutaionlization and elite behavior in reform China." *Issues & Studies,* Vol. 41, No. 1.

Zariski, Raphael. 1960. "Party Factions and Comparative Politics; Some Preliminary Observations." *Midwest Journal of Political Science,* Vol. 4, No. 1.

Zheng, Yongnian. 2010. *The Chinese Communist Party as Organizational Emperor: Culture, reproduction and transformation.* London: Routledge.

Zucherman, Alan S. 1979. *The politics of faction: Christian Democratic rule in Italy.* New Heaven: Yale University Press.

CHINA'S ELITE POLITICS

: STRUCTURE, ACTOR AND DYNAMICS

The purpose of this study is twofold. It aims to provide an 'alternative' research strategy for approaching Chinese elite politics and then to apply the new alternative research strategy to the analyses of elite politics in reality.

This volume is divided into three parts. Part I deals with the Structure of China's Elite Politics. Chapter 2 is to explore the model that can more precisely analyze Chinese elite politics in the post-Deng era. For this aim, it has critically reviewed major existing models, which are 'winner-takes-all,' 'bandwagon,' 'balance-of-power,' 'power balancing' and 'organizational emperor.' Considering their weaknesses, however, this chapter suggests an alternative model, namely the 'institutionalization of oligarchy.' This model argues that oligarchy has been sustained through the post-Deng era in Chinese elite politics. And it also argues that Chinese elite politics has mainly progressed by institutionalizing the game of competitive coexistence.

Chapter 3 examines the historical transformation of China's factional politics by analyzing the typology of 'faction' and 'factionalism' from the perspective of motivation and dynamics. It classifies 'real', 'personal', 'degenerative', 'competitive', and 'cooperative' in terms of motivation and dynamics respectively. Then, it analyses what types have been prevalent according to the major period of Chinese politics. The periods are distinguished as follows: From the formation of Chinese Communist Party to the Yanan period; from the Yanan period to the period of Maozedong and Dengxiaoping in power; and the period of Jiangzemin and Hujintao in power. This chapter demonstrates that Chinese factional politics have been transformed according to the change of political environments from 'personal/degenerative' via 'personal/competitive' to the mixture of 'real/personal' and 'competitive/cooperative'. Based on this, it expects that 'real' and 'cooperative' features will be more manifest in the future in terms of motivation and dynamics respectively.

Part II deals with the Actor of China's Elite Politics. Chapter 4 focuses on the characteristics of the 17th Central Committee of

Chinese Communist Party from a comparative perspective. The analysis is conducted on the basis of 〈The Database of Chinese Political Elite (1921~2007)〉 including the data of 1,788 Chinese political elites. It investigates three conceptions (revolutionary cadre, technocrat, generalist cadre), which are very important in regard to the pattern of Chinese political elites. It also analyzes the characteristics of the members of the 17th central committee of Chinese Communist Party according to categories (sex, age, education, nationality, region, career, major, pattern of elite, etc).

Chapter 5 explores the characteristics of Chinese political elites through the general framework. Especially, this chapter tries to identify the types of Chinese political elites on the basis of a critical investigation of new political elites theories. The basic data for analysis is 〈The Database of the Members of Central Committee of Chinese Communist Party (1921-2003)〉. The result of this analysis shows that Chinese political elites has been transformed from the type of idiocratic-replacement to the fragmented-reproduction type.

Chapter 6 historically examines Chinese political elites' characteristics according to generations, considering the generational change of Chinese leaders has occurred in 2012. For this, the change of the characteristics of Chinese political elites throughout generations has been investigated. This chapter divides Chinese political elites into five generations. The analysis of typology has been conducted based on the extent of unity and differentiation, and the extent and methods of circulation. This chapter also utilizes the research materials of 〈The Database of Chinese Political Elite (1921~2007)〉 and 〈The 5th Generation of Chinese Political Elites Database (2001)〉. The result of this research shows that the Chinese political elites throughout the 1st and 5th generations have changed from 'idiocratic/ replacement elites' to 'fragmented/ reproduction elites', which is also shown in chapter 5.

Part III deals with the Dynamics of China's Elite Politics. Chapter 7 examines the political elites' thoughts of democracy in China, focusing on the 3th and 4th generations. It assumes that every generation has its defining characteristics. The framework of this chapter is to analyze the relationship between the characteristics, policies, and thoughts of political elites by generation against their political backgrounds. It compares the characteristic of the 3th generational political elites and the 4th ones, and analyze the influence of the characteristics of each generation on the idea of democracy. Last, it tries to foresee what change will happen in the era of the 5th generation of Chinese political elites.

Chapter 8 focuses on the new generation, namely the fifth generation of political elites. It analyzes the characteristics of their political structure and their domestic policy orientation. This chapter shows that diversity has increased in the fifth generation political elites compared with the former generation, and that generalist cadre has come to the fore as a leading type of political elites. In addition, it argues that the structural type of the fifth generation political elites is oligarchy based on factions such as Tuanpai, Taizidang, Shanghaibang. It also examines various viewpoints on political reform and development strategy.

Chapter 9 examines the political dynamics of current Chinese elites based on Bo Xilai's power struggle that occurred in 2012. This affair shows both similarity and difference in comparison with the similar events that engaged 1995's Chen Xitong and 2006's Chen Liangyu. Most of all, the similarity can be found in three features: the way of development which approaches from the periphery to the center of the faction; the background in terms of the expansion of influences of political power; and the judicial punishment as well as political disposition in terms of its result. The differences can be summarised as follows: first, Bo Xilai affairs when compared with other events happened in a very sensitive period of power reshuffle; second, the degree of connection with line struggle is higher than any other cases; third, the roles of the surroundings are very active and leading; fourth, the characteristic of its crime is not corruption, but irregularity; lastly, each factional group vigorously competes and cooperates in its process.

ARI Monograph Series 10
CHINA'S ELITE POLITICS: STRUCTURE, ACTOR AND DYNAMICS

First Published 2013
by The Asiatic Research Institute at Korea University
5 Ga Anam-dong, Seongbuk-gu, Seoul 136-701, Korea
www.asiaticresearch.org

아연동북아총서 10
중국 엘리트 정치: 구조·행위자·동학

1판1쇄 | 2013년 3월 8일

지은이 | 주장환
펴낸이 | 이내영
펴낸 곳 | 아연출판부
등록 | 2000년 5월 24일 제6-376호
주소 | 서울시 성북구 안암동 5가 고려대학교 아세아문제연구소(136-701)
전화 | 02-3290-1600　팩스 | 02-923-4661
홈페이지 | www.asiaticresearch.org

값 12,000원

ISBN 978-89-90769-41-1 94300
978-89-90769-29-9 (세트)

이 도서의 국립중앙도서관 출판시도서목록(CIP)은 e-CIP 홈페이지(http://www.nl.go.kr/ecip)에서
이용하실 수 있습니다(CIP제어번호: CIP2013001126).